# 分配制度偏离、普通成员行为与合作社益农性

魏广成　编著

中国农业科学技术出版社

图书在版编目（CIP）数据

分配制度偏离、普通成员行为与合作社益农性 / 魏广成编著 . --北京：中国农业科学技术出版社，2024.3
ISBN 978-7-5116-6727-4

Ⅰ.①分… Ⅱ.①魏… Ⅲ.①农业合作社-研究-中国 Ⅳ.①F321.42

中国国家版本馆 CIP 数据核字（2024）第 057721 号

责任编辑　李　娜　朱　绯
责任校对　马广洋
责任印制　姜义伟　王思文

| | |
|---|---|
| 出 版 者 | 中国农业科学技术出版社 |
| | 北京市中关村南大街 12 号　　邮编：100081 |
| 电　　话 | （010）82105169（编辑室）　　（010）82106624（发行部） |
| | （010）82109709（读者服务部） |
| 网　　址 | https://castp.caas.cn |
| 经 销 者 | 各地新华书店 |
| 印 刷 者 | 北京建宏印刷有限公司 |
| 开　　本 | 170 mm×240 mm　1/16 |
| 印　　张 | 18.25 |
| 字　　数 | 320 千字 |
| 版　　次 | 2024 年 3 月第 1 版　2024 年 3 月第 1 次印刷 |
| 定　　价 | 68.00 元 |

◆ 版权所有·翻印必究 ▶

# 序一

农民专业合作社分配制度是其区别于其他经济组织的主要特征,体现了合作社的本质性规定。合理的分配制度,是确保合作社成员之间的公平性,促进合作社和谐发展的重要措施。一个公平的分配制度,能够增强成员之间的信任感和归属感,激发每一个成员的积极性,扩大生产规模,提高农业整体效率,促进可持续发展。随着市场环境的不断变化,农民专业合作社需不断调整其分配制度,以适应新的挑战和机遇。灵活的分配制度有助于合作社快速响应市场变化,保持较强的竞争力。因此,农民专业合作社分配制度对确保合作社的健康发展至关重要。

农民专业合作社的分配制度,主要包括按劳分配、按股分配和混合分配等方式。不同类型的合作社,在分配制度上存在差异性,这种差异直接影响到成员积极性、公平感。按劳分配制度能够激发成员的劳动积极性,但可能导致收入差距过大;按股分配制度能够体现资本投入的重要性,但可能忽视成员的劳动实际贡献;混合分配制度试图在两者之间寻求平衡,但仍需根据具体情况进行调整。从实践看,农民专业合作社分配制度普遍存在管理滞后,缺乏有效的激励机制和监管机制,影响资源利用效率,影响劳动生产率水平,已经成为制约合作社持续发展的不利因素,亟需从理论上加以引导,从实践上加以规范。

魏广成助理研究员围绕我国农民专业合作社分配制度存在的问题,做了比较详尽的调查研究,并从理论角度进行了深入的剖析,形成了《分配制度偏离、普通成员行为与合作社益农性》一书。该书借鉴产业经济学中的 SCP 理论,构建了"分配制度偏离—普通社员行为—合作社—益农性"的分析框架,详细分析了合作社盈余分配制度偏离对普通成员出资行为和生产合作行为、增收及生活满意度等的影响机制与效果,揭示了合作社分配制度偏离存在的非线性影响。该书研究思路清晰,数据丰富,论证过程严谨,研究结果为今后规范农民专业合作社分配制度,提高相关

**分配制度偏离、普通成员行为与合作社益农性**

政策措施的科学性、针对性和可操作性提供了有益的理论依据，值得大家参考借鉴。

国家食物与营养咨询委员会主任 陈萌山

# 序二

近年来，真假合作社问题成为学术界研究的热点之一，也有学者用"异化"一词，使用的指标很多，但核心指标离不开分配制度。我同意这样的看法，但我一向强调，分配制度是派生的，是由投资制度决定的。《中华人民共和国农民专业合作社法》（以下简称《农民专业合作社法》）第四十四条规定："在弥补亏损、提取公积金后的当年盈余，为农民专业合作社的可分配盈余。可分配盈余主要按照成员与本社的交易量（额）比例返还。可分配盈余按成员与本社的交易量（额）比例返还的返还总额不得低于可分配盈余的百分之六十；返还后的剩余部分，以成员账户中记载的出资额和公积金份额，以及本社接受国家财政直接补助和他人捐赠形成的财产平均量化到成员的份额，按比例分配给本社成员。"问题在于，交易量（额）是怎么来的？

从可以查到的资料看，按交易量（额）分配盈余，是自罗虚代尔先锋社开始的。这是由28个成员组成的消费者合作社，每人出资1英镑，每个人都参加合作商店的劳动，每个成员的出资和投入的劳动量都是相同的，这是典型的同质性合作社。在这种情况下，合作社盈余应该按照什么原则进行分配呢？当然按贡献。在分配理论上，无论是按资源分配，还是按劳动分配，其实质就是按贡献分配。作为一个合作商店，除了股金和劳动，还有什么贡献？这就是交易量了，也就是说，每个成员，谁和合作社的交易量大，谁的贡献就大，因此，按交易量分配最能体现按贡献分配的基本原则，谁都没有意见。其实他们的交易量差距也不是很大。

由于罗虚代尔先锋社是世界上第一个比较标准的合作社，因此，包含着分配原则的罗虚代尔原则被1895年成立的国际合作社联盟所采纳，此后，经过多次修改，但分配原则始终是国际合作社联盟所倡导的分配原则的重要内容。随着形势的变化，按交易量（额）分配在总的分配额中所占比例逐渐下降。如1995年国际合作社联盟所拟定的国际合作社原则中

## 分配制度偏离、普通成员行为与合作社益农性

有关盈余分配的内容为:"合作盈利按以下某项或各项目进行分配:一是用于不可分割的公积金,以发展合作社;二是按社员与合作社的交易额分红;三是用于社员代表大会通过的其他活动。"

  从发达国家看,不论消费者合作社,还是生产者合作社,同质性的比例较大,而当前我国的农民专业合作社,大都呈现出较强的异质性特征,主要表现在:(1)初始资金投入的差异较大。一般情况下合作社的初始资金为理事长或者少数核心成员所投入,一般成员不投入或者投入较少。(2)投入的固定资产差异较大。合作社的固定资产,包括办公用房、办公设备等一般为理事长或者少数核心成员提供。(3)投入的劳动量差异较大。合作社的经营管理工作一般由理事长或者最多由几个核心成员打理,一般成员很少投入或者投入很少。(4)交易量差异较大。种植大户带动的农民专业合作社,大户的种植面积、产品产量、交易量一般都远大于一般成员;而销售大户带动的农民专业合作社,大户可能没有用于交易的产品,他的作用仅仅是销售。从上面的分析可以看出,交易量存在的基础是资金、固定资产、劳动等要素的投入,如果合作社盈余主要按照交易量(额)进行分配,显然是极不公平的。北京市郊区一些地方依据《农民专业合作社法》规范专业合作社的发展,把多元化的分配方式调整为主要按照交易量分配,极大地打击了理事长等核心成员的积极性。

  解决这个问题有三个途径:一是要求成员都要入股,每个合作社成员都要规定基本股金,强调基本股金是按交易量分配的依据;二是对于个别股金较多的成员,超过基本股金的部分按照银行利率给予分红,或者规定合作社盈余的一定比例用于股金分红;三是对于包括理事长在内的少数核心成员的劳动投入要通过付给报酬给予承认。我们长期观察的北京郊区一家合作社初始投资者只有理事长一个人,当时给他的任务就是带动周边20多户养蜜蜂农户把产业做大,个人完全没有交易量。在合作社发展的早期阶段,按照《农民专业合作社法》分配,也就是资金投入占可分配盈余总额的40%,交易量(额)占60%,他个人感到很满意。但随着每年提取公积金记在每个成员账户下并以投资额参与分配(《农民专业合作社法》这样规定的依据是,公积金实际上是每个成员可分配盈余中留在合作社用于发展的部分),以及政府给予的补贴越来越多且同样记在成员账户下并参与分配,这样,理事长投资额在合作社总资金中所占的份额越来越低,分配比例逐渐降低。为了解决这个问题,理事长在专家的帮助下

设计了新的合作社分配方案,他个人以职业经理人的身份领取报酬以弥补其在管理上的投入。

当然,要求每个成员都入股有一定难度,我最近在梳理供销合作社历史时,发现在20世纪50年代早期供销合作社建立时就要求成员入股,有的是资金,有的是粮食或者物资折价。2005年我参加《农民专业合作社》的立法工作时,曾提出每个成员必须入股,作为以交易量分红的基础,可以叫"基础股金",鼓励有经济实力的成员投资,多余的部分叫"投资股金"。当时之所以没被采纳,原因是绝大多数农民严重缺乏资金。2007年7月1日《农民专业合作社法》实施后,农业部①干部学院办了一个农业大市主管农业副市长的班,我去上课,有一个副市长问我,合作社法这样规定,不是鼓励没钱的农民革有钱农民的命吗?我无言以对。10年后参加修法,我举这个例子再次提出必须规定每个成员都要缴纳资格股金,依然没有被采纳。我一直认为,不要求成员投资是《农民专业合作社法》的最大缺陷。

除了上面这个例子,现实中也有少数核心成员投资但对非核心成员按照《农民专业合作社法》要求进行分配的,如黑龙江克山仁发现代农业农机合作社。学术界有人用"利他精神"来解释这一现象,我们从资产专用性角度予以解释,认为核心成员是否让利于普通成员取决于二者之间投入要素或产品的相对资产专用性程度。当一方的投入要素或产品资产专用性越高时,投入要素或产品难以转作其他用途,对另一方的依赖程度会增强,其谈判实力则减弱,因而在合作社分得的利益会越少。

法律规定的是框架,每个农民专业合作社都有根据自己的实际情况进行调整的权利,当然,超过了一定界限就不再是合作社了,不应该享受政府给予的补贴。但应该这样认识:分配制度包括其他制度是核心成员和普通成员博弈的结果,不存在谁吃亏谁占便宜问题,否则就会出现"用脚投票"现象。一些学者认为合作社存在"小农吃大农"现象,既然如此,为什么大量小农情愿被"吃"?我的解释是"大农帮小农",帮助小农销售农产品,大多数合作社在收购时还高于市场价。高出的这部分是不是应该算在按交易量分配范围内呢?

总之,分配问题很复杂。讨论这个问题,只能从分配理论的本源去找

---

① 2018年3月,机构改革,组建农业农村部。

依据,这就是投资,或者扩大一点,是贡献,包括交易量和管理者的人力资本。一个合作社选择什么样的分配制度,一定是以是否有利于合作社发展为基本依据。我们有 220 多万家农民合作社,它们是怎样选择分配制度的?分配制度对于合作社发展起到什么样的作用?这些问题都值得学术界深入探讨。

魏广成是我的博士研究生,他的博士学位论文就是研究农民合作社分配问题,这个问题很大,我有多个博士硕士研究生都研究这个问题,在我看来仅仅触及冰山一角。广成的论文在答辩时受到了委员们的一致好评,核心内容发表在多个重要刊物上,在学界产生了一定影响。他毕业后到中国农业科学院从事研究工作,博士学位论文是他进入学术界的敲门砖和垫脚石,他嘱我写序,我当然很高兴,衷心希望广成能在科学研究的道路上越走越宽。

是为序。

中国人民大学吴玉章讲席教授  孔祥智

# 前　　言[①]

共同富裕是实现社会主义的本质要求，也是实现中国式现代化的重要特征，农民农村的共同富裕是全社会共同富裕的关键组成部分。农民专业合作社（以下简称"合作社"）是小农走向共同富裕的必由之路。相比其他经济组织，合作社在制度安排上具有独特的优势。其中，"限制资本报酬，盈余按交易额返还"的盈余分配制度是合作社最重要规定之一，也是合作社独特的本质属性。但是我国的合作社在实践中却出现了偏离[②]合作社本质规定性的问题，出现了不符合《中华人民共和国农民专业合作社法》（以下简称"《农民专业合作社法》"）的规定的现象。当前合作社在分配制度上普遍偏离《农民专业合作社法》的本质规定，但助农增收与提高普通成员生活满意度的成效却十分显著，目前尚未有学者注意到这一关键性问题。尽管现有的文献对盈余分配制度影响合作社多维度绩效展开了详细而深入的研究，但鲜有文献研究分配制度偏离对合作社普通成员收入与生活满意度的影响，也鲜有学者从成员行为视角，探究分配制度偏离会对合作社普通成员收入与满意度产生影响的内在机制。

分配制度偏离会对合作社益农性产生何种影响？为了回答这一核心问题，就需要回答以下两个关联问题：一方面，分配制度偏离是否通过影响普通成员行为进而影响其增收？进一步，何种分配制度偏离程度最能够影

---

[①] 本书受到阐释党的十九大精神国家社科基金专项课题"实现小农户与现代农业发展有机衔接研究"（项目批准号：18VSJ062）、中国人民大学科学研究基金（中央高校基本科研业务费专项资金资助）项目"分配制度、成员行为与合作社益农性"成果（项目批准号：22XNH130）、清华大学中国农村研究院博士论文奖学金项目"分配制度、成员行为与合作社益农性"（项目编号：202120）的资助。

[②] 新修订的《中华人民共和国农民专业合作社法》第四十四条明确规定，可分配盈余按成员与本社的交易量（额）比例返还的返还总额不得低于可分配盈余的60%。本书沿用任大鹏等（2013）在合作社盈余分配的研究中的"偏离"一词，将合作社按照交易量分红比例不足60%这种不符合法律规定的行为界定为分配制度偏离。

响普通成员收入？回答该问题需从以下三个子问题展开研究：一是分配制度偏离是否影响普通成员出资行为？如果存在显著影响，存在着何种影响机制？何种分配制度偏离程度最能够影响普通成员出资行为？二是分配制度偏离是否影响普通成员生产合作行为？存在着何种影响机制？三是何种分配制度偏离程度最能够影响普通成员生产合作行为？另一方面，分配制度偏离是否通过影响公平感知，进而影响普通成员生活满意度？何种分配制度偏离程度最能够影响普通成员生活满意度？

为回答上述研究问题，本书对与研究主题密切相关的经典及最新研究进行了回顾和评述。结合已有理论及本书研究内容，构建理论分析框架并提出研究假说。具体来讲，梳理研究背景、概念界定及国内外相关文献，结合产业组织理论的"结构—行为—绩效"范式，构建了"分配制度偏离—成员行为—合作社益农性"的理论分析框架，从经济功能与社会功能两个维度，理论与实证相结合对分配制度偏离通过影响普通成员行为进而影响合作社益农性的机理进行检验。在经济功能方面，分配制度偏离通过影响普通成员出资与生产合作行为进而影响其增收；在社会功能方面，分配制度偏离通过影响分配公平、程序公平、感知公平三种公平感知进而影响普通成员生活满意度。

基于微观的合作社与成员调查数据，实证检验研究假说。具体来讲，本书将理论与实证相结合依序对分配制度偏离通过影响普通成员出资与生产合作行为进而提高其收入、通过影响公平感知进而影响普通成员生活满意度等问题展开研究，并得到了如下研究结论。

第一，就提高普通成员的收入而言，最优的交易量分配比例小于60%，即偏离《农民专业合作社法》的规定。交易量分配比例与普通成员收入存在着倒"U"形关系，拐点值在33.86%。实证结果表明，合作社分配制度适度偏离对于普通成员收入具有显著正向影响。作用机制分析结果表明，出资与生产合作两种行为是分配制度偏离影响普通成员增收的中介机制。分配制度发生偏离的合作社，更加趋近于激励相容的制度安排，更能够正向影响普通成员的出资与生产合作行为，进而正向影响普通成员增收。

第二，就提高普通成员的出资而言，最优的交易量分配比例小于60%，即偏离《农民专业合作社法》的规定。回归结果表明，分配制度适度偏离对普通成员出资行为呈现显著且稳健的正向影响。交易量分配比例对普通成员出资存在着倒"U"形的影响,即适宜的交易量分配比例正向影响普通成员出资效果最强,拐点值在37.69%。作用机制分析结果表明,分配制度偏离通过自生能力、股利代理、股利信号效应三条路径影响合作社普通成员出资行为。

第三,就提高普通成员的生产合作而言,最优的交易量分配比例小于60%,即偏离《农民专业合作社法》的规定。实证结果表明,分配制度适度偏离能够正向影响普通成员生产合作行为。交易量分配比例对普通成员生产合作存在着倒"U"形的影响,即适宜的交易量分配比例正向影响普通成员生产合作行为的效果最强,拐点值在43.00%。从作用机制看,分配制度偏离通过一次让利、核心成员取酬、示范社三种效应影响合作社普通成员生产合作行为。

第四,就提高普通成员的生活满意度而言,最优的交易量分配比例小于60%,即偏离《农民专业合作社法》的规定。研究结果表明,分配制度适度偏离能够提高普通成员生活满意度。交易量分配比例对普通成员生活满意度存在着倒"U"形的影响,即适宜的交易量分配比例正向影响普通成员生活满意度的作用效果最强,拐点值在44.16%。从中介机制看,分配制度偏离通过分配公平、程序公平、互动公平三方面感知,进而影响普通成员生活满意度。

第五,本书通过实证分析得出研究的主要结论,并提出与此相关的政策启示。本书提出如下政策建议:(1)增强《农民专业合作社法》盈余分配制度的容错空间。应适度放宽政策定义域,以目标导向支持合作社发展,制定密切结合各地资源的分配政策与制度。(2)支持规模化农户成为合作社的主干力量。鼓励职业农民以实际出资的形式加入合作社,并以合作社为载体培育职业农民、推广新型农业技术与延长农业产业链。(3)鼓励小农户以出资或生产合作等多种形式加入合作社,向普通成员提供定向补贴、技术指导培训一级优惠的农资产品与农业服务,鼓励探索紧密利益联结机制的新实现形式。(4)推进区域间合作社支持政策差异化。强化对欠发达地区的合作社政策倾斜力度,支持有条件的地区开展合作社规模化经营,并应给予地方政府更多的政策自主权。(5)注重发挥合作社组织载体的社会功能。支持发展综合性合作社,鼓励以合作社为载体开展基本公共服务。完善出台社会服务型合作社相关制度安排,鼓励地方开展合作社服务农村新探索。

# 目　录

**第1章　绪论** ……………………………………………………1
　1.1　研究背景与问题提出 …………………………………1
　1.2　研究界定与研究意义 …………………………………12
　1.3　研究目的与研究内容 …………………………………16
　1.4　研究方法与数据来源 …………………………………20
　1.5　研究创新之处 …………………………………………22

**第2章　文献综述** ………………………………………………24
　2.1　合作社本质规定性偏离的研究 ………………………24
　2.2　合作社分配制度偏离的研究 …………………………27
　2.3　合作社成员行为的研究 ………………………………29
　2.4　合作社成员公平感知的研究 …………………………32
　2.5　合作社经济社会功能的研究 …………………………33
　2.6　分配制度、成员行为与合作社益农性的研究 ………34
　2.7　文献评述 ………………………………………………38

**第3章　理论分析** ………………………………………………42
　3.1　分配制度偏离影响普通成员收入的理论分析 ………43
　3.2　分配制度偏离影响普通成员出资行为的理论分析 …52
　3.3　分配制度偏离对普通成员生产合作行为的理论分析 …56
　3.4　分配制度偏离、成员感知与成员满意度的理论分析 …64

**第4章　分配制度偏离对普通成员增收的影响** ………………67
　4.1　引言 ……………………………………………………67
　4.2　研究设计 ………………………………………………69
　4.3　实证分析 ………………………………………………74
　4.4　本章小结 ………………………………………………102

## 第5章 分配制度偏离对普通成员出资行为的影响 ······104
### 5.1 引言 ······104
### 5.2 研究设计 ······108
### 5.3 实证分析 ······112
### 5.4 本章小结 ······147

## 第6章 分配制度偏离对普通成员生产合作行为的影响 ······148
### 6.1 引言 ······148
### 6.2 研究设计 ······151
### 6.3 实证分析 ······155
### 6.4 本章小结 ······191

## 第7章 分配制度偏离对普通成员生活满意度的影响 ······196
### 7.1 引言 ······196
### 7.2 研究设计 ······199
### 7.3 实证分析 ······203
### 7.4 本章小结 ······233

## 第8章 研究结论与政策含义 ······235
### 8.1 研究结论 ······235
### 8.2 政策含义 ······243

## 参考文献 ······247

# 第 1 章 绪 论

## 1.1 研究背景与问题提出

### 1.1.1 研究背景

共同富裕是社会主义的本质要求,是中国式现代化的重要特征(习近平,2021)。其中,农民与农村的共同富裕是全社会共同富裕的重要组成部分(辛贤,2022)。农民专业合作社(以下简称"合作社")是农村集体所有制的重要表现形式,与社会主义公有制具有内在统一性(苑鹏,2015),是小农走向共同富裕的必由之路(孔祥智,2022)。合作社的成员主要以农民为主体,2021 年我国合作社已经辐射带动了全国将近一半的农户,合作社中普通农户身份的成员比例高达 95.4%。可见,合作社已经成为实现农民农村共同富裕的重要载体。中国合作社的成员具有较强的异质性(黄胜忠和伏红勇,2019),实现核心成员与普通成员的共同富裕是其核心价值体现,但不少学者认为存在着"大农吃小农"的问题(温铁军,2013;仝志辉和温铁军,2009)。邓小平同志曾指出,让一部分人先富起来,带动大部分地区,然后达到共同富裕。那么,是否如当前诸多学者所言,普通成员的利益受到了核心成员的盘剥?中国合作社能否起到推进农民共同富裕的作用,作为合作社"先富"的核心成员是否会带动"后富"的普通成员,这一命题仍有待进一步研究与探索。

合作社是中国农业的现代企业制度(孔祥智和魏广成,2021),是在家庭承包经营的基础上,广大农民通过自愿联合与民主管理的方式开展日常经营活动的互助经济组织(孔祥智 等,2018),是推动实现小农户和现代农业发展有机衔接的重要载体(徐旭初和吴彬,2018)。自《中华人民

### 分配制度偏离、普通成员行为与合作社益农性

共和国农民专业合作社法》（以下简称"《农民专业合作社法》"）颁布以来，我国合作社呈现出蓬勃的发展势头，服务农户的能力持续不断增强，合作的内容也不断丰富和完善，合作社发展的质量得到了进一步提高。截至2020年6月底，在工商部门依法登记注册成立的合作社达到221.8万家，辐射带动了全国将近一半的农户。由此可见，中国合作社已成为引领亿万小农户融入大市场与现代农业的农业经营组织，在引领小农户发展以及决战决胜脱贫攻坚战中发挥了重要作用。

2007—2020年合作社数量与增长情况详见图1-1。

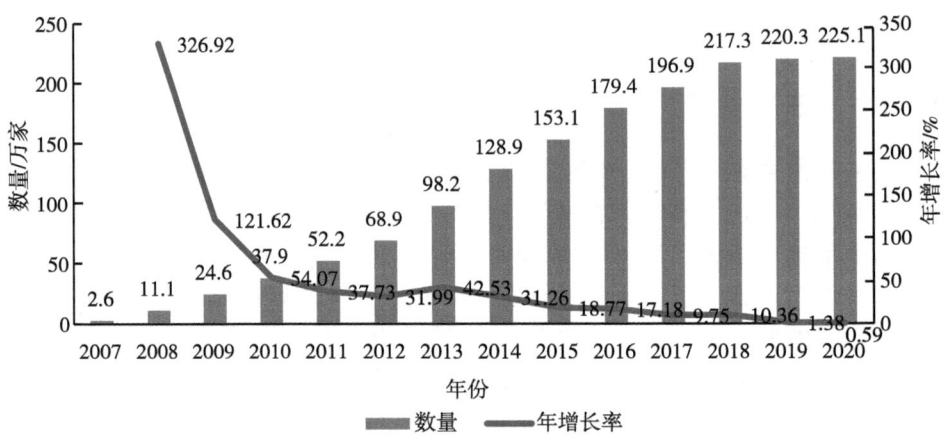

**图1-1 2007—2020年合作社数量与增长率情况**

（数据来源：根据国家工商总局①和农业农村部发布数据整理。鉴于数据的可获得性，2019年为2019年10月底农业农村部的数据）

（1）合作社的发展导向由"增量"转向"提质"，规范化建设提上日程

当前我国合作社发展已经由"增量"转向"提质"的"十字路口"，规范引导合作社发展已经提上日程（魏广成 等，2020；张益丰和孙运兴，2020）。近年来，党和国家高度重视合作社规范化发展。2017年12月，农业部等印发了《关于引导和促进农民合作社规范发展的意见》，提出要加强对合作社规范化建设的支持力度，并给出了12条引导和促进合作社

---

① 2018年3月，机构改革，组建国家市场监督管理总局，不再保留国家工商行政管理总局。

规范发展的意见,为合作社规范化建设指明了方向。2019年,中央农办、农业农村部等印发了《关于开展农民合作社规范提升行动的若干意见》,从政策、金融、人才等方面加大对合作社发展的支持力度,推进合作社规范化建设。近年来,中央一号文件对合作社规范化发展问题给予了高度重视,标志着合作社由增量阶段发展到质量提升阶段(魏广成 等,2020)。

通过质量提升行动,合作社规范化建设已经取得重要进展,主要体现在以下两方面:一是推进试点示范引领。农业农村部会同多部门开展示范社建设,累计创建县级以上的示范社近16万家,国家级的示范社超过0.9万家。截至2019年年底,全国县级及以上示范社达15.7万家,占农民合作社总数的8%,其中,国家级示范社0.8万家。二是完善配套制度。农业农村部等部门修订了《农民专业合作社示范章程》《农民专业合作社联合社示范章程》等规章制度,还与有关部门联合印发了《国家农民合作社示范社评定及监测办法》《农民专业合作社解散、破产清算时接受国家财政直接补助形成的财产处置暂行办法》等办法。表1-1为近年来关于合作社规范化的法律与政策。

表1-1 关于合作社规范化的法律与政策

| 时间 | 法律名称 |
| --- | --- |
| 2018年7月 | 新修订的《农民专业合作社法》 |
| 2018年12月 | 《农民专业合作社示范章程》 |
| 2018年12月 | 《农民专业合作社联合社示范章程》 |
| 2019年6月 | 《农民专业合作社解散、破产清算时国家财政直接补助形成的财产处置暂行办法》 |
| 2019年9月 | 《关于开展农民合作社规范提升行动的若干意见》 |
| 2019年11月 | 《国家农民合作社示范社评定及监测办法》 |

(2)成员出资与可分配盈余稳步提升,但分配制度合法性仍差强人意

成员出资是合作社健康和稳定发展的重要根基,也是体现合作社实力的重要内容。随着合作社的蓬勃发展,我国合作社的成员出资总额也呈现出较快的增长趋势。2007年,全国合作社成员的出资总额仅有0.03万亿元。经过十年的发展,2016年全国合作社成员出资总额就达到了4.1万亿元,增长16.67倍,年增速高达63.5%,如图1-2所示。成员出资的

迅速提升导致资本在合作社中占据的地位越来越强，进而使得合作社被资本控制，导致盈余分配制度产生偏离①问题。因此，在成员对合作社出资逐步提升的情况下，如何有效处理好资本与交易量在盈余分配制度中的关系，构建激励相容的机制，是当前亟待解决的重要命题。

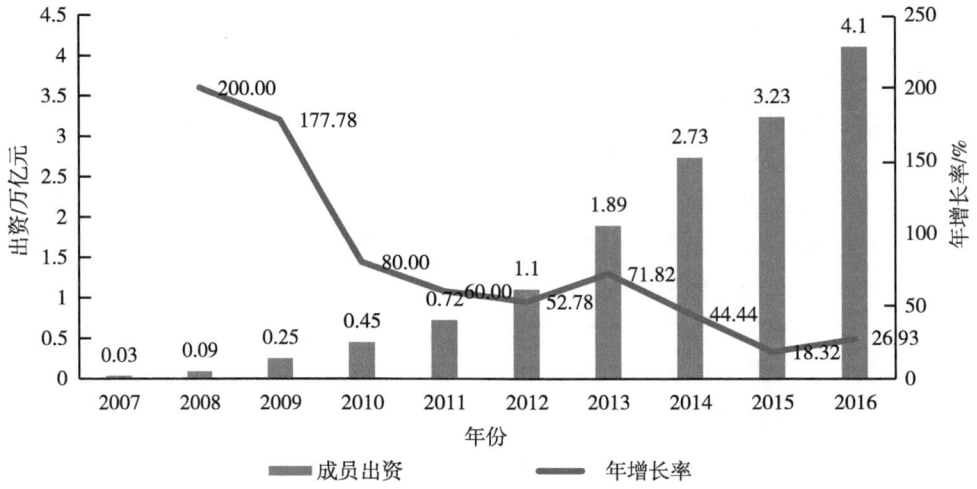

图1-2 我国合作社成员出资情况

（资料来源：根据国家工商总局公布的相关数据整理而成）

可分配盈余是表现合作社盈利能力的关键指标。2011年，全国合作社的可分配盈余总额共计419.6亿元，2019年，全国合作社的可分配盈余总额达到了1 123.4亿元，年均增速高达33.47%。从每位成员的平均可分配盈余看，2011—2019年，每位成员的平均可分配盈余在总体上呈现出波动上涨的发展趋势，如表1-2所示。因此，在可分配盈余、每个成员可分配盈余逐年递增的背景下，妥善处理好资本与交易量在盈余分配中的比重问题至关重要。

---

① 新修订的《农民专业合作社法》第四十四条明确规定，可分配盈余按成员与本社的交易量（额）比例返还的返还总额不得低于可分配盈余的60%。本书沿用任大鹏等（2013）在合作社盈余分配的研究中的"偏离"一词，将合作社按照交易量分红比例不足60%这种不符合法律规定的行为界定为分配制度偏离。

表 1-2　我国合作社历年可分配盈余情况

| 年份 | 合作社可分配盈余/亿元 | 每个成员可分配盈余/元 |
| --- | --- | --- |
| 2011 | 419.6 | 1 426 |
| 2012 | 575.3 | 1 300 |
| 2013 | 767.4 | 1 611 |
| 2014 | 907.0 | 1 600 |
| 2015 | 945.1 | 1 689 |
| 2016 | 999.5 | 1 559 |
| 2017 | 1 116.9 | 1 644 |
| 2018 | 1 008.7 | 1 403 |
| 2019 | 1 123.4 | 1 681 |

注：数据来源于历年《农村经营管理统计年报》。

盈余分配制度是体现合作社规范化程度的重要维度。《农民专业合作社法》明确要求可分配盈余按交易额分配的比例不低于60%。从当前我国合作社进行盈余分配的实际情况看，情况却不甚乐观。

2011年，按照交易额返还盈余的合作社数量仅有11.5万家，占比为22.03%；2019年，按照交易额返还盈余的合作社数量提高到36.9万家，占比却下降到16.75%。尽管全国采用按交易额返还盈余的合作社在数量上呈现增长的趋势，但比重却逐渐下降。从合作社按交易额分配超过60%的情况看，2011年按照可分配盈余60%以上分配给交易量的合作社为8.3万家，占全国合作社的比重为15.90%。到2019年，按交易额返还盈余60%以上的合作社为28.4万家，占全国合作社的比重为12.89%。通过分析全国合作社按交易量分配与按照交易量60%以上分配的情况，实践中合作社盈余分配方式与《农民专业合作社法》的仍然相差甚远。我国合作社的规范化程度仍有待进一步提高，如表1-3所示。

表 1-3　我国合作社历年按交易额返还盈余的情况

| 年份 | 按交易额返还盈余的合作社 | | 按交易额分配超过60%的合作社 | |
| --- | --- | --- | --- | --- |
| | 数量/万家 | 占比/% | 数量/万家 | 占比/% |
| 2011 | 11.5 | 22.03 | 8.3 | 15.90 |
| 2012 | 14.9 | 21.63 | 10.8 | 15.67 |
| 2013 | 21.1 | 21.49 | 16.0 | 16.29 |
| 2014 | 26.7 | 20.71 | 20.6 | 15.98 |

**分配制度偏离、普通成员行为与合作社益农性**

（续表）

| 年份 | 按交易额返还盈余的合作社 | | 按交易额分配超过60%的合作社 | |
|---|---|---|---|---|
| | 数量/万家 | 占比/% | 数量/万家 | 占比/% |
| 2015 | 29.4 | 19.20 | 22.7 | 14.83 |
| 2016 | 33.7 | 18.78 | 25.9 | 14.44 |
| 2017 | 36.8 | 18.69 | 27.7 | 14.07 |
| 2018 | 38.0 | 17.49 | 29.4 | 13.53 |
| 2019 | 36.9 | 16.75 | 28.4 | 12.89 |

数据来源：历年《农村经营管理统计年报》。

根据农业农村部的数据显示，2019年全国合作社可分配盈余按照交易量能够在60%以上返还成员的合作社数量为286 251家，占全国合作社总数的12.89%，这表明全国合作社在盈余分配方面的表现仍然差强人意，距离《农民专业合作社法》的规定较远。表1-4列示了已有文献关于盈余分配制度偏离的部分微观研究，同样表明目前合作社普遍距离《农民专业合作社法》规定还差的很远。

**表1-4 关于合作社盈余分配情况的相关文献**

| 作者 | 发表年份 | 样本来源 | 样本数量 | 盈余分配方式 |
|---|---|---|---|---|
| 应瑞瑶 | 2002 | 江苏省 | 13 | 所有合作社无盈余返还 |
| 周春芳 | 2010 | 江苏省 | 48 | 57.85%的可分配盈余按股分红，33.12%的可分配盈余按交易量分配 |
| 孙亚范 | 2011 | 江苏省 | 205 | 67.1%的合作社按股分红或者没有分红 |
| 吴金红 | 2015 | 甘肃省 | 265 | 141家合作社没有明确的盈余分配方案，余下的124家中有32.83%的合作社按交易额返还 |
| 娄锋 等 | 2016 | 全国17省 | 761 | 62%的合作社以股份分配为主 |
| 王图展 | 2016 | 全国20省 | 381 | 56%的合作社以股份分红为主 |
| 应瑞瑶 | 2017 | 江苏省、吉林省、四川省 | 416 | 合作社样本中，对成员分配的合作社仅有66家，其中按照股份进行分配的合作社就有58家 |
| 苑鹏 | 2018 | 全国8省12县 | 614 | 近70%的合作社盈余按成员出资比例分配（也就是按股分红），仅有23%按交易量（额）分配 |

数据来源：根据文献综述整理。

### (3) 我国合作社本质规定性问题讨论较多，各界观点莫衷一是

相比其他类型的经济组织，合作社的制度安排是其独特性所在。其中，决策和盈余分配制度是合作社的两大本质规定性。我国合作社的发展实践中普遍不符合其本质规定性，发生了一定程度的制度偏离①，不少学者将这种本质规定性的变化定义为"异化"（应瑞瑶，2002；潘劲，2011；马彦丽 等，2013；冯小，2014；张益丰 等，2016，2020；王图展，2017；马彦丽，2018；张益丰 等，2020）或"漂移"（黄祖辉 等，2009；赵黎明，2014）。甚至有学者认为我国不存在真正的合作社（邓衡山和王文烂，2014）。

从实践界来看，我国政府通过颁布《关于引导和促进农民合作社规范发展的意见》等多项政策引导合作社建立完善的民主制度与盈余分配制度（周振和孔祥智，2015）。从学界来看，关于合作社本质的规定性一直以来都是合作社研究的热点和重点问题，以负面评价居多（应瑞瑶，2002；潘劲，2011；马彦丽 等，2013；董娜，2013；高雅 等，2014；冯小，2014；吴金红和马丁丑，2015），如表1-4所示。大多数学者从法理或多元功能的角度，认为目前大多数合作社已经背离了"所有者与惠顾者同一"的属性，普遍认同合作社只能在本质规定不变的前提下进行创新，对现有的合作社发展现状表示否定（邓衡山 等，2014；黄宗智，2015；秦愚，2015，2018；马彦丽 等，2018）。

实用取向的学者则认为评判合作社的"真伪"应当建立因地制宜的评价标准（杰克·尼尔森和杜吟棠，2000；李琳琳，2017；徐旭初和吴彬，2017）。尽管我国的大多数合作社都不符合合作社的本质规定，但从事实上看却更加符合新一代合作社的标准，因此合作社偏离往往也是一种更为现实的选择（杰克·尼尔森和杜吟棠，2000）。同样，具有合作制属性的合作经济组织尽管不符合合作社的本质规定，但都是具有中国特色的合作制创新形态（徐旭初和吴彬，2017）。

## 1.1.2 问题的提出

综上所述，我国政府高度重视合作社规范化发展，我国合作社本土化

---

① 制度偏离是本研究的重要关键词之一，指合作社实践偏离"按交易量返还盈余60%以上"这一核心制度的现象。

### 分配制度偏离、普通成员行为与合作社益农性

创新程度也在不断提高，表现出与其他国家不同的合作社特征，但反观学界，何为合作社本质规范性的问题依旧未能解决。中国合作社本质规定性的发展取向是优是劣，依旧未能找到答案。制度的演变和发展是诱致性制度变迁和强制性制度变迁相结合的结果，也是顶层设计和摸着石头过河的理论精髓所在。改革开放以来，从农民合作社政策的历史演进和发展趋向来看，政策与现实的互动诱致了良好的政策实效（孙迪亮，2020）。同样，《农民专业合作社法》也处在不断地完善地过程中，可能仍存在着诸多与中国现实不符的制度规定。合作社作为一种诱致性的制度安排，有着制度变迁的合理性（王图展，2017）。如果适当地放松合作社的本质规定性，适当增加剩余控制权和剩余索取权的比重，可能能够更好地推动合作社为农服务、助农增收。倘若一味地严格按照当前合作社法的规定对合作社进行严格的限定，不仅会阻碍中国合作社的本土化创新与发展，还会对乡村产业发展、乡村振兴实施、农户稳定增收产生负面影响。

在此背景下，现实中的合作社盈余分配制度偏离非常普遍，政府想提高合作社规范化程度但在本质规定性方面成效甚微。处于社会主义初级阶段的合作社必然会呈现出多样性的特征，但也应该容忍多样性的客观事实，在合作社不断发展的过程中使其走上规范化的道路（张晓山，2009）。换言之，合作社需要在我国进行本土化的创新，以此适应中国农业和农民生存与发展的需要。

合作社是一种致力于实现经济与社会双重绩效的组织（刘同山和苑鹏，2020）。在经济功能方面，合作社可以促进农户互助合作、统一市场行动、规避市场风险、提高谈判地位、制衡买方垄断（Sexton，1990；马九杰等，2008；梅德平，2009），进而消除经济行为的中间层、减少购销环节交易费用、取得规模经济效益（Hayrol et al.，2010），最终获得潜在利润、促进农民增收（邓军蓉和祁春节，2011）。在社会功能方面，合作社的社会绩效同样不容忽视（刘同山，2017），加入合作社农户的生活满意度显著高于相较于未加入合作社农户（刘同山和苑鹏，2020），说明合作社在发挥社会功能方面具有着重要作用（刘同山，2017）。那么，分配制度普遍偏离本质规定性的情况下，普通成员收入与生活满意度却仍然得到了稳步提升，这就需要从"结构—行为—绩效"分析范式（以下简称

"SCP 分析范式")来考虑。那么，目前分配制度偏离①对合作社的益农性②究竟会产生何种影响？这是本书需要解决的核心问题。而要解决这一核心问题就必须深入剖析以下三方面的关联问题。

(1) 分配制度偏离是否会影响普通成员的收入

合作社是成员自发成立的合作经济组织，成员之间合作是合作社发展的关键（Morfi et al.，2021）。合作社成员不断地向合作社出资、参与合作社的生产合作行为，才能使合作社得到发展（孙亚范和余海鹏，2012）。合作社是农户在平等、自由的前提下，为改善自身的经济状况而缔结的一种形式的契约（何国平 等，2016）。虽然农户加入合作社可能有多种动机，但谋求经济利益的动机更突出（Reynold，1997）。因此，改善农民的经济状况，增加农民收益是合作社最主要的价值所在（何国平 等，2016）。合作社成员正是得到合作社的服务、向合作社出资，进而得到来自合作社的一次返利和二次返利。在成员异质性较强的背景下（林坚和黄胜忠，2007），普通成员增收绩效是评价合作社绩效最重要的指标（Wollni et al.，2006；黄祖辉和梁巧，2007；张会萍 等，2011），也是决定合作社兴衰最重要的因素（Hakelius and Hansson，2016；程志强，2008；薛凤蕊 等，2012）。因此，分配制度偏离是否影响普通成员收入？倘若存在显著影响，又存在着何种影响机制？

提供产前、产中、产后的服务是合作社的核心功能，也是普通成员加入合作社的重要目标。从实现中合作社的运营情况来看，合作社分配制度发生适度偏离的合作社，往往更能够激发合作社核心成员的积极性，从而带来更高的经济绩效，进而带动普通成员增收。相反，分配制度符合本质规定性的合作社，其出资较多的合作社带头人因决策权缺失，容易产生敲竹杠的问题，进而获得较多的出资回报率，进而对成员产生负面影响。因此，分配制度偏离是否通过影响普通成员行为，进而影响其收入？为证明

---

① 需要重点指出的是，本书指的是合作社分配制度发生偏离与否对合作社益农性的影响，并不涉及偏离程度的问题。换言之，如果存在显著影响，并不是说盈余分配制度偏离程度越高，越能够影响合作社益农性。当然，本书还会进一步深化，探究分配制度偏离的最优程度，即何种分配制度偏离程度最能够影响发挥合作社益农性。之所以提出该问题，主要是对现有的现象进行解释，即为什么分配制度普遍偏离，普通成员收入和满意度仍然呈现出上升趋势。

② 益农性是本书的核心关键词之一，借鉴刘同山等（2020）的研究，通过将经济与社会绩效两个方面衡量合作社的益农性，具体体现为普通成员增收与生活满意度两个指标。

这一命题，本书通过以下三方面细化。

①分配制度偏离是否会显著地影响普通成员收入？在成员异质性的大背景下（黄胜忠 等，2019），以出资为主的核心成员与以交易量为主的普通成员会反复进行博弈，实现一种相对动态稳定的合作状态。当前我国合作社主要以能人领办型为主（曲承乐和任大鹏，2019），具有较强的资源禀赋和社会资本，往往在合作社中具有较强的谈判地位，进而使得合作社分配制度发生偏离。而分配制度发生偏离的合作社，核心成员具有更强的积极性，进而能够带动普通成员增收，实现帕累托改进。

合作社作为一种以农民为主体、以服务农户为宗旨的合作经济组织，让普通成员参与合作社生产经营是合作社发展的基础。不参与合作社的农户，更谈不上从合作社中获得利益。换言之，普通成员增收是其在合作社中发生出资和生产合作行为来实现的。一方面，普通成员通过出资行为，为合作社提供资本生产要素，进而获得资本收益，最终通过盈余分配制度向资本分红一定的比例进而正向影响其增收；另一方面，普通成员通过生产合作行为，为合作社提供交易量，合作社的盈余产生于成员的交易量，进而通过盈余分配制度向交易量分配一定的比例进而正向影响成员增收。因此，本书提出问题：普通成员出资和生产合作两种行为是否会显著地影响成员增收？

②分配制度偏离是否会影响普通成员出资行为？根据邵科、徐旭初（2013）的研究，本书将普通成员行为划分为出资与生产合作行为两种情形。出资行为方面，由于《农民专业合作社法》并没有规定成员加入合作社时必须要进行出资，因此普通成员面临着出资的决策。

本书根据国际合作社联盟（International Cooperative Alliance，ICA）的定义："合作社是人们自愿联合、通过共同所有和民主管理的企业，以满足成员的经济、社会和文化需求和愿望的一种自治组织"。然而，我国合作社的实践却并不满足这一概念，大多数合作社都是由理事长、理事会成员与少数核心成员所控制（黄胜忠 等，2009）。大多数合作社的成员并没有对合作社进行出资，因此合作社所有权发生了偏离（黄胜忠 等，2019）。换言之，普通成员出资对合作社健康发展至关重要（孔祥智，2010），不出资的普通成员可能仅仅是为了享受合作社的价格优惠，并没有实际参与到合作社的经营中去（毛飞 等，2014）。而目前合作社本质规定性的制度偏离又是一种相对较为普遍的现象，进而本书提出问题：分配制度偏离是否影响普通成员的出资行为？如果能够影响，又存在着何种影响机制？

③分配制度偏离是否影响普通成员生产合作行为？根据邵科、徐旭初（2013）的研究，本书将普通成员行为划分为出资与生产合作行为两种情形。生产合作行为方面，借鉴黄季焜等（2010）的研究，本书将普通成员的生产合作行为具体归纳为成员在农资购买、农业生产、农产品销售三方面的合作行为。

合作社通过为农户提供农业生产资料与生产服务，进而实现其经济利益（孙亚范和余海鹏，2012）。分配制度偏离是我国合作社盈余分配制度的普遍特征。因此，为了对异质性成员的积极参与和贡献提供必要的激励，合作社需要建立激励相容的制度，而这可能会导致合作社的盈余分配制度发生偏离。因此，本书提出问题：分配制度偏离是否影响普通成员生产合作行为？如果存在着显著影响，分配制度偏离影响普通成员的生产合作行为存在着何种影响机制？

（2）分配制度偏离是否通过影响成员公平感，进而影响成员生活满意度

本书根据ICA给出的定义，"合作社是人们自愿联合起来，通过共同所有和民主控制的企业，满足经济、社会和文化需求和愿望的一种自治组织"，显然发挥社会功能是合作社的重要属性（刘同山，2017）。因此，应重视合作社在农村社会功能中发挥的重要作用。此外，作为弱势群体的农户，通过成立合作组织以达到满足自身需要的目的，进而提高其收入水平、生活水准和生命质量（唐宗焜，2007），最终提高普通成员的生活满意度。为此，本书提出问题：分配制度偏离是否影响普通成员生活满意度？如果存在影响，何种交易量分配比例最能够影响普通成员生活满意度？此外，盈余分配制度是合作社的关键制度，也是处理好效率和公平关系的重要所在。为了处理好两者之间的关系，显然不能通过绝对分配公平来实现。从组织公平理论的视角看，成员重视的并不是绝对意义上的公平，而是内心的公平感知（Adams，1965）。换言之，尽管分配制度存在偏离，但只要能够使得普通成员在盈余分配中感受到公平，就可以通过提高其公平感知，进而提高其生活满意度，最终实现合作社的社会功能。因此，本书进一步提出问题：分配制度偏离是否通过显著地影响普通成员公平感知，进而影响生活满意度？

分配制度偏离、普通成员行为与合作社益农性

针对现实状况和文献研究情况，为了回答本书提出的核心问题"分配制度适度偏离是否通过影响普通成员行为进而影响其增收与生活满意度？要回答以下四个命题：

第一，分配制度偏离是否能够显著影响普通成员的收入？普通成员的出资与生产合作行为是否为分配制度偏离影响普通成员增收的影响机制？首先，分配制度偏离是否通过影响普通成员出资，进而影响其增收；其次，分配制度偏离是否通过影响普通成员生产合作行为，进而影响其增收。

第二，分配制度偏离是否能够显著影响普通成员的出资行为？进一步，如果存在显著影响，又存在着何种影响机制？

第三，分配制度偏离是否显著影响普通成员生产合作行为？如果存在显著影响，又存在着何种影响机制？第四，论证如下命题：分配制度偏离是否显著影响普通成员生活满意度？进一步，如果存在显著影响，又存在着何种影响机制？

## 1.2 研究界定与研究意义

### 1.2.1 研究界定

（1）农民专业合作社

《农民专业合作社法》指出，合作社指的是在农村家庭承包经营的基础上，农业生产经营者或经营者联合起来、自愿成立、开展民主管理的经济组织。合作社是农业供给侧结构性改革的重要主力军（孔祥智，2016），还是"实现小农户与现代农业发展有机衔接"中最为适应中国农情的衔接载体（孔祥智和穆娜娜，2018；徐旭初和吴彬，2018）。与大多数研究一致，本书所研究合作社特指在工商部门依法成立的农民专业合作社。其他类型的合作社不属于本书分析范畴，比如集体股份合作社、土地股份合作社等。此外，为克服经营范围不同影响估计结果（王真，2016），本书仅选取全国占比最高的种植类合作社为研究对象[①]。

---

[①] 根据农业农村部公布的《农村经营管理统计年报》数据，2011—2019年种植类合作社占比始终维持在50%左右，占比最高。

### （2）分配制度偏离

就我国合作社分配制度来看，分配制度属于合作社本质规定性的范畴。周环（1994）最早提出"异化"的概念，并认为西方的合作社已经逐渐偏离了罗虚代尔公平先锋的经典原则，并将这一现象称之为合作社的"异化"。应瑞瑶（2002）指出国内也少有符合合作社经典原则的合作社。更有甚者认为中国不存在真正意义上的合作社（邓衡山和王文烂，2014）。从现有的研究来看，对合作社偏离本质规定性的现象主要以负面评价居多。但这些学者显然忽视了合作社作为一项制度安排，诱致性制度变迁在不断推进，换言之，合作社作为一种舶来品，《农民专业合作社法》也在不断地进行调整，力求尽可能满足中国特色的合作社发展状况。还有部分学者则是坚持实用主义的观点（孔祥智，2018；徐旭初和吴彬，2018）。孔祥智（2018）提出农民合作经济组织40年来的发展背景决定了其自始至终以实用主义实现创新与发展。徐旭初、吴彬（2018）认为中国农民合作社所表现出的偏离"所有者与惠顾者统一"的本质规定是中国特色社会主义合作社道路的重要创新。任大鹏、于欣慧（2013）也指出当前的合作社普遍存在着交易量分红比例不足60%的问题，合作社发生了制度的偏离。尽管本书不对合作社偏离本质规定的问题做评价，但基于研究的需要，本书采纳实用主义的观点，认为分配制度偏离指的是合作社在"按交易量分配不小于60%"这项制度规定上发生了偏离，即产生了不符合《农民专业合作社法》规定的行为。因此，本书根据《农民专业合作社法》第四十四条明确规定，可分配盈余按交易量（额）比例返还的比例不能低于60%，将合作社按照交易量分红比例不足60%界定为分配制度偏离。本书采用"分配制度偏离"这一虚拟变量测度分配制度偏离，合作社产生了分配制度偏离，则按交易量分配比例不符合合作社法的规定，变量取值为"1"，反之则为"0"。为研究分配制度偏离程度对普通成员行为与益农性的影响。尤其需要重点强调的是，该变量仅仅是证明从统计意义上来看，"分配制度是否偏离"这一二元虚拟变量能够显著影响普通成员行为，并不是说分配制度偏离程度越高，越能够影响普通成员行为与合作社益农性。本书采用"交易额分配比例"这一连续变量去寻找最优的分配制度偏离程度，一方面能够深化本书，另一方面还能够为假说提供稳健性检验。因此，本书还采用按交易量分配比重来度量分配制度偏离程度。具体来讲，加入合作社完全按照出资额分配盈余，那么按交易额分配比重为0%；如果合作社完全按照交易量分配盈余，那么按交易额分配比重为100%。

(3) 成员行为

行为指的是人类在生活中表现出来的生活态度及具体的生活方式，其中广义的行为包括外显行为与内隐行为两方面，外显行为是指行为变化，内隐行为是指心理过程（Mills，1988）。根据先前学者的研究与本书的研究需要，本书将普通成员行为划分为成员出资、生产合作、公平感知展开研究。本书所指的成员仅包括合作社的普通成员，不包括发起成员与核心成员，因此不存在发起或核心成员出资与生产合作但也控制合作社分配决策的内生性问题。首先，借鉴邵科、徐旭初（2013）的研究，出资行为指的是普通成员对合作社的出资行为，以成员层面"年新增出资额"变量来度量。此外，研究仅讨论主动入社的普通成员，而并不讨论被动入社的情形；仅讨论实际出资加入合作社的情形，并不讨论以土地等其他要素入股。其次，生产合作行为指的是普通成员在合作社中的生产合作行为，借鉴黄季焜等（2010）的研究，本书所研究的生产合作行为包括农资购买、生产性服务、农产品销售三个方面，以成员层面的"成员对合作社服务支出与收入占成员农业服务支出与收入的比重（%）"指标测度。最后，合作社是一种集合经济功能与社会功能于一体的合作经济组织，社会功能也是其重要的功能。本书基于组织公平理论，从公平感知的视角，探究分配制度偏离对成员生活满意度的影响机制。具体来讲，成员公平感知在本书中指的是普通成员对合作社盈余分配制度公平感知，分为分配公平、程序公平、互动公平三方面，分别以"您是否觉得与其他成员相比，您取得的分红是公平的""您觉得能够您能够影响盈余分配制度决策的程度有多大""您觉得核心成员会在多大程度上关心您的盈余分配意见"三个变量度量。

(4) 合作社益农性

本书所提出的益农性来源于先前学者广泛提到的合作社益贫性（吴彬 等，2009；徐旭初 等，2012；任大鹏和王敬培，2015；孔祥智，2016；朋文欢和傅琳琳，2019；刘同山和苑鹏，2020）的概念，认为合作社作为一种由农民组成的、扎根于农村的经济组织，对推进脱贫攻坚工作具有得天独厚的优势。2020年年底，脱贫攻坚工作已经全面完成，一定程度上讲合作社益贫性功能的发挥已经失去了时代意义。然而，与合作社中的贫困户同样，普通农户在合作社中往往处于弱势地位，同样需要理论界和政策界的关注。合作社作为一种姓农、务农、为农的经济组织，其助农增收的功能却永不褪色,对缩小城乡收入差距、稳定脱贫攻坚成果、助力全面推进乡村振兴具有重要意义。合作社不仅是一种经济组织,还发挥着社会功能的作用(刘同山,2017)。因此,本书借鉴刘同山、苑鹏(2020)的研究,将合作社益农性界定为合作社助农增收与提高生活满意度的成效,具体以成员层面的"收入"①"增收效果"②与"生活满意度"③进行度量。

### 1.2.2 研究意义

理论意义方面。一是借鉴产业组织理论的 SCP 分析范式,构建了"分配制度偏离—成员行为—合作社益农性"的分析框架,从成员行为的视角,将普通成员的行为拓展为三个维度,揭示出分配制度偏离影响合作社益农性的作用机制。二是根据先前学者的研究(刘同山,2017;刘同山、苑鹏,2020),综合考虑合作社的经济与社会双重功能的基础上,提出合作社益农性的概念并进行概念界定,对合作社相关研究具有一定的贡献。三是先前学者往往多基于盈余分配制度展开研究,综合《农民专业合作社法》与先前学者研究,提出分配制度偏离的概念,为今后研究合作社盈余分配制度提供全新的视角。四是在已有研究的基础上,构建了产业组织理论的"分配制度偏离—成员行为—合作社益农性"的 SCP 分析范式,从成员行为的角度,探究合作社制度偏离影响合作社益农性的作用机制,丰富了关于合作社成员行为的相关研究。五是在探究普通成员出资行为时,首次将金融学的股利信号理论和股利代理理论引入本书,深化了合作社内部出资相关的理论研究;六是首次将组织公平理论引入,探究了分配制度偏离影响普通成员生活满意度的作用机制,拓展了合作社社会功能相关理论。七是以往的研究往往是基于成员的福利展开研究,但忽视了

---

① 本书通过一对一访谈或电话问询等方式获得其增收情况的数据,采用主观和客观两种方式度量。其中,主观方面,以"合作社对您增收程度的影响程度"度量,采用李克特五级量表度量:非常小=1、比较小=2、一般=3、比较大=4、非常大=5;客观方面,本书以"上一年度加入合作社帮您增收多少钱?单位:千元"来度量合作社帮助普通成员增收情况。

② 本书通过一对一访谈或电话问询等方式获得其增收效果指标,普通成员的增收效果指标通过李克特五级量表度量,其中,很不好=1、不太好=2、一般=3、比较好=4、很好=5。

③ 本书通过一对一访谈或电话问询等方式获得其生活满意度指标,普通成员的生活满意度指标通过李克特五级量表度量,其中,很不满意=1、不太满意=2、一般=3、比较满意=4、很满意=5。

成员异质性的影响，为此本书针对性地以普通成员作为研究对象，对学界关注的"大农吃小农"做出有力的回应。

现实意义方面。本书的现实意义主要体现在以下几方面：一是助农增收与提高生活满意度是合作社发挥经济与社会功能的重要体现。通过研究合作社分配制度偏离是否影响助农增收与提高生活满意度，对《农民专业合作社法》的进一步调整与完善提供了参考。二是本书专注于研究普通成员的行为。为农服务是合作社的重要宗旨，通过研究合作社分配制度偏离是否影响普通成员对合作社出资、开展生产合作行为，对完善合作社顶层设计提供借鉴。三是本书应用组织公平理论，从成员公平感知的角度论证分配制度偏离对普通成员生活满意度的影响，为相关部门正确处理好公平与效率之间的关系提供了全新的视角。

## 1.3 研究目的与研究内容

### 1.3.1 研究目的

围绕本书的研究问题，本书的目的在于：首先，当前合作社分配制度普遍偏离的大背景下，以成员行为作为切入点，并将普通成员行为分为三种类型，即为成员出资、成员生产合作与成员公平感知，构建分配制度偏离影响普通成员收入的作用路径，厘清分配制度偏离影响其增收的作用机制；其次，重点探究分配制度偏离对普通成员出资与生产合作行为的影响，并分析其产生影响的作用机理；最后，从组织公平的视角，探究分配制度偏离对成员生活满意度的影响。为了达到这一核心目标，本书将细化为如下子目标。

子目标1：构建理论分析框架。在已有研究基础上，本书从成员行为的视角，根据产业组织理论的SCP分析范式，构建了"分配制度偏离—成员行为—合作社益农性"的分析框架，并应用博弈论、股利信号理论、股利代理理论、组织公平理论等经典理论对三者之间关系进行理论分析。

子目标2：实证分析分配制度偏离通过影响普通成员出资与生产合作行为，进而影响其增收的作用机制。首先，分析分配制度偏离对普通成员出资的影响与作用机制；其次，分析分配制度偏离对普通成员生产合作行为的作用机制；最后，通过中介效应模型，实证估计分配制度偏离通过影响普通成员行为进而影响其增收的作用机制。

子目标3：实证分析分配制度偏离通过影响普通成员公平感知进而影响其生活满意度的影响及作用机制。本书将合作社成员的公平感知具体划分为分配、程序与互动三个公平的维度，探究分配制度偏离影响普通成员生活满意度的作用机制。

子目标4：总结分析分配制度偏离对普通成员行为与合作社益农性的影响，证明分配制度偏离程度对普通成员行为与合作社益农性存在着倒"U"形影响，依据最优的交易量分配比例构建出发挥合作社经济与社会双重功能的政策路径。

### 1.3.2 研究内容

围绕本书的目标，本书的核心研究内容如下。

第一，对本书相关的分配制度偏离、成员行为与合作社益农性及三者关系之间的文献进行系统性梳理，探究支撑本书的理论分析框架，明晰可以用于支撑本书的理论与方法，并总结归纳现有研究的不足。

第二，在已有研究的基础上，借鉴产业组织理论SCP分析范式，基于博弈论、股利信号理论、股利代理理论、组织公平理论等理论，构建起"分配制度偏离—成员行为—合作社益农性"的理论分析框架，研究分配制度偏离影响普通成员行为进而影响合作社益农性，提出本书的研究假说。

第三，采用中国人民大学合作社研究院课题组在开展的合作社专项调研数据，对当前合作社决策制度与盈余分配制度偏离、成员行为、合作社益农性情况从合作社和农户两个维度进行分析，重点对各自变量特征与关联性进行描述性统计分析。

第四，结合理论分析框架，通过构建计量经济学模型，探究制度偏离对普通成员行为的影响效果，证实本书提出的研究假说。此外，本书通过计量经济学模型，探究普通成员行为对合作社益农性的影响，证实本书提出的研究假说。最后，本书还通过中介效应模型，探究制度偏离是通过影响普通成员行为进而影响合作社益农性，证实本书提出的假说。

第五，根据以上部分的具体分析研究，得出研究结论，并试图从政府与合作社的角度，分别给出相应的政策建议。

针对上述研究内容，本书的章节安排如下。

第 1 章为绪论。根据数据统计描述本书的研究背景，提出研究问题，并对概念进行了研究界定，指出了本书的研究目标、研究思路和数据来源。

第 2 章为文献综述。分别从分配制度偏离对成员行为的影响、制度偏离对合作社绩效的影响以及合作社绩效的影响因素三个角度对已有研究进行归纳。在已有文献研究的基础上，总结已有研究不足的基础上，提出本书的研究创新和研究重点。

第 3 章为理论分析。在文献综述的基础上，结合经济学相关理论（如制度变迁理论、博弈论、股利信号理论、股利代理理论、组织公平理论等）构建本书的理论分析框架，并在理论分析框架的基础上提出本书的研究假说。

第 4 章是分析分配制度偏离对合作社普通成员增收的影响。这一部分在已有研究基础上，根据 SCP 分析范式，构建了"制度偏离—成员行为—合作社益农性"的分析框架，采用计量经济学的中介效应模型探究分配制度偏离通过影响普通成员行为进而影响其增收的内在机理。这一章是本书实证分析核心章节之一。

第 5 章是分析分配制度偏离对普通成员出资行为的影响。这一部分重点关注普通成员的出资行为，对本书提出的研究假说予以证实。这一章是本书实证分析核心章节之一。

第 6 章是分析分配制度偏离对普通成员生产合作行为的影响。这一部分重点分析成员行为的第二种类型，即"怎么合作"的问题，对本书提出的研究假说予以证实。这一章是本书实证分析核心章节之一。

第 7 章是分析分配制度偏离对普通成员生活满意度的影响。这一部分在已有研究基础上，根据 SCP 分析范式，构建了"制度偏离—成员行为—合作社益农性"的分析框架，结合组织公平理论，采用计量经济学的中介效应模型探究分配制度偏离通过影响成员公平感知进而影响普通成员生活满意度的内在机理。这一章是本书实证分析核心章节之一。

第 8 章是本书的研究结论，并提出与此相关的政策建议。

技术路线见图 1-3。

第1章 绪论

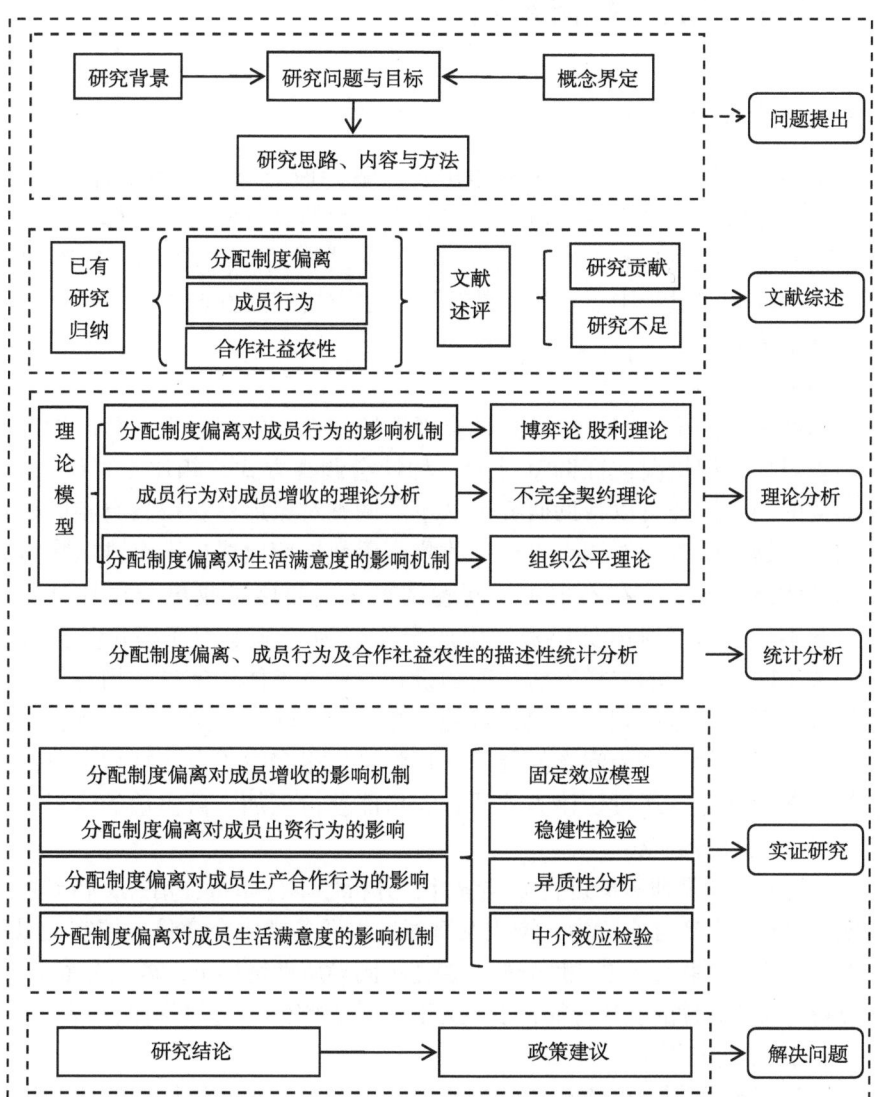

图 1-3 研究思路

## 1.4 研究方法与数据来源

### 1.4.1 研究方法

本书从微观的合作社成员视角出发，坚持理论与实践相结合的原则，采取实证分析方法进行综合研究，将分配制度偏离与普通成员行为以及合作社益农性的关系进行全面的分析考察。根据本书的选题和研究对象特征，在后续研究过程中需要用到的研究方法主要有问卷调查法、统计分析法和计量分析法。

（1）问卷调查法

问卷调查法也称问卷法，是调查者以统一设计的问卷为工具向被选取的调查对象了解情况或征询意见的一种社会调查方式。相比于二手文献，标准化的问卷调查可以帮助研究者从不同调查对象那里获得具有相同格式的调查数据，所以问卷调查方法是收集一手数据用以描述一个难以直接观察总体的最佳方法。在本书中，问卷调查法主要用于收集合作社分配制度、基本特征与普通成员出资、生产合作行为及基本特征等相关数据资料。关于问卷调查的抽样方法，问题设计及调查具体实施过程均在下文予以详细的阐述，考虑到问卷设计可能不能完全反映本书关注的问题，所以在案例访谈时除了访谈问卷问题外，还将增加很多关于合作社盈余分配制度的开放式问题，通过访谈方式调查，可能获得更加丰富生动的资料。

（2）统计分析法

通过对一手调研数据进行分类统计，分析样本分布特征情况，得到盈余分配、出资与生产合作行为、增收及满意度以及各类中介变量与控制变量的样本分布情况，并进行描述性分析。探究不同异质性情形下，盈余分配制度、成员行为及益农性的统计特征，以便为下文展开严密的计量分析做好基础。

（3）计量分析法

根据研究问题和可依托的数据资料，本书采用多元线性回归法、工具变量回归法、Tobit 模型、中介效应模型等计量分析方法展开研究。具体计量方法如下。

①普通最小二乘估计法。以普通成员出资与生产合作行为、收入与生活满意度为研究因变量，以合作社分配制度偏离为自变量，使用普通最小

二乘法估计法，分析分配制度偏离对普通成员行为与合作社益农性的影响。

②Tobit 估计。本书的被解释变量的取值存在因变量受限的情况，因此采用 Tobit 模型进行估计，解决传统 OLS 的估计偏误问题。在实证章节中，采用 Tobit 估计法进行稳健性检验，分析分配制度偏离对普通成员行为与合作社益农性的影响。

③工具变量估计。由于在实证章节中，核心解释变量与被解释变量中或多或少可能存在着互为因果、遗漏变量等内生性问题，为此，本书采用两阶段最小二乘法，选择决策方式与股权分散度分别作为分配制度偏离与交易量分配比例的工具变量进行估计。此外，考虑到本书所选取的被解释变量取值存在因变量受限的情况，因此本书还采用 IVtobit 方法进行实证估计。

④有序 Probit 估计。由于本书所选取的部分被解释变量为取值 1~5 的整数变量，包括"合作社增收效果""生活满意度"与"合作社满意度"，均为离散且有序的数值，因此采用有序 Probit 模型对增收效果与增进生活满意度的情况进行估计。

⑤中介机制估计。本书采用中介效应模型对研究假说进行估计。以温忠麟等（2004）在 Baron and Kenny（1986）基础上建构的中介效应检验方法进行回归，实证分析分配制度偏离影响普通成员行为与合作社益农性的影响机制。

## 1.4.2 数据来源

本书所用数据均来自课题组于 2021 年 1—10 月针对全国典型合作社与成员的专项问卷调查。为了使我们的研究样本更加具有代表性，课题组选择了多段抽样的方法。首先，根据区域划分、农业经济发展状况与合作社的发展情况，课题组在四大地区分别选择一个省开展调研，分别选择了山东、河南、四川与吉林 4 省，在 4 个省中分别选择了 5 个县（市、区）作为调查区域。其次，在每个选中的样本县选取了 10~20 家粮食种植类的合作社①，并由合作社理事长通过一对一访谈的形式填写合作社问

---

① 根据农业农村部公布的《农村经营管理统计年报》数据，2011—2019 年种植类合作社占比始终维持在 50% 左右，占比最高。为克服经营范围异质性的影响，本书仅选取粮食种植类合作社展开研究。

卷，在每家合作社选择了8~10名普通成员进行访谈并完成成员问卷。其中，合作社问卷的内容包括基本经营情况、分配制度、决策制度以及治理结构等。普通成员问卷的内容包括成员特征变量、参与决策与投票情况、盈余分配情况以及个人对合作社增收效果的主观评价等问题。需要注意的是，如决策与分配方式等关键问题在合作社和成员问卷中均有体现，以保障调查数据的可靠性。最终，课题组共发放合作社问卷303份，成员问卷2 856份。剔除无效问卷后，本书最终选取了2 676份普通成员问卷，有效问卷率93.70%。其中，山东省656份，有效问卷率92.92%；河南省663份，有效问卷率93.64%；四川省681份，有效问卷率93.80%；吉林省676份，有效问卷率94.41%。

## 1.5 研究创新之处

本书的创新点是回答了分配制度偏离是如何影响合作社益农性这一问题，并实证分析出分配制度偏离是通过影响普通成员出资、生产合作行为及公平感知，进而影响其收入与生活满意度，证实了分配制度偏离仍然是有效率的，是符合经济学含义的。具体来说，现有研究中存在着以下4个方面的不足：一是鲜有从成员行为的视角，探究分配制度偏离对合作社益农性的影响机制，没能回答分配制度偏离是如何通过影响普通成员行为进而影响合作社益农性这一问题。二是现有研究鲜有从分配制度偏离的视角出发探究其对合作社益农性的影响，即便是已有研究分析探讨了盈余分配制度对经济绩效的影响，但未能回答究竟何种交易量分配比例最能够提高合作社的经济绩效和分配制度偏离能否提高合作社的经济绩效这两个关键问题。三是鲜有研究注意到合作社的社会功能，现有的少量研究多集中于农户入社对生活满意度的影响，但仍然缺乏对成员生活满意度的研究。合作社盈余分配制度作为一种体现组织效率与公平的重要制度，对成员生活满意度必然会产生重要的影响，对普通成员来讲更是如此。四是既有的研究中关于合作社成员的研究往往认为合作社的控制权与分配权不符合《农民专业合作社法》规定，往往会产生"大农吃小农"的问题，但这些研究往往并没有考虑到成员异质性的重要现象，也没有考虑到普通成员或小农户作为理性经济人，其可以通过"用脚投票"来避免损失等关键性问题。

## 第1章 绪论

本书尝试着对已有研究的不足进行有益改进。一是从成员行为的视角，探究分配制度通过影响普通成员行为进而影响合作社益农性的作用机理，扩展产业组织理论 SCP 分析范式的基础上，构建起更符合合作社成员生产实际、更为具体的分析框架，将分配制度偏离何以影响普通成员行为进而影响合作社益农性的实现纳入到统一的理论框架，构建了"分配制度偏离—成员行为—合作社益农性"的影响机制。二是从分配制度偏离的视角研究其对合作社益农性的影响，具体通过分配制度是否偏离、按交易量分配比例进行实证研究，不仅证明分配制度偏离是否影响合作社益农性，还能够证明何种交易量分配比例最能够影响合作社益农性。三是本书首次将组织公平理论引入到合作社的相关研究中来。此外，目前关于合作社成员出资行为的研究较少，更没有学者研究普通成员的出资问题，本书首次将股利信号理论、股利代理理论引入到分析框架中，丰富了合作社的研究理论。四是本书根据先前学者的研究，分配制度偏离作为衡量合作社本质规定性的一个关键变量，却尚未有研究加以考量，因此作者提出分配制度偏离的概念，为开展合作社研究提供了全新的视角。五是本书将交易量分配比例的二次项纳入到非线性回归模型中，分析盈余分配制度对合作社益农性的倒"U"形影响。六是本书针对性地对合作社普通成员展开研究，克服了成员异质性对研究结果的影响，也通过实证方法对"大农是否吃小农"这一尚未解决且学界关注的问题作出诠释。

# 第 2 章 文献综述

## 2.1 合作社本质规定性偏离的研究

成员异质性是我国合作社重要特征,学界就这一点基本达成了共识,但学界对于关于合作社本质规定性仍然具有截然不同的两种观点。部分学者对合作社偏离本质规定性持不同程度的否定态度,认为合作社不规范是"异化社",导致资源配置效率低下(马彦丽,2013),引起核心成员与普通成员间的利益冲突(崔宝玉 等,2012),资本逐利性使得分配制度发生偏离(廖小静 等,2016),呈现出公司化的特征(郭红东 等,2011),导致合作社"不规范"(邓衡山和王文烂,2014),使得合作社失去其优势(秦愚,2014)。经济效益较好的异化合作社可能会起错误的示范作用,影响今后合作社发展的方向(马彦丽,2013)。更有甚者指出,这些异化了的合作社不是真正的合作社(邓衡山和王文烂,2014)。还有部分学者对合作社偏离本质规定性持肯定态度。评价合作社的"真伪"问题应建立因地制宜的评价与衡量标准(李琳琳,2017),是富有中国本土特色的创新形态(徐旭初和吴彬,2017)。

### 2.1.1 本质规定性偏离的研究

随着合作社数量的迅速增加,我国合作社出现了违背合作社基本原则的"漂移"现象(黄祖辉和邵科,2009)。关于合作社制度"漂移"问题,学界以"异化"相称居多。其中,应瑞瑶(2002)对合作社"异化"的定义最宽泛,其认为但凡是"核心成员控制合作社,普通的成员难以从中获益"的合作社都是异化的合作社。此外,罗攀柱(2015)的研究是比较狭义的观点,其认为合作社"异化"是合作社偏离其基本原则,主要体现在决策和分配两个方面。苑鹏等(2019)认为异化社是出于套取"政策优化条件"为目的,将自己包装成合作社的组织。

关于合作社制度偏离的研究仍然没有达成一致的结论。目前已有的研究主要以负面评价居多。一方面,质疑的一方主要从法理(秦愚,2015,2018)与契约治理(刘西川和徐建奎,2017)角度认为合作社应当保持其本质规定性。法理或多元功能取向的学者多坚持"所有者与惠顾者相同一"的本质规定(秦愚,2018)。刘西川等(2017)则认为应将要素与商品契约的关系作为评判合作社"真伪"的标准。另一方面,支持的一方则多是秉承实用主义的观念(徐旭初和吴彬,2017;李琳琳,2017),甚至是曾经反对合作社异化的学者也考虑到我国合作社异化的现实性和必然性(应瑞瑶 等,2017)。李琳琳(2017)则认为应该以实用主义的标准去评判合作社的"真伪"问题。此外,徐旭初、吴彬(2017)也指出,当前中国大多数农民合作社是具有多种色彩的股份合作制原型的过渡型中间组织,应当予以支持。应瑞瑶等(2017)指出,"不规范"是核心成员与普通成员在约束下进行理性选择的结果。

大多数持否定态度的学者从不同方面对异化合作社表示质疑,认为相当部分的合作社存在发展欠规范或不合意现象(刘老石,2010;郑丹 等,2011),法定治理结构流于形式(崔宝玉 等,2008;楼栋 等,2010),财务管理制度不健全(樊红敏,2011;王国敏 等,2012),甚至少数核心成员独大专权(张晓山,2009;潘劲,2011),损害普通成员的利益(刘老石,2010;邓衡山 等,2016),严重制约了合作社的健康发展(邓衡山 等,2022)。另外,还有学者认为,一些合作社实际上只是农业企业的另一块牌子(楼栋 等,2010;张晓山,2009;熊万胜,2009;林坚 等,2007;杨灿君,2010;郭红东,2010;赵晓峰和付少平,2015)。在异质性的条件下(黄胜忠 等,2019),合作社的异化会给普通成员造成不利影响(楼栋 等,2010),使得普通成员在合作社发展格局中注定是被盘剥的对象(郭红东,2010),这与农业企业相比并无二异(仝志辉、温铁军,2009)。郭红东(2010)则指出,不少合作社的规范化程度比较低,主要表现在依托企业、供销社和能人建立起来的合作社公司化色彩较浓,生产者股份太低,具有较强的公司化特征。另外,从合作社的现实情况来看,不少学者对合作社发展情况表现出强烈的质疑(郭玮,2005;刘老石;2010;何秀荣,2010;樊红敏,2011;苑鹏,2013;邓衡山和王文烂,2014)。刘老石(2010)根据《农民专业合作社法》颁布后的现实情况指出我国当时正式注册的 27 万多家合作社中有 80%~95% 都是假合作社。何秀荣（2010）指出，政策鼓励合作社衍生出大量虚假合作社，比例高达 80%。

不少持肯定态度的学者认为目前合作社的制度偏离问题实际上属于中国特色的制度变迁（黄祖辉、邵科，2009；徐旭初和吴彬，2017），应该保持有一定的历史耐心（杰克·尼尔森和杜吟棠，2000；徐旭初，2005；李琳琳，2017；应瑞瑶 等，2017；王图展，2017；孙迪亮，2017；张益丰 等，2020，2021）。其中，部分学者从制度变迁的视角论证了当前合作社存在一定本质规定性偏离的合理性（杰克·尼尔森和杜吟棠，2000；王图展，2017）。此外，在第十一届全国人民代表大会常务委员会第五次会议上，全国人民代表大会常务委员会执法检查组在《关于检查〈中华人民共和国农民专业合作社法〉实施情况的报告》中也指出，"法律实施中要正确处理规范性与包容性的关系，提高合作社的运行质量要有一个循序渐进的过程，关键是要适度规范，促其发展，在发展的同时，逐步健全内部管理机制。"

### 2.1.2 合作社本质规定性偏离的原因研究

目前已有较多文献对合作社偏离的成因展开分析，部分学者用经典的合作社理论来解释合作社制度偏离的成因（马彦丽 等，2008；郭晓鸣和廖祖君，2010；蔡荣 等，2011）。另外，还有部分学者从组织嵌入（潘劲，2011）、合作社质的规定（张益丰 等，2016；邓衡山和徐志刚，2016）等方面深入探究了合作社形成异化的根源，原因主要集中在市场化推动（张艳芳，2011）、政府行为（熊万胜，2009；邓衡山和徐志刚，2016；崔宝玉 等，2017）、法律规定（徐旭初，2012）、套取补贴（仝志辉和温铁军，2009）、缺乏监督（刘雨欣 等，2016；李云新和王晓璇，2017）、精英俘获（崔宝玉 等，2012）、交易成本（邓衡山 等，2016）、成员异质性（邓衡山和王文烂，2014；郑鹏和李崇光，2012）等方面。

市场化推动方面，张艳芳（2011）认为合作社经济目标超过了价值取向，导致了合作社制度发生偏离。政府行为方面，熊万胜（2009）则认为，"知假扶假"的现象普遍化导致合作社制度变得名实分离，将中国合作社的演进归位为"制度化进程中的意外后果"。政府的政策诱导（邓衡山 等，2014，2022）、合作社治理机制不健全（潘劲，2011）、缺乏对合作社的监管机制（仝志辉和温铁军，2009）等原因是合作社走向异化的根源。成立动机方面，仝志辉和温铁军（2009）指出，面对庞大的合作社基数和农村分工分业深化的基本背景，合作社成立最初目的包含套取国家财政扶持资金的因素，成为合作社异化的重要原因。成员异质性也是造成合作社异化和不规范的原因（郑鹏 等，2012；邓衡山 等，2014）。从国外来看，农民合作社中也存在着董事会的核心成员控制的问题（Hakelius，2018），但近些年具有缓和的发展趋势，普通成员的话语权在不断提高（Nilsson，2022）。

### 2.1.3 合作社本质规定性偏离的影响研究

合作社本质规定性偏离的影响研究主要以负面影响为主（崔宝玉 等，2008；郑丹 等，2011；王国敏 等，2012；董娜，2013、高雅 等，2014；刘冬文，2018；曲承乐和任大鹏，2018）。由于在核心和普通成员之间存在着委托代理问题，因此会导致异质性的成员丧失合作的基础（崔宝玉 等，2008）。"精英俘获"的合作社使得普通成员缺乏参与合作社的积极性（郑丹 等，2011），进而导致了小农或普通成员的搭便车行为（王国敏 等，2012）。还有部分学者并不认为合作社本质规定性偏离会产生负面影响（林坚 等，2007；孔祥智 等，2010）。林坚等（2007）指出，合作社的制度偏离在短期内，尤其对刚成立的合作社，不失为一种有效率的制度安排。孔祥智等（2010）指出，过分强调公平会降低对合作社要素所有者的激励，尽管存在一定程度的异化，但能够提高核心成员为普通成员服务的积极性。

## 2.2 合作社分配制度偏离的研究

### 2.2.1 合作社盈余分配制度的研究

学界关于合作社盈余分配制度的研究仍然存在着较大的争论。关于我国合作社盈余分配状况的研究均表明，国内大部分合作社以按股分红为主，按照《农民专业合作社法》规定的比例返还盈余的合作社较少（应瑞瑶，2002；周春芳和包宗顺，2010；孙亚范，2012；吴金红，2015；娄锋 等，2016；王图展，2016；应瑞瑶，2017），学界已经就此达成了较为

### 分配制度偏离、普通成员行为与合作社益农性

一致的共识，但就分配制度偏离的影响却仍未达成一致结论，同样主要是以负面评价为主。从否定阵营来看，大多数学者从不同方面对合作社分配制度偏离表示质疑。当前绝大多数合作社不符合利润返还、分红与返利等基本原则，规范化程度较低（郭红东，2010），存在着名实分离的现象（熊万胜，2009），是异化了的合作社（应瑞瑶，2002），而不是真正的合作社（邓衡山 等，2014），只是农业企业的另一块牌子（楼栋 等，2010），与企业并无二异（杨灿君，2010）。不利于从根本上保护普通成员的合法权益（赵晓峰 等，2015），且呈现出"大农吃小农"的发展趋势（仝志辉和温铁军，2009）。

从肯定阵营来看，多数学者表示目前分配制度偏离实际上属于中国特色的合作社制度变迁（杜吟棠 等，2000；徐旭初，2005；王图展，2017），应该保持有一定的历史耐心（黄祖辉 等，2009；李琳琳，2017），本着现实主义的视角去支持合作社发展（徐旭初、吴彬，2017）。中国合作社质的规定性正在发生漂移，但是其具有不可避免性，应容许一定程度的漂移现象（黄祖辉 等，2009）。短期看，合作社发展初期，相对较低的交易量分配比例有利于吸引核心成员的资本、人力和社会资本等稀缺要素，普通与核心成员通过反复博弈，仍能够形成新的均衡状态（桂玉 等，2010）和稳定的关系（袁久和 等，2013）。合作社作为一种诱致性制度安排，其发生的偏离都是制度演化的结果，有着制度变迁的合理性（王图展，2017）。

关于我国合作社盈余分配状况的研究显示，国内大部分合作社以按股分红为主，按照《农民专业合作社法》规定的比例返还盈余的合作社较少（应瑞瑶，2002；周春芳，2010；孙亚范，2011；吴金红，2015；娄锋 等，2016；王图展，2016；应瑞瑶，2017；谭银清，2018）。现有学者关于合作社盈余分配的比例问题大多认为应当以交易量为基础、保证资本等多种要素分红的盈余分配机制。部分学者认为合作社应当以交易量分配为主（林坚和王宁，2002；韩洁和薛桂霞，2007；潘嘉玮，2008；孙亚范和余海鹏，2012）。此外，还有部分学者指出其他要素也需要考虑在盈余分配制度中（Sexton，1986；Cook，1995；苑鹏，2007；潘劲，2011；周振和孔祥智，2015）。但仍有学者对以交易量分配为主的分配制度表示质疑（王图展，2017）。王图展（2017）指出，合作社60%以上的盈余分配给交易量并不能提高合作社的绩效。

### 2.2.2 合作社分配制度偏离的影响研究

Bijman（2012）认为采取按照交易量返还盈余的分配方式，能够促进合作社健康发展。然而，王图展（2017）却认为，分配制度偏离也能够有益于合作社的生存与发展，其通过满足异质性成员最大化的利益诉求，最终有助于增强合作社自生能力。还有部分学者就合理的盈余分配机制对合作社发展的重要性展开研究（Hendrikse，2001；徐旭初，2003；冯开文，2006；曾明星和杨宗锦，2011；赵彩云 等，2013；周振和孔祥智，2015；王图展 等，2017）。徐旭初（2003）、沈月琴（2005）认为使成员获益是合作社生存和发展的关键，尤其是要兼顾合作社的异质性成员。合理盈余分配制度能够实现合作社的持续发展（伍梅，2005），是合作社所有制度中最为核心的（冯开文，2006）。曾明星和杨宗锦（2011）还指出，合理的盈余分配制度能够吸引投资、提高成员积极性。

## 2.3 合作社成员行为的研究

已有的关于合作社中成员行为的研究主要集中于业务合作、资本合作以及管理合作三个方面，成员充当了惠顾者、所有者与管理者的角色（Reynolds，1997；Hakelius and Karantininis，2013；邵科和徐旭初，2013；Benjamin et al.，2021）。业务行为方面，由于农户往往更注重短期利益（苑鹏，2008；曾明星 等，2011），不太愿意等待二次返利（孙亚范 等，2009），因此我国农户加入合作社主要以销售农产品为主（徐旭初，2006），惠顾者是我国合作社成员在社内最基本的角色（邵科和徐旭初，2013）。唐宗焜（2007）与刘登高（2007）的研究表明，成员接受合作社的服务行为对提高成员生产水平、改善经营能力具有重要作用。已有的研究就成员参与合作社行为的影响因素展开了广泛的研究，包含经济收益（Rhodes，1983）、信任程度（孙亚范和余海鹏，2012）、风险感知（杨雪梅 等，2018）、社会资本（梁巧 等，2014；Deng et al.，2021）等多方面。还有部分学者就成员承诺问题展开研究。Fulton and Giannakas（2001）指出成员承诺行为对合作社健康发展至关重要。目前我国合作社成员违背承诺是普遍现象（蔡荣 等，2012、2013、2015；谭智心和孔祥智，2012）。蔡荣等（2015）还指出，成员承诺受到合作社成员规模、产品溢价、参与决策等因素的影响。还有部分学者研究了成员参与合作社行为的意愿（徐建春 等，2014；钟颖琦 等，2016）。Fischer and Qaim（2011）进一步应用集体行动逻辑的"搭便车"理论来解释成员承诺问题。

### 2.3.1 成员生产合作行为研究

成员的生产合作行为是指成员通过合作社交易农产品与接受农业服务的生产性活动（Wadsworth，1991；Theuven and Freanz，2007）。Huang et al.（2013）指出，建立激励制度可以促使成员对合作社的参与行为。Hakelius and Hansson（2016）认为，不公平的分配制度会使成员产生厌倦情绪，进而降低生产合作行为。周宇等（2019）根据甘肃省定西市284个农户的微观调查数据显示，社会网络、社会参与和一般信任对农户生产合作行为有正向影响。陈燕等（2019）指出，成员由于自身经济实力薄弱，加上外部资金与成员间实力差异的影响，合作社多数成员难以实现对合作社组织发展的全程参与合作。总体来看，目前关于成员合作行为的研究还相对较少，仍有待进一步深入研究。

### 2.3.2 成员出资行为的研究

成员出资行为是指成员向合作社进行投资的生产经营行为，此时成员在合作社中扮演了所有者或投资者角色（Schrader，1989；Petersen，1997；Chaddad and Cook，2004）。普通成员出资对合作社健康发展至关重要（孔祥智，2010）。不出资的成员可能仅仅为了享受合作社的价格优惠，并没有实际参与到合作社的经营中（孔祥智 等，2014）。我国合作社成员出资方面具有较强的异质性，是我国合作社的典型特征（徐旭初 等，2014；应瑞瑶 等，2016；黄胜忠 等，2019），大多数普通成员对合作社并没有出资（应瑞瑶，2004）。

现有的关于成员出资行为的影响因素研究较多，主要集中于成本收益（崔宝玉 等，2008）、风险偏好（崔宝玉 等，2008）、信任程度（Golovina and Nilsson，2009；刘宇翔，2010）、成员异质性（Fulton，1999）、产权结构（Cook 和 Iliopoulos，2003）、市场发育程度（郭红东 等，2011）、合作社制度（孙亚范 等，2009）等方面。近年来，也有不少学者开始研究以土地（黄胜忠，2013；高海，2014；林乐芬 等，2017）、劳务（高海等，2014）等要素入股的新型合作社。Bijman and Verhees（2011）指出，成员参与合作社治理等因素显著影响成员对合作社的惠顾承诺。谭银清（2020）指出，目前合作社中的大部分成员都没有出资，并且成员个体特征、家庭资源禀赋、合作社特征、信任等对成员的出资行为具有重要影响。此外，较多研究集中于以土地（黄胜忠，2013；高海，2014；林乐芬等，2017）、劳务（高海等，2010）等要素入股合作社。高海（2010）从法理角度出发，指出鉴于劳务被动转让的不可能性与土地承包经营权基于社会保障等公共利益自由转让的限制性，劳务出资的规制措施可以为农地入股提供借鉴。黄胜忠（2013）指出，土地承包经营入股后，合作社通常采取股份化的资本结构，不同要素的财产所有权界定复杂化。目前关于合作社出资行为研究的文献较少，仍有待进一步深化。

### 2.3.3 合作社成员治理行为研究

由于合作社中存在着"精英俘获"问题，普通成员往往并未参与到合作社的治理中（冯娟娟和霍学喜，2017）。目前，由于核心成员往往控制合作社的决策权（马彦丽等，2008），使得小农户在合作社中容易受到挤压（谭智心和孔祥智，2012），降低了普通成员的参与治理行为（崔宝玉，2011）。Gray et al.（1990）的研究发现，成员农场规模会显著影响成员对合作社的治理行为。冯娟娟等（2017）认为对合作社较高满意度有利于提高成员的治理行为。李晓锦和刘易勤（2016）则认为组织公平和出资也是影响合作社成员参与合作社治理行为的关键因素。

### 2.3.4 合作社成员机会主义行为研究

成员机会主义的行为和"搭便车"行为也是合作社成员行为研究的重点。王军（2011）认为建立合适的监督制度能够有效约束农户机会主义行为的产生。谭智心、孔祥智（2012）认为产权不明晰、治理机制不完善、交易费用高等因素，容易引起中小成员产生搭便车的行为动机。Hakelius and Nilsson（2020）指出，善用激励机制可以有效抑制核心成员的机会主义行为。吴曼等（2020）指出，由于小农户专用性投资低、行为不确定性高、守信意识差，绝大多数"公司+农户"无法达成长期、稳定的显性契约关系，因此需要发挥村集体的声誉效应、组建行业协会等方式，切实克服小农户的机会主义问题。

还有部分学者就合作社违约和退社行为展开了研究（邓军蓉和祁春节，2012；李道和和陈江华，2014）。王鹏和霍学喜（2012）的研究分析了成员退社的方式及诱因，主要包括退社农民入社持续时间与入社收益、外部市场对农民生产率的评价、入社前的生产率以及所面临的不确定性等因素。王鹏等（2015）还进一步分析了退社行为对合作组织的可持续发展产生的影响。

## 2.4 合作社成员公平感知的研究

Adams（1965）通过对组织工人对所获报酬的公平感知研究，提出了组织公平理论。Hochschild（1981）从结果、机会和程序三种公平感知的维度对公平感知进行细化。Kumar et al.（2018）则将机会与程序两种公平感知看作过程公平感知，并认为公平感知包括结果公平感知和过程公平感知。另外，Aryee and Chay（2001）则提出了分配、程度以及互动三种公平感知。韩宏稳（2016）主要通过分配、程序以及互动三种公平感知分析组织成员的满意度。谢建斌（2014）则以员工薪酬为切入点展开研究，具体细化为薪酬的分配、程序以及外部三方面公平感知（谢建斌，2014）。还有部分学者就公平感知的影响展开研究。已有的研究已经表明，员工的公平感知会能够提高其工作满意度（马超 等，2014），也能提高其对组织的承诺（韩宏稳，2016），还能够提高其自身的工作绩效（谢建斌，2014），对组织公民行为具有显著的正向影响（周浩和龙立荣，2007；陈春峰和莫水凤，2018）。

不少学者将组织公平理论引入合作社相关问题的研究，主要集中在成员层面。黄洁和李荣（2016）的研究从分配、程序、互动三种公平感知的角度出发，证实了合作社成员的公平感知对其合作社的绩效的确存在着正向的积极影响。王昌海（2015）则使用合作社的财务是否公开、成员对付出与汇报公平性的感知作为关键的衡量指标，证实了合作社的公平性程度能够显著提升成员之间的合作。刘宇荧等（2018）的研究则进一步指出，合作社内的成员对于公平的感知与合作社的盈利能力能够显著提高成员的生产合作行为。另外，尚未有学者应用组织公平理论分析合作社盈余分配制度相关问题，有待进一步探索。

## 2.5　合作社经济社会功能的研究

### 2.5.1　合作社经济功能的研究

合作社作为将小农户"组织"起来闯市场的合作经济组织，通过降低交易成本（蔡荣，2011；戈锦文 等，2016）、完善内部治理结构（王真，2016）、构建利益联结机制（杨丹和刘自敏，2017；刘宇荧 等，2019）、提供多元化的服务（陆泉志 等，2022）、开展标准化生产（刘浩 等，2021）、盈余分配（蔡荣 等，2015）等方式，实现有效促进农户增收（苏群和陈杰，2014；刘嶺 等，2022）。苏群、陈杰（2014）的研究指出，合作社能够有效提高水稻种植农户的净收益，而且对大规模农户的效果要更强。刘嶺等（2022）则认为，合作社能够有效促进农户增收，而集体主义与利他精神较强的合作社对农户的增收效应更明显。另外，还有部分学者指出合作社对贫困户或低收入群体增收具有更强的效果（刘俊文，2017；刘同山和苑鹏，2020）。刘俊文（2017）指出，合作社能够通过产业扶贫有效带动贫困户增收。刘同山和苑鹏（2020）指出，贫困户加入合作社对改善其自身的经济状况具有显著的正向影响。

但也有不少学者持有不同的观点。由于存在着"精英俘获"、治理结构不完善等问题，小农户或贫困户很难从合作社中获益（黄祖辉和邵科，2009；温涛 等，2015；周应恒和胡凌啸，2016）。黄祖辉和邵科（2009）认为，由于合作社逐渐偏离自我服务和民主控制这两大本质，因此其助农增收的成效较低。温涛等（2015）认为，合作社对小农户或贫困户的增收作用很小。周应恒和胡凌啸（2016）认为，日本合作社较为成功的原因在于实现了"弱者的联合"，但中国合作社并不具备实现"弱者的联合"的条件，因此中国合作社难以实现"弱者联合"。

还有学者认为合作社助农增收的效果具有很强的异质性。Verhofstadt and Maertens（2014）认为经营规模较大、地理位置不佳的农户更容易从合作社中获益。温涛等（2015）则认为合作社对高收入农户具有增收效果。朋文欢和黄祖辉（2017）则认为，只有从合作社中获得服务才能起到增收效果。刘宇荧等（2019）研究发现不同类型的合作社助农增收的成效也不尽相同。

### 2.5.2 合作社社会功能的研究

合作社以"民办、民管、民受益"为基本办社宗旨,其本质是集经济与社会功能于一体的农民合作组织,它既具有经济属性,也具有社会属性(苑鹏,2015)。不少研究表明,合作社对农村地区能够发挥社会功能(唐宗焜,2007),增强了农户的信任感(孙艳华,2014),促进成员间的沟通与交流(Parnell,2001;Koseoglu et al.,2010;Bruni et al.,2019),提高成员社会融入感(Majee and Hoyt,2011),解决了部分农村社会中存在的矛盾,提升了基层治理水平(潘劲,2014),提升农户对基层政治参与的积极性(韩国明和赵静,2016),有效缓解了农民的焦虑感(赵泉民、井世洁,2016)。

我国合作社的社会功能逐步显现,应转变"经济主义"挂帅的发展思路,重视合作社的社会功能并对其进行引导(刘同山,2017)。进一步,张超、吴春梅(2015)基于浙江省290户中小成员的Logistic回归分析表明,服务多样化程度、财务公开、经营管理、民主参与、培训次数等直接服务过程以及农户间信任、促进政府与农户间沟通等社会功能对于合作社成员满意度具有显著的正向影响。刘同山和苑鹏(2020)指出,贫困户加入合作社后其生活满意度具有显著提升。也有部分学者认为合作社并不一定会对普通成员发挥社会功能(张晓山和苑鹏,2009),合作社不能提高成员间的信任感(潘劲,2011),无法保障普通成员的民主权利(任大鹏 等,2012;任大鹏和李蔚,2017),普通成员很难从合作社中受益(胡联,2014;Hu et al.,2017)。此外,赵泉民和井世洁(2016)指出,农户通过参与综合性合作社能够有效缓解农民焦虑感。加入合作社的农户与不加入合作社的农户相比,其生活幸福感显著增强。显然,就已有的研究看,合作社能够发挥社会功能显然没有达成一致的结论。

## 2.6 分配制度、成员行为与合作社益农性的研究

### 2.6.1 分配制度偏离对成员行为影响的研究

国内外学者对盈余分配制度影响成员行为的研究并不丰富,普遍认为完善的盈余分配制度能够有效正向影响成员行为。部分学者对盈余分配制

度影响成员行为做了理论上的解释，但大多数研究都没有谈及分配制度合法性问题。大部分研究认为合理的要素分配制度能够有益于合作社发展，这无疑暗含着资本取酬的正当性和合理性。Sexton（1986）认为，要素按比例分配盈余能够实现合作社稳定发展。Cook（1995）进一步强调，"新一代合作社"不仅需要按照惠顾额向成员返还盈余，还需要按照出资向成员返还。林坚等（2002）认为合作社应增强对投资的激励，以缓解合作社普遍存在的缺资本困境，以促进成员出资行为。还有部分学者构建了交易量返还比例的理论模型，结果较为一致地认为交易量返还盈余存在最优的比例或区间（曾明星和杨宗锦，2011；田艳丽和修长柏，2012；黄胜忠和伏红勇，2014），也同样暗含了资本要素取酬的合理性。还有部分研究就一次让利制度对成员行为的影响进行了实证检验，且存在着不一致的观点。张国鹏、王玉斌（2018）认为"市场+附加价格"的机制比盈余分配制度更能发挥合作社与成员"收益共享、风险共担、契约稳定"的作用，即以一次让利代替二次返利的分配制度偏离能够促进成员生产合作行为。吴锐光等（2014）则指出，一次让利制度合作社利益分配机制不完善导致二次返利制度对成员吸引力较弱，进而不利于促进成员行为。

## 2.6.2 成员行为对收入的影响研究

关于成员行为的影响研究主要集中在成员增收方面。大部分研究结论表明成员行为具有显著的增收效应。不少学者认为合作社成员行为能够提高提高农户的收入水平（张晓山，2009；杜吟棠，2005；蔡荣，2011）。农民合作社为穷人创造了增收机会（Wanyama et al.，2008），还增强了贫困群体在信贷、销售渠道可得性（Birchall and Simmons，2009），使得农户更有利于获得新的农业技术（Abebaw and Haile，2013；Wossen et al.，2017；Ma et al.，2018），创造了农产品品牌（Van et al.，2016），发挥成员间的学习效应（Fischer and Qaim，2012；李霖 等，2017），提高农户的农业生产率（Kumar et al.，2018；Ma et al.，2018），提升成员自我发展能力（韩国明和安杨芳，2010；刘宇荧 等，2018），进而促进成员增收（韩国明和安杨芳，2010；温涛 等，2015；杨丹和刘自敏，2017；Fischer and Qaim，2012；Abebaw and Haile，2013；Cechin et al.，2013；Van et al.，2016）。具体来讲，Wossen et al.（2017）指出，合作社通过提高农户采用技术的能力，进而促进农户增收。Ma et al.（2018）认为由于合作社成员与非合作社成员户存在着技术效率的差异，进而导致入社农户收入高于非入社农户。Kumar et al.（2018）认为合作社能够提高农户的产量和收益，进而促进成员增收。此外，参与合作社有利于提升成员的自我发展能力，进而提高其收入（刘宇荧 等，2018）。部分学者表示成员行为对其增收作用具有不确定性。增收效应会因家庭因素（刘俊文，2017）、经营规模（苏群和陈杰，2014；Ma and Abdulai，2016）以及紧密程度（杨丹和刘自敏，2017）而异。从成员角度看，合作社的增收效果也因成员收入、是否获得服务、人均资产而异（温涛 等，2015；朋文欢和黄祖辉，2017；胡联，2014）。胡联（2014）指出，合作社对异质性农户收入增长的影响存在差异性，高收入农户的收入增幅更大，贫困农户人均资产影响了合作社对农户收入增长的促进作用。邢成举和李小云（2013）则指出，由于合作社存在着"精英俘获"的问题，会导致财政扶贫项目出现偏差，进而导致项目结果不尽如人意，扶贫增收效果甚微。

## 2.6.3 分配制度偏离对成员增收的影响研究

盈余分配制度在合作社中的作用效果引起了国内学术界的重点关注，大多数学者认为分配制度偏离对成员增收具有负向影响。任大鹏等（2013）认为，盈余分配偏离能够损害弱小成员利益，无法保障内部成员经济利益上的公平，从而不利于成员增收。齐林和朱青（2013）认为，合作社通过按交易量分配的盈余分配制度能够有效促进成员增收。卢新国（2009）指出，目前大部分合作社缺少科学合理的盈余分配制度，交易量分配比例较低，助农增收成效极为有限。郑鹏和李崇光（2012）认为，合作社管理制度的不健全、不完善且缺乏外在的监督、合作社管理人员和普通成员自身素质不高和能力不足导致出现分配制度偏离问题，进而使得合作社助农增收效果甚微。Banerjee 等（2013）发现由于存在着"经营俘获"问题，普通成员难以在合作社中收益，因此其收入并不能提高。还有部分学者认为盈余分配偏离对成员收入没有影响。王真（2016）指出，盈余分配制度对成员增收的作用并不显著，也就是说盈余分配偏不偏离都不能提高成员收入。钟真等（2018）认为，盈余分配制度对合作社成员增收并没有显著影响，但通过设置入社出资门槛，才能够有效发挥助农增收的作用。还有学者认为分配制度偏离能够正向影响成员收入。王图展（2017）指出，分配制度偏离有益于合作社的生存和发展，最终有助于增强合作社的自生能力，带动成员增收。另外，还有不少研究指出合理的盈余分配制度是助农增收的关键，但并没有进一步研究合理的盈余分配制度是否为偏离本质规定性的分配制度。郑飞虎等（2014）、李道和等陈江华（2015）认为，盈余分配制度能够维持成员与合作社交易的稳定性，降低成员的违约概率，进而提高合作社绩效，带动成员增收。王军（2011）认为，盈余分配制度能够约束成员在生产和交易过程中的机会主义行为，进而实现成员与合作社的双赢。孙艳华等（2007）、认为合理的盈余分配制度加深了成员与合作社的利益联系，会影响成员与合作社的交易意愿，进而有利于增加成员的收入。总体来看，盈余分配偏离对成员增收的影响存在着不一致的结论且仍处于初级阶段，缺乏较为深入的研究。

## 2.6.4 分配制度偏离、公平感知与成员生活满意度的研究

目前部分学者基于分配制度的公平性展开理论上的探讨（应瑞瑶，2004；韩洁 等，2007；米新丽，2008；郑丹；2011）。Cook（1995）指出新一代合作社应实行按股分配与按照交易量分配相结合的分配方式。Harold and Demsetz（1999）认为，合作社应该按照普通成员和核心成员的贡献来分配利益，具体体现在按照出资分配与按照交易量分配的比例。应瑞瑶（2004）指出，合作社应实行按股分红的制度安排，体现了对出资的公平性考量。米新丽（2008）指出，资本有限取酬的原则，是合作社盈余按照交易量分配的公平性体现。郑丹（2011）认为，"人合"的合作社本质决定了合作社应当按照交易量进行分配。此外，周振和孔祥智（2015）认为企业家报酬也要纳入到合作社的盈余分配中。苑鹏（2007）的研究也认为企业家的人力资本在合作社中发挥了重要的作用，因此应承认资本要素的贡献。综上所述，目前关于分配制度公平性的考量也并未形成一致的结论。另外，已有学者对成员生活满意度的研究总体来看偏少，主要集中在加入合作社（刘同山，2017；刘同山和苑鹏，2020）对成员生活满意度的影响。

此外，部分学者还研究了成员对合作社的满意度，体现在效率与公平（王昌海，2015）、组织认同（张连刚 等，2015）对合作社满意度的影响，尚未有学者就分配制度对成员生活满意度的影响展开研究，因此该领域的研究值得进一步深化。值得一提的是，王昌海（2015）已经注意到，合作社内部公平对成员满意度具有显著的促进作用。盈余分配制度作为一

种体现公平与效率的重要制度,其分配公平性对成员生活满意度将发挥着重要的影响,仍待进一步探索。

### 2.6.5 合作社对普通成员增收的影响研究

目前,尽管已有部分研究关注到合作社异质性成员的增收效果,但鲜有研究针对性地对普通成员的增收效果展开研究。在已有的研究中也存在着不一致的结论。此外,鲜有学者研究合作社普通成员的行为与生活满意度。近年来,"小农户大市场"矛盾日益凸显,农产品销售难的现象频现(徐志刚 等,2017),合作社作为连结小农户的重要载体的作用逐渐凸显出来(孔祥智和魏广成,2021)。就合作社帮助普通成员增收这一问题看,部分学者认为合作社能够帮助普通成员或小农户实现增收(刘同山和苑鹏,2020;张笑寒和陈毓雯,2020;来晓东 等,2021);也有学者认为合作社内部存在着管理不善、精英俘获或者成员收益不均衡等诸多问题,导致普通成员或农户很难从合作社中获益(黄祖辉和邵科,2009;胡联,2014;温涛 等,2015;周应恒和胡凌啸,2016;Peng et al.,2018)。一方面,部分学者认为农民合作社资产收益扶贫具有协力推进、互利双赢、收益保底、联营联动等显著优势(袁伟民和唐丽霞,2020)。刘杰等(2021)认为,农民合作社具有较强的增收和减贫效应,对低收入群体尤为明显。另一方面,朋文欢和傅琳琳(2018)认为,合作社对贫困户并未表现出青睐,因此对贫困户并不会起到很强的增收效果。李庆海和徐闻怡(2021)认为,加入合作社对农户有增收作用,但主要对高收入农户的增收作用最明显,对低收入农户的增收作用并不明显。

## 2.7 文献评述

本书的文献综述基于分配制度偏离、成员行为及合作社益农性三条逻辑主线展开。通过文献综述,发现已有研究在以上三个维度针对我国合作社的研究展开了丰富的讨论,但存在着以下七个方面的不足。

一是鲜有研究从成员行为的视角出发,探究分配制度偏离对成员增收与生活满意度的影响。赵昶等(2020)根据产业组织理论的 SCP 分析范式,构建了产业组织理论(SCP)的框架,分析了合作社制度通过影响成员行为进而影响合作社绩效的作用机理,但仍然存在着深入研究的空间。

首先，合作社的制度包含盈余分配、治理机制和运行机制等多个方面，相关研究仍有待进一步深化；其次，分配制度偏离对成员增收与生活满意度的影响机制尚未厘清，尚未有学者将三者纳入统一的分析框架下展开研究。

二是目前关于盈余分配偏离对成员增收的研究还没有得到一致的研究结论，尤其是没有回答分配制度偏离是如何影响成员增收的。关于分配制度偏离与成员增收二者的关系，一部分学者认为盈余分配偏离对成员增收具有负向影响（卢新国，2009；任大鹏 等，2013；齐林 等，2013；郑鹏和李崇光，2014；Banerjee et al.，2013），而一部分学者则表示没有影响（王真，2016；钟真 等，2018），还有学者表示分配制度偏离对成员增收可能有正向影响（王图展，2017）。另外，还有一部分学者指出合理的盈余分配制度能够正向影响成员收入（王军，2011；郑飞虎 等，2014；李道和 等，2015；刘西川，2016），但并没有指出合理的盈余分配制度是否发生了偏离。已有研究仍然忽略以下四点不足。第一，已有研究尽管已经指出合理的盈余分配方式能够正向影响成员增收，但鲜有学者通过实证研究找到对交易量分配的最优比例，换言之最优的分配制度偏离程度尚未得到研究。第二，先前的实证研究往往通过线性回归模型进行估计，但已有研究却忽视了分配制度偏离（交易量分配比例）与成员增收可能存在的非线性关系。第三，分配制度偏离影响到代表所有者身份的出资行为和惠顾者身份的生产合作行为，大多数实证研究中都没有回答分配制度变化如何影响成员出资与生产合作行为是当前分配制度影响成员增收差异较大的关键原因。第四，没有将成员类型进行细致划分，忽略了核心成员和普通成员的区别，成员异质性条件下，不少学者认为合作社中存在"大农吃小农"的困境，因此成员异质性可能会干扰研究结果。

三是目前大多数研究集中于分析盈余分配制度本身，却忽视了盈余分配制度作为合作社本质规定性之一，其分配制度已经发生普遍偏离这一关键性问题。第一，学者对于盈余分配制度对合作社绩效已做了大量的研究，但是鲜有学者研究分配制度偏离《农民专业合作社法》规定对合作社发挥经济功能与社会功能所产生的影响展开研究。第二，目前关于我国合作社本质规定性偏离的研究尚未形成统一的共识。尽管主张实用主义的学者们从理论上分析了合作社本质规定性偏离并不影响发挥合作社功能，但也鲜有学者就其因果关系展开实证分析。第三，鲜有学者就合作社本质规定性偏离对合作社社会功能的影响展开研究，相关研究仍有待进一步深化。第四，尽管大量学者已经指出现有的合作社盈余分配偏离已经成为一种普遍现象，但是鲜有学者论证这种普遍现在的合理性，已有的研究也仅是从理论上论证其合理性，分配制度偏离是否能够影响合作社经济和社会功能的发挥有待进一步深入研究。

四是现有的研究往往集中于合作社经济绩效，缺乏合作社社会绩效的研究。作为一种集合经济与社会功能于一体的农民合作组织，其社会功能同样不容忽视，因此，已有研究存在着以下两点不足：第一，现有研究多关注于盈余分配偏离对合作社经济功能的影响。而合作社作为一种集合经济与社会功能与一体的经济组织，合作社盈余分配偏离对合作社发挥社会功能影响的研究仍然有待进一步深化。第二，现有的文献涉及合作社社会功能往往是对合作社社会功能的若干指标包含在合作社绩效的测度范围内，或是从益贫性的角度展开研究。仅有少数学者关注到生活满意度这一重要指标（刘同山，2017；刘同山和苑鹏，2020），因此合作社社会绩效领域的研究仍有待进一步深化。

五是目前关于分配制度对成员出资行为与成员生产合作行为影响的研究仍然较少，关于合作社中普通成员的研究更少，分配制度偏离对普通成员出资与生产合作行为的影响机制更是有待进一步探索。成员出资与生产合作两种行为是合作社成员的基本权利，能够体现成员所有者与惠顾者同一的根本属性。已有的研究主要存在以下两方面不足：第一，已有研究仅仅从理论或实证上证明了合理的分配制度能够正向影响成员行为，但尚未有学者从合法性的角度，论证分配制度偏离《农民专业合作社法》是否能够影响成员行为行为，仍无法解释当前经营状况良好的合作社往往分配制度普遍偏离这一事实。第二，但现有的研究往往集中于成员出资或成员生产合作行为的影响因素研究，鲜有学者研究盈余分配制度对成员出资与生产合作行为的影响，尚未有文献对盈余分配制度影响普通成员出资与生产合作行为进行解释，因此该领域研究仍有待进一步深化。

六是现在文献多从理论的角度分析资本或交易量分红的依据，侧重于分析要素参与分配的现实公平性，但缺乏对成员公平感知的研究。盈余分配的公平性是衡量合作社发展的一个重要因素，能够保障多种要素积极参与合作社建设，是合作社行稳致远的必要保证。已有研究主要存在以下两方面不足：第一，已有研究已经就各种要素参与合作社盈余分配的公平性展开论证（苑鹏，2013；潘劲，2011；周振和孔祥智，2015），但鲜有学者注意到，分配制度偏离对成员来讲更多的是影响成员的公平感知，而公平感知进一步会影响其生活满意度，进而影响合作社社会绩效的发挥，该领域研究有待进一步深化。第二，目前也鲜有学者将组织公平理论应用于合作社研究中，仍有待进一步探索。

　　七是现有的关于成员行为对其收入的影响仍然存在着不一致的结论。究其原因，主要是由于现有的研究主要存在着以下两方面不足：第一，现有学者尚未考虑到合作社成员仍然面临着不同的行为选择——出资行为与生产合作行为，这两类行为通过盈余分配对出资与交易量分红提高成员收入，但已有研究尽管对异质性合作社与成员的不同因素展开研究，但却忽视了两种重要的成员行为，因此仍待进一步研究。第二，先前学者已经就合作社成员增收展开多方面的研究，但鲜有学者考虑到成员异质性这一重要问题，也少有学者针对性地就普通成员展开研究，普通成员参与合作社的各项行为是否能够促进其增收仍然存在着不一致的结论。

# 第 3 章　理论分析

根据产业组织理论的 SCP 分析范式，合作社分配制度偏离通过影响成员行为与感知进而影响合作社益农性（Waldman and Jensen，2016）。因此本书根据赵昶等（2019）的成果，构建了"分配制度偏离—成员行为—合作社益农性"的分析框架。本书通过四方面展开研究。

一是分配制度偏离通过影响成员行为进而影响成员增收。首先，本书通过不完全契约理论，证明成员出资与生产合作两种行为对增收的影响。其次，应用 SCP 分析框架，分析分配制度偏离通过影响成员出资和生产合作行为进而影响成员收入，即分配制度偏离影响成员收入是通过影响成员出资和生产合作行为来实现的。理论分析见本章第 1 小节。

二是分配制度偏离对成员出资行为的影响。以自生能力理论、股利信号理论、股利代理理论三大理论为基础，分配制度偏离通过自生能力、股利信号、股利代理 3 种效应影响成员出资行为，换言之，分配制度偏离影响成员出资行为是通过自生能力、股利信号、股利代理 3 种机制实现的，理论分析见本章第 2 小节。

三是分配制度偏离对成员生产合作行为影响。通过对市场行情与成员存在异质性的情况下分别进行博弈分析发现，适度的盈余分配制度能够降低异质性成员的履约风险，进而影响成员生产合作行为。具体来讲，当资本分配比例过高时，提供交易量的普通成员具有较高的违约风险，进而降低成员合作行为，反之，当交易量分配比例过高时，提供资本的核心成员具有较高的违约风险，进而降低合作社为农户提供服务的行为，即适度比例的资本与交易量分红能够构建合理的分配制度，进而对普通成员的生产合作行为产生影响。而国内能够满足交易量分配比例超过 60% 的合作社并不占多数，因此本书认为盈余分配制度的激励相容机制的交易量分配比例很可能低于 60%，并据此提出假说。理论分析见本章第 3 小节。

四是分配制度偏离通过影响成员公平感知，进而提高成员生活满意度的机制。本书根据组织公平理论，将成员公平感知划分为分配公平感知、程序公平感知、互动公平感知三部分，探究分配制度偏离对成员生活满意度的影响机制，理论分析见本章第4小节，如图3-1所示。

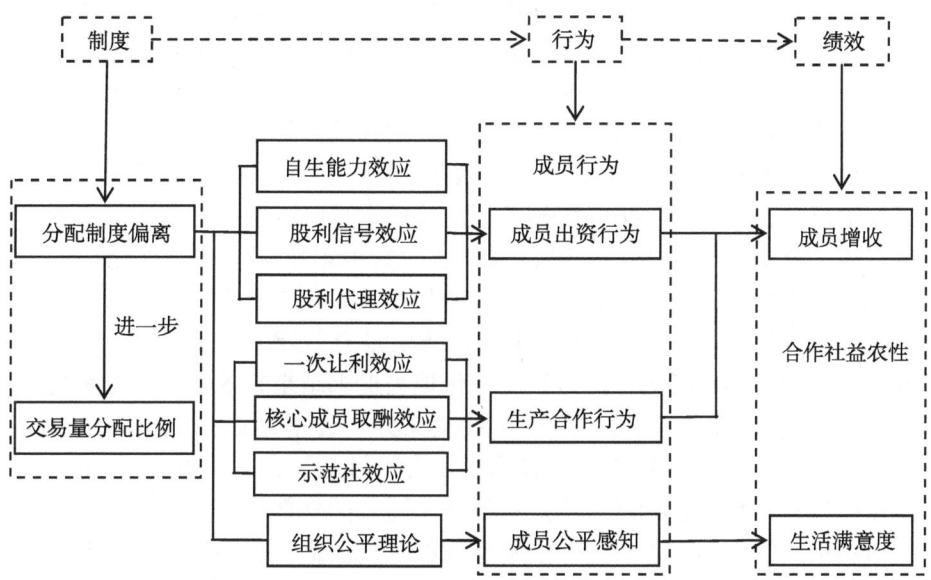

图3-1 分配制度偏离、成员行为与合作社益农性的分析框架

## 3.1 分配制度偏离影响普通成员收入的理论分析

产业组织理论的SCP范式指出，组织结构决定组织的行为，而组织的行为会影响绩效（Waldman and Jensen，2016）。分配制度会通过影响普通成员的出资行为与生产合作行为进而影响普通成员增收的效果。

### 3.1.1 "分配制度偏离—成员行为—成员收入"的分析框架

根据产业组织理论的SCP分析范式，合作社分配制度普遍偏离的大背景下，盈余分配制度会通过影响成员出资与生产合作两方面行为进而影响成员收入。因此本书根据赵昶等（2019）的成果，构建了"分配制度

**分配制度偏离、普通成员行为与合作社益农性**

偏离—成员行为—成员收入"的分析框架。

(1) 合作社分配制度

我国的合作社始终坚持"民办、民管、民受益"的宗旨，是一种惠及全体成员的合作经济组织。新修订的《农民专业合作社法》中明确提到，盈余主要按照交易量进行返还。因此，合作社盈余主要向交易量分配倾斜，而非主要根据资本来进行分红，这也是区别于股份制公司的重要区别。那么，盈余分配制度作为合作社区别于其他经济组织的特殊分配制度，必然会影响普通成员的行为，进而影响到成员的收入。

《农民专业合作社法》之所以要规定可分配盈余60%以上按照交易量分配给成员，是出于保护农民利益、防止资本过度取酬的考虑所做出的决定，体现合作社"民办、民管、民收益"的根本原则，是分配公平的重要体现。而公平并非指绝对的公平，而是在效率基础上实现的公平。根据自由主义分配公平理论，市场机制的结果是有效率的（Hayek，2012），并反对人为干预市场选择的做法，一味地去追求结果平等只会陷入平均主义（Hayek，2012）。因此，根据自由主义分配公平理论，结合我国合作社发展实际情况，本书认为《农民专业合作社法》对可分配盈余60%以上需要按照交易量分配这一规定可能是不适宜的外部干预，资本与交易量在市场机制的作用下进行博弈能够实现帕累托改进，能够增加博弈双方的利益。从当前合作社的实践来看，大多数合作社往往偏离了《农民专业合作社法》的规定（应瑞瑶，2002，2017；周春芳，2010；孙亚范，2011；吴金红，2015；娄锋 等，2016；王图展，2016；苑鹏，2018），农业农村部提供的数据也显示可分配盈余60%以上按照交易量返还的合作社比重自2011年以来始终低于20%，且呈现出逐年下降的趋势①。可以认为对合作社来说，激励相容的制度安排往往并不符合当前《农民专业合作社法》对盈余分配制度的要求。因此，合作社分配制度偏离能够正向影响普通成员的收入。

(2) 成员行为

合作社普通成员的行为由合作社的运行方式所决定（赵昶 等，2019）。国际合作社联盟于1895年提出的"罗虚代尔原则"明确规定按交易量比例分享盈余。1966年，国际合作社联盟将"罗旭代尔原则"修订为6条，同样明

---

① 根据农业农村部公布的历年《农村经营管理统计年报》数据整理。

确提到了资本报酬适度、主要按照交易量返还盈余。新修订的《农民专业合作社法》第四十四条明确指出，可分配盈余按交易量分配的比例不得低于60%。当前各式新型农民合作社形态不断涌现（徐旭初 等，2018），合作社盈余分配也逐渐丰富起来，出现了按照技术、劳动、资本、企业家才能和交易量等多种要素分配的格局，但按照资本和交易量分红仍然是当前盈余分配制度的主流。所有者与惠顾者相统一是合作社区别于其他经济组织的典型特征。无论是核心成员还是普通成员均具有所有者和惠顾者的"双重身份"。合作社对资本和交易量的分配情况必然会影响到普通成员的出资与生产合作行为，而这两种行为往往是普通成员获得增收的关键。

尽管在现实中，我国大多数合作社并没有按照《农民专业合作社法》规定的盈余分配制度进行分配，但并不意味着这些合作社就不利于普通成员的利益，而更可能是实现了突破制度"藩篱"的帕累托改进，达到了一种激励相容的制度安排（王图展，2017）。普通成员获得合作社的分红，主要通过合作社资本回报和交易量分红来实现，进而正向影响成员增收。因此，普通成员通过向合作社出资或提供交易量两方面行为，能够使其获得合作社的资本或交易量分红，进而正向影响普通成员增收。

（3）成员增收

合作社是由农户自发成立的合作经济组织，正向影响其增收也是合作社的重要使命。首先，合作社成员能够联合起来，扩大生产规模、发挥规模经济优势，增强谈判实力（张晓山，2004），提高合作社绩效，进而正向影响成员增收。其次，成员通过向合作社出资，获得合作社盈余的资本回报，进而正向影响成员增收。最后，成员还能将农产品销售给合作社、购买合作社的农资、接受合作社的农机作业服务等，通过一次让利和交易量二次返利的方式正向影响成员增收（任大鹏 等，2013）。通过上述分析，成员行为是影响其增收的决定性因素，进一步，成员行为又受到了合作社盈余分配制度的影响。因此，分配制度偏离通过正向影响成员出资与生产合作，从而正向影响成员增收。

分配制度偏离能够正向影响成员增收。分配制度偏离通过影响普通成员出资与生产合作两方面行为，进而影响成员增收。

综合以上分析，逻辑框架如图 3-2 所示。

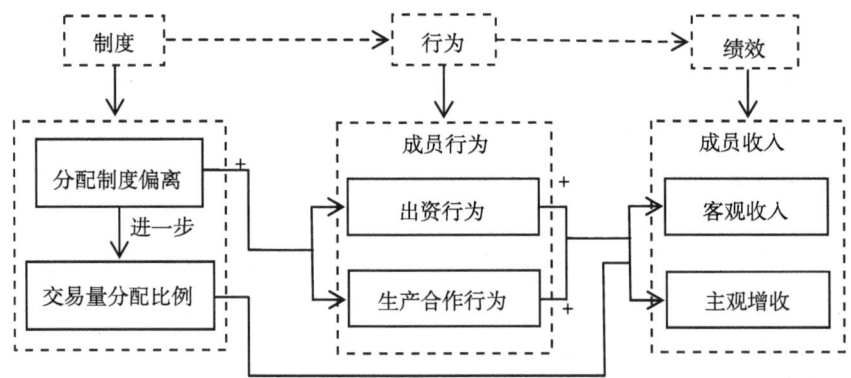

图 3-2　分配制度偏离影响普通成员增收的分析框架

### 3.1.2　成员行为影响增收的理论分析

本书选取不完全契约的经典理论分析普通成员行为对其增收的影响。不完全契约理论是解释制度通过影响契约行为进而影响绩效的分析框架（Grossman and Hart，1986；Hart and Moore，1990）。已有关于合作社问题的研究中，Eilers and Hanf（1999）将契约理论引入合作社的研究，利用代理理论总结出合作社最优的契约设计。Hendrikse and Veerman（2001）则应用不完全契约理论，分析了使普通成员与核心成员都能够实现实现收益最大化的决策、合作社最优的治理与激励机制。Hendrikse and Bijman（2002）则应用不完全产权契约理论进一步研究了合作社的所有权结构对异质性成员投资决策的影响。合作社与成员之间的关系、核心成员与普通成员之间的关系是一系列契约的组合（李桃，2014）。因此，根据现有的理论和文献，由于信息和契约的不完全性，使得对合作社成员的约束力减弱，进而引起合作社的核心成员与普通成员之间存在着违约风险，进而影响成员增收。

根据以上理论分析，本书根据供应链交易的双重加价模型（Spengler，1950），借鉴郑风田等（2020）的研究，应用不完全契约理论，将机会成本引入中间品市场交易模型，以剖析成员在不同的行为下对增收的影响。具体来讲，通过从合作社层面分析普通成员出资与生产合作行为对其增收的影响，从理论上证明普通成员出资与生产合作行为对增收的作用机理，凸显合作社在带动农户增收方面的比较优势。因此，本书假设契约模式为

"公司+合作社+农户"型,即契约主体有农户、合作社与农业企业三类。合作社是由农户自发成立组成的,负责集中销售成员所生产的农产品,其收益由成员共享。此外,合作社将农户所生产的农产品销售给农业企业,并与农业企业建立契约关系。

假设农产品消费市场的需求函数为 $Q=1-P$,市场处于均衡的出清状态,供给始终等于需求,不存在供过于求或供不应求。合作社的成员以 $P_w$ 的售价向合作社销售农产品,其中成员所生产的农产品的成本是 C。农业企业向市场销售农产品的售价为 $P_r$。为简化分析过程,本书假设只有一位成员、一家合作社和一家农业企业。与此同时,基于不完全契约的理论,合作社与企业根据契约达成交易时,双方都需要付出一定的机会主义成本(Spengler, 1950; Grossman and Hart, 1986)。具体而言,当市场价格低于收购价格时,农业企业会倾向于压低收购的价格,进而降低合作社收益;当市场价格高于收购价格时,合作社就会有违背契约的倾向,进而损害农业企业的利益(郑风田 等, 2021)。

为分析普通成员出资及生产合作行为对农户增收的影响,本书具体分析了以下四种情况:一是农户仅加入合作社,但不出资和合作行为的情况;二是农户既加入合作社且对合作社出资的情况;三是农户加入合作社且与合作社发生交易(即生产合作,通过合作社获得生产资料或销售农产品)的情况;四是农户加入合作社,且对合作社进行出资并发生交易的情况。

(1) 普通成员不出资也不交易的情况

一方面,合作社通过发挥组织优势,能够向成员传播新技术;另一方面,成员通过邻里效应,向合作社其他成员学习新的技术与种植经验。因此,为简化分析,本书假设合作社成员相较于不加入合作社的农户不存在信息成本 $Ci$。

∴ 普通成员的利润函数是

$$\pi_w = \frac{1-P_w-C_t}{2}(P_w - C - C_t) \qquad (3-1)$$

合作社的利润函数

$$\pi_r = (P_r - P_w - C_t)(1-P_r) \qquad (3-2)$$

求导条件 $\frac{\partial \pi_r}{\partial P_r} = 1 - P_r - P_r + P_w + C_t$

## 分配制度偏离、普通成员行为与合作社益农性

$$= 1 - 2P_r + P_w + C_t$$
$$= 0$$

解得 $P_r = \dfrac{1 + P_w + C_t}{2}$,

$$Q_r = \dfrac{1 - P_w - C_t}{2},$$

$$Q_r = \dfrac{1 - P_w - C_t}{2}$$

∴ 合作社普通成员的利润函数为

$$\pi_w = \dfrac{1 - P_w - C_t}{2}(P_w - C - C_t) \tag{3-3}$$

$$= \dfrac{1}{2}(P_w - C - C_t)(1 - P_w - C_t)$$

∴ 求导条件 $\dfrac{\partial \pi_w}{\partial P_w} = \dfrac{1}{2}(1 - P_w - C_t) - \dfrac{1}{2}(P_w - C - C_t) \tag{3-4}$

$$= \dfrac{1}{2} - P_w$$

$$= \dfrac{1 - P_w + C}{2}$$

$$= 0$$

解得 $Q_r = \dfrac{1 - 2C_t - C}{4}$, $P_r = \dfrac{3 + 2C_t + C}{4}$, $P_w = \dfrac{1 + C}{2}$

∴ 在这种情况下普通成员的利益函数为

$$\pi_w = \dfrac{1}{2}(P_w - C - C_t)(1 - P_w - C_t)$$
$$= \dfrac{1}{2}(\dfrac{1}{2} + \dfrac{C}{2} - C - C_t)(1 - \dfrac{1}{2} - \dfrac{C}{2} - C_t) \tag{3-5}$$
$$= \dfrac{1}{2}(\dfrac{1}{2} - \dfrac{C}{2} - C_t)(\dfrac{1}{2} - \dfrac{C}{2} - C_t)$$
$$= \dfrac{1}{8}(1 - C - 2C_t)^2$$

合作社的利润函数为 $\pi_r = \dfrac{1}{16}(1 - 2C_t - C)^2 \tag{3-6}$

## 第3章 理论分析

（2）普通成员仅出资的情况

在普通成员出资的情况下，对合作社的出资为 $K$，假设该成员以出资额得到的分红比例为 $\alpha$，且出资 $K$ 为 $Q$ 交易量 $Q_r$ 的增函数，即 $\dfrac{\alpha K}{\alpha Q_r} > 0$。

合作社的利润函数为

$$\pi_r = (P_r - P_w - C_t)(1 - P_r) \tag{3-7}$$

求导条件 $\dfrac{\partial \pi_r}{\partial P_r} = 1 - 2P_r + P_w + C_t = 0$

$\therefore P_r = \dfrac{1 + P_w + C_t}{2}$

$P_w = 2P_r - C_t - 1$

$Q_r = \dfrac{1 - P_w - C_t}{2}$

$\therefore$ 普通成员的利润函数为 $\pi_w = (P_w - C - C_t)\dfrac{1 - P_w - C_t}{2} + \alpha K$

$$= \dfrac{1}{2}(P_w - C - C_t)(1 - P_w - C_t) + \alpha K$$

（其中，为了简化计算，不考虑 $K$ 与 $Q_r$、$C_t$ 的关系）

求导条件 $\dfrac{\partial \pi_w}{\partial P_w} = \dfrac{1}{2}(1 - P_w - C_t) - \dfrac{1}{2}(P_w - C - C_t)$

$$= \dfrac{1}{2}(1 - P_w - C_t - P_w + C + C_t)$$

$$= \dfrac{1}{2}(1 - 2P_w + C)$$

$$= 0$$

$\therefore P_w = \dfrac{1 + C}{2}$

$P_r = \dfrac{3 + 2C_t + C}{4}$

$Q_r = \dfrac{1 - 2C_t - C}{4}$

$\therefore$ 普通成员的利润函数为 $\pi_w = \dfrac{1}{8}(1 - C - 2C_t)^2 + \partial K \tag{3-8}$

其中，由于机会成本 $C_t$ 与 $K$ 反比例变动，式（3-3）的 $C_t$ 小于式（3-1）的 $C_t$。

对 $\partial K > 0$。因此，出资成员的利润大于仅加入合作社的农户利润，故出资能够正向影响成员的增收。

合作社的利润 $\pi_r = (P_r - P_w - C_t)Q_r = \dfrac{1}{16}(1 - 2C_t - C)^2$ （3-9）

由于式（3-4）中的 $C_t$ 小于式（3-2）。因此，普通成员出资更多的合作社利润更高，又进一步能够通过盈余分配助农增收。

(3) 普通成员仅生产合作的情况

在普通成员参与生产合作的情况下，普通成员对合作社的交易量为 $Q_r$，假设该成员交易量中得到的分红比例为 $\beta$，所以该成员的交易量分配为 $\beta Q_w$，记为 $Q$。另外，根据上文的合作博弈分析，机会主义成本 $C_t$ 随着分配比例的增加而降低。

合作社的利润函数为

$$\pi_r = (P_r - P_w - C_t)(1 - P_r) \quad (3\text{-}10)$$

求导条件 $\dfrac{\partial \pi_r}{\partial P_r} = 1 - 2P_r + P_w + C_t = 0$

可得 $P_r = \dfrac{1 + P_w + C_t}{2}$

$P_w = 2P_r - C_t - 1$

$Q_r = \dfrac{1 - P_w - C_t}{2}$

普通成员的利润函数为 $\pi_w = (P_w - C - C_t + \beta)\dfrac{1 - P_w - C_t}{2}$ （3-11）

求导条件 $\dfrac{\partial \pi_w}{\partial P_w} = \dfrac{1}{2}(1 - 2P_w + C - \beta) = 0$

$\therefore P_w = \dfrac{1 + C - \beta}{2}, P_r = \dfrac{3 + 2C_t + C - \beta}{4}, Q_r = \dfrac{1 - 2C_t - C + \beta}{4}$

$\therefore$ 普通成员的利润为 $\pi_w = \dfrac{1}{8}(1 - C - 2C_t + \beta)^2$ （3-12）

由于 $\beta > 0$，$C_t$ 小

$\therefore$ 式（3-12）的结果大于式（3-4）的结果

合作社的利润为 $\pi_r = \frac{1}{16}(1 - C + \beta - 2C_t)^2$ (3-13)

由于 $\beta > 0$，式（3-12）中的 $C_t$ 小于式（3-1）中的 $C_t$，式（3-13）中的 $C_t$ 小于式（3-5）中的 $C_t$。

∴ 式（3-5）的结果大于式（3-1）的结果，式（3-6）的结果大于式（3-2）的结果。

因此，加入合作社的成员出资能够正向影响其增收。另外，成员出资合作社还能够降低合作社的成本，增加合作社盈余，进一步正向影响其增收。

(4) 普通成员既出资又生产合作的情况

在普通成员出资也生产合作的情况下，一方面，普通成员对合作社的出资为 $K$，假设该成员以出资额得到的分红比例为 $\alpha$，且出资 $K$ 为 $Q$ 交易量 $Q_r$ 的增函数，即 $\frac{\alpha K}{\alpha Q_r} > 0$。另一方面，该成员对合作社的交易量为 $Q_r$，假设该农户交易量中得到的分红比例为 $\beta$，所以该成员的交易量分配为 $\beta Q_w$，记为 $Q$。另外，根据上文的合作博弈分析，机会主义成本 $C_t$ 随着分配比例的增加而降低。

合作社的利润函数为

$$\pi_r = (P_r - P_w - C_t)(1 - P_r) \quad (3-14)$$

合作社的利润函数求导，得 $\frac{\partial \pi_r}{\partial P_r} = 1 - 2P_r + P_w + C_t = 0$

普通成员的利润函数为

$$\pi_w = (P_w - C - C_t + \beta)\frac{1 - P_w - C_t}{2} + \alpha K \quad (3-15)$$

得 $P_w = 2P_r - C_t - 1$，$P_r = \frac{1 + P_w + C_t}{2}$，$Q_r = \frac{1 - P_w - C_t}{2}$

普通成员的利润函数求导得 $\frac{\partial \pi_w}{\partial P_w} = \frac{1}{2}(1 - 2P_w + C - \beta) = 0$

代入得，$P_w = \frac{1 + C - \beta}{2}$，$P_r = \frac{3 + 2C_t + C - \beta}{4}$，$Q_r = \frac{1 - 2C_t - C + \beta}{4}$

普通成员的利润函数为 $\pi_w = \frac{1}{8}(1 - C - 2C_t + \beta)^2 + \partial K$ (3-16)

合作社的利润函数为 $\pi_r = \frac{1}{16}(1 - C + \beta - 2C_t)^2$ (3-17)

根据上文的合作博弈分析发现，在既出资且交易情况下普通成员的机会主义成本必然小于仅出资、仅发生交易成员的机会主义成本。因此，可以证明式（3-7）的结果大于式（3-3）和式（3-5）的结果，式（3-8）的结果大于式（3-4）和式（3-6）的结果。综上所述，证明普通成员出资与交易行为正向影响其增收。

《农民专业合作社法》之所以要规定可分配盈余60%以上按照交易量分配给成员，是出于保护农民利益、防止资本过度取酬的考虑所做出的决定，体现合作社"民办、民管、民收益"的根本原则，是分配公平的重要提现。而公平并非指绝对的公平，而是在效率基础上实现的公平。根据自由主义分配公平的理论，市场机制才能够达到有效率的状态（Hayek，2012），并反对人为干预市场选择的做法，一味地去追求结果平等只会陷入平均主义（Hayek，2012）。因此，根据自由主义分配公平理论，结合当前我国合作社的实际情况，《农民专业合作社法》对可分配盈余60%以上需要按照交易量分配这一规定可能是不适宜的外部干预，资本与交易量在市场机制的作用下进行博弈能够实现帕累托改进，能够增加博弈双方的利益，是一项典型的正和博弈。

据此，本书提出假说1：就提高普通成员的收入而言，最优的交易量分配比例小于60%，即偏离于《农民专业合作社法》的规定。分配制度偏离会影响成员出资、生产合作两方面行为，进而影响成员收入。

## 3.2 分配制度偏离影响普通成员出资行为的理论分析

本节将重点分析分配制度偏离对成员出资行为的影响。从现实出发，深入探讨分配制度偏离对成员出资行为的影响及其机理。具体来看，分配制度偏离以自生能力效应、股利信号效应、股利代理效应三个方面来影响成员的出资行为，如图3-3所示。

### 3.2.1 自生能力效应

自生能力理论认为，在没有外部扶持的情况下，组织通过自身的正常经营能够获得不低于市场平均的利润水平，那么该组织具有自生能力

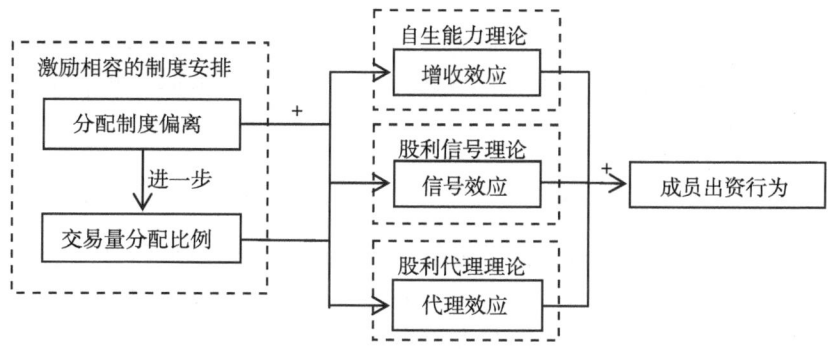

**图 3-3　分配制度偏离影响普通成员出资行为的分析框架**

(林毅夫，2017)。本书认为，合作社获得持续发展的前提是普通成员和核心成员都要参与到合作社中，那么合理的分配制度至关重要。农民组建或加入合作社的目的在于提高收入，而不是获得公平的分配 (Sidhu et al., 2012)。换言之，农民受益才是评判合作社的关键 (韩俊和曹杰，2009；张晓山，2014)。

只有构建兼顾公平和效率的发展目标，合作社才能获得自生能力 (王图展，2017)，即便这种制度违反《农民专业合作社法》对交易量的明确规定。合作社作为一种农村基层的合作经济组织，具有一定的熟人社会特性 (唐宗焜，2012)，成员容易了解到合作社的经营情况，具有良好自生能力的合作社自然容易被想要加入合作社的农户辨别，因此普通成员对合作社出资自然是出于对合作社充分了解的基础上做出的决定。从分配制度看，运行情况较好的合作社往往分配制度发生了偏离，很可能激励相容的分配制度不满足《农民专业合作社法》的要求，因此分配制度偏离可能会正向影响普通成员出资。从交易量分配比例看，普通成员与核心成员之间的博弈，建立交易量与资本分配比例的激励相容机制，能够有效提升合作社的自生能力，提高合作社成本利润率，进而正向影响普通成员出资。因此，适宜的交易量分配比例能够提高合作社自生能力，进而正向影响成员出资。换言之，过高或过低的交易量分配比例都不利于提高合作社自生能力与成员出资。因此，从自生能力的角度看，交易量分配比例对普通成员出资的影响存在着先增后降的倒"U"形关系。根据当前我国合作社偏离《农民专业合作社法》的规定这一普遍现象，有理由认为，激励相容的分配制度往往不符合《农民专业合作社法》的规定。即就提高普通成员的出资而言，最优的交易量分配比例小于60%，即偏离于《农民专业合作社法》的规定。

### 3.2.2 股利信号效应

股利信号理论认为，不完全市场中组织内部控制者与外部出资者之间面临信息不对称，内部控制者往往拥有着更多的信息，如果内部控制者预测组织发展前景较好，他们将会通过增加股利分红的方式向外部出资者传达利好信息（Lintner，1956；Miller and Modigliani，1961）。市场组织发放股利的决策主要是基于净利润做出的选择，外部出资者往往更加偏好于稳定或增长的股利，只有组织预期盈余增加时，才会逐渐增加股利，以避免股利减少所引起出资者的消极反应（John and Williams，1985），外部投资者会据此作出未来盈利能力的判断，进而进行投资决策（Miller and Rock，1985）。该理论建立在股利稳定性基础之上，股利水平的变动是传达未来盈利能力信号的核心（Fuller and Goldstein，2011）。因此，在信息不对称前提下，组织控制者属于内部人，拥有较为全面的信息，通过股利向潜在的外部投资者传递信息，进而影响外部出资者作出投资决策。

从合作社分配制度偏离的角度来看，资本挤占交易量分红导致合作社分配制度发生偏离，会增加资本投资回报率。进一步，合作社的投资回报率增加，给内部增加出资的成员与外部以出资方式入社的成员释放利好的信号，从而正向影响成员出资。在现实情况下，运行情况较好的合作社往往分配制度大部分发生了偏离，很可能激励相容的分配制度不满足《农民专业合作社法》的要求，因此分配制度偏离可能会正向影响成员出资。从合作社交易量分配比例看，一方面，当合作社盈余分配制度产生偏离时，即资本挤占交易量分红导致合作社交易量分配比例低于60%，即分配制度发生偏离，会增加资本投资回报率；另一方面，过高的资本分配比例必将压低交易量分配比例，降低以交易量为主体成员的合作积极性，减少合作社盈余的来源，进而降低资本回报率。因此，适宜的交易量分配比例能够提高合作社的投资回报率，给内部增加出资的成员与外部以出资方式入社的成员释放利好的信号，从而正向影响成员出资行为。换言之，从股利信号角度看，交易量分配比例对成员出资可能存在着倒"U"形影响。

## 3.2.3 股利代理效应

委托代理理论解决的核心问题是在组织中所有者与管理者之间的代理冲突（Lintner，1956），合作社中出资的非核心成员与核心成员同样存在着所有者与管理者之间的矛盾。委托代理问题的性质取决于股权集中度。当股权高度分散时，组织主要面临管理者与出资者之间的矛盾，体现为第一类委托代理问题（Jensen and Meckling，1976）；当股权集中度较高时，组织主要面临大股东和小股东之间的矛盾，体现为第二类委托代理问题（La Porta et al.，2000；Mitton，2002；Friedman and Johnson，2003）。传统的股利代理理论侧重于解决出资者与管理者之间的第一类委托代理问题。传统的股利代理理论认为，支付现金股利能够解决出资者与控制者的目标不一致问题（Rozeff，1982），削减内部自由现金流，抑制控制者过度投资（Lang and Litzenberger，1989），降低出资者的风险（Easterbrook，1984），缓解出资者与实际控制者之间的第一类委托代理问题（Jensen and Meckling，1976）。近年来，随着组织股权集中度普遍提高，代理问题从股权高度分散时控制者与出资者之间的利益冲突发展到股权集中度日益提高的大股东与小股东之间的利益冲突，大股东与中小股东之间的第二类委托代理问题也吸引了学界的广泛关注。由于大股东往往能够采取关联交易、过度投资等方式攫取私利（La Porta et al.，2000），而现金股利则可以通过减少现金流（Friedman and Johnson，2003），降低大股东的机会主义行为（Mitton，2002），从而降低第二类委托代理问题。

由于本书研究的合作社多为出资较多的核心成员控制，因此本书主要侧重于第二类委托代理问题。从现有的研究来看，大多数国内外研究都倾向于支持通过增加股利进而降低两类代理成本（Lang and Litzenberger，1989；La Porta et al.，2000；杨熠 等，2004；徐寿福 等，2015）。在合作社领域，国内合作社多为乡村能人领办型，多为合作社核心成员出资，具有较强的异质性，当盈余分配制度发生偏离时，即给予资本更高的分红比例，能够增加对出资成员的回报率。而对于合作社中并不具有决策权的出资成员来讲，能够有效降低其监督成本，防止核心成员的"掏空"行为，进而正向影响普通成员出资行为。

据此，本书提出分假说2：就提高普通成员的出资而言，最优的交易量分配比例小于60%，即偏离于《农民专业合作社法》的规定。分配制度偏离通过一次让利、股利代理、股利信号三种效应影响普通成员的出资行为。

## 3.3 分配制度偏离对普通成员生产合作行为的理论分析

从研究对象来看，合作社本身就是各方利益博弈的结果，在成员异质性的背景下，以出资为主的核心成员与以提供交易量为主的普通成员之间必然会对盈余分配的比例问题进行博弈，并且这种博弈也是一直存在的，随着制度的变迁、外部环境的影响、博弈力量的变化也会相应地进行调整和变化。从现实的角度看，仍然有大量合作社，尤其是绩效较好的合作社，并没有按照《农民专业合作社法》的规定进行盈余分配。因此，本书就提高普通成员的生产合作而言，最优的交易量分配比例小于60%，即偏离于《农民专业合作社法》的规定。合作社中的普通成员与核心成员进行博弈，只要合作能带来净收益，博弈双方出于利益考量就会谋求合作。

### 3.3.1 异质性情况下的纯策略静态博弈

假设模型中博弈双方是核心成员和普通成员。其中，普通成员仅提供交易量；合作社由核心的出资成员所控制，符合我国合作社的典型异质性特征（黄胜忠和伏红勇，2008）。普通成员和核心成员通过签订契约，规定普通成员将农产品卖给合作社，而合作社向普通成员提供农业生产资料、技术和服务。博弈的双方可以选择履约，也可以选择违约。本书假定 $P_m$ 指的是普通成员销售农产品的市场价格；$P_c$ 指的是合作社对普通成员农产品的收购价；$P_s$ 指的是合作社农产品的市场价格；$Q$ 指的是为合约中普通成员需要向合作社销售的农产品数量，$\lambda Q$ 为普通成员向合作社实际销售的农产品数量，$0 \leq \lambda \leq 1$。为简化分析过程，仅分析销售阶段。

（1）情况一：不存在盈余分配时的纯策略静态博弈

在普通成员和核心成员博弈收益矩阵中，第一个为普通成员的收益，第二个为核心成员收益。博弈矩阵如表3-1所示。

当市场价格高于合作社收购价格时，即 $P_m > P_c$ 时，假设普通成员和核心成员双方均不需付出违约成本。普通成员选择违约时获得的收益为 $\lambda_1 QP_c + QP_m - \lambda_1 QP_m - CQ$，但是普通成员履约的收益却仅仅为 $QP_c - CQ$，违约获得的收益大于履约的收益，普通成员出于眼前利益的考虑，一般很容易选择违约。若不存在其他约束，普通成员基于自身利润最大化的考虑，将会全部将农产品出售给市场，即 $\lambda_1 = 0$，农户的收益为 $QP_m - CQ$。从核心成员的角度看，当普通成员违约时，核心成员履约的收益为 $\lambda_1 QP_s - \lambda_1 QP_c$，违约的收益为 $\min\{\lambda_1, \lambda_2\} QP_s - \min\{\lambda_1, \lambda_2\} QP_c$，显然核心成员的最优选择为"履约"；当普通成员履约时，核心成员履约的收益为 $QP_s - QP_c$，违约的收益为 $\lambda_2 QP_s - \lambda_2 QP_c$，显然核心成员的最优选择为"履约"。综上所述，无论成员是否违约，核心成员的最优选择是"履约"。因此，当市场价格高于合作社收购价格时，普通成员往往会选择违约的策略。

当市场价低于收购价时，即 $P_m < P_c$ 时。本书同样假设普通成员和核心成员双方均不需要因为违约行为而付出违约成本。从普通成员的角度看，当核心成员履约时，普通成员履约的收益为 $QP_c - CQ$，违约时所获得的收益为 $\lambda_1 QP_c + QP_m - \lambda_1 QP_m - CQ$，显然普通成员履约的收益大于违约的收益。当核心成员违约时，普通成员履约的收益为 $\lambda_2 QP_c + QP_m - \lambda_2 QP_m - CQ$，而普通成员违约的收益为 $\min\{\lambda_1, \lambda_2\} QP_c + QP_m - \min\{\lambda_1, \lambda_2\} QP_m - CQ$，普通成员倾向于履约。换言之，再市场行情较差时，履约是普通成员的占优策略。从核心成员的角度看，当普通成员履约时，核心成员履约的收益为 $QP_s - QP_c$，违约的收益为 $\lambda_2 QP_s - \lambda_2 QP_c$，显然核心成员违约的收益大于履约的收益；当普通成员违约时，核心成员履约的收益为 $\lambda_1 QP_s - \lambda_1 QP_c$，违约的收益为 $\{\lambda_1, \lambda_2\} QP_s - \{\lambda_1, \lambda_2\} QP_c$，核心成员违约的收益大于履约的收益。因此，无论普通成员选择违约还是履约，核心成员往往会选择履约。换言之，当市场价低于收购价时，选择违约是核心成员的占优策略。总而言之，当市场价低于收购价时，履约是普通成员的占优策略，而违约是核心成员的占优策略。

表3-1 不存在盈余分配情况下成员与合作社的博弈分析

| | 合作社履约 | 合作社违约 |
|---|---|---|
| 成员履约 | $(QP_c - CQ, QP_s - QP_c)$ | $(\lambda_2 QP_c + QP_m - \lambda_2 QP_m - CQ,$ $\lambda_2 QP_s - \lambda_2 QP_c)$ |

(续表)

| | 合作社履约 | 合作社违约 |
|---|---|---|
| 成员违约 | $(\lambda_1 QP_c + QP_m - \lambda_1 QP_m - CQ,$ $\lambda_1 QP_s - \lambda_1 QP_c)$ | $(\min\{\lambda_1, \lambda_2\} QP_c + QP_m -$ $\min\{\lambda_1, \lambda_2\} QP_m - CQ,$ $\min\{\lambda_1, \lambda_2\} QP_s - \min\{\lambda_1, \lambda_2\} QP_c)$ |

综上分析，在合作社没有盈余分配的情况下，当市场情况比较好时，即 $P_m > P_c$，则对核心成员来说"履约"始终是占优策略，但普通成员的占优策略却是"违约"。当市场情况相对较差时，即 $P_m < P_c$，则对核心成员来说"违约"始终是占优策略，普通成员的占优策略为"履约"。

（2）情况二：存在盈余分配时的纯策略静态博弈

有盈余分配时，假设盈余分配的总额 $M$ 大于合作社、农户的售价差与交易额的乘积 $|P_m - P_c|Q$，假设盈余 $M$ 是交易量 $Q$ 的增函数，即 $\frac{dM(Q)}{dQ} > 0$，假设该合作社盈余分配制度规定，$\alpha$ 比例分配给资本，$\gamma$ 比例分配给交易量。因此，博弈矩阵如表3-2所示。

表3-2 存在盈余分配时成员与合作社的博弈分析

| | 合作社履约 | 合作社违约 |
|---|---|---|
| 成员履约 | $(QP_c - CQ + \gamma Q,$ $QP_s - QP_c + \alpha M)$ | $(\lambda_2 QP_c + QP_m - \lambda_2 QP_m - CQ +$ $\lambda_2 YQ, \lambda_2 QP_s - \lambda_2 QP_c + \alpha M)$ |
| 成员违约 | $(\lambda_1 QP_c + QP_m - \lambda_1 QP_m -$ $CQ + \lambda_1 \gamma Q,$ $\lambda_1 QP_s - \lambda_1 QP_c + \alpha M)$ | $(\min\{\lambda_1, \lambda_2\} QP_c + QP_m - \min\{\lambda_1,$ $\lambda_2\} QP_m - CQ + \min\{\lambda_1, \lambda_2\} \gamma Q,$ $\min\{\lambda_1, \lambda_2\} QP_s - \min\{\lambda_1, \lambda_2\} QP_c + \alpha M)$ |

根据上文的分析，当市场行情较好时，即 $P_m > P_c$，对核心成员来说"履约"始终是占优策略，但普通成员的占优策略却是"违约"。因此核心成员会履约，但普通成员容易出现违约问题。普通成员的占优策略为履约，要使得 $QP_c - CQ + \gamma Q \geq \lambda_1 QP_c + QP_m - \lambda_1 QP_m - CQ + \lambda \gamma Q$，得到满足 $\gamma \geq P_m - P_c$ 时，普通成员才会选择履约，即普通成员的占优策略为履约，且 $\gamma$ 越大，越能够保证普通成员履约。

即便是核心成员违约时，要使普通成员履约，即满足 $\lambda_2 QP_c +$

$QP_m - \lambda_2 QP_m - CQ + \lambda\gamma Q \geq \min\{\lambda_1, \lambda_2\}QP_c + QP_m - \min\{\lambda_1, \lambda_2\}QP_m - CQ + \min\{\lambda_1, \lambda_2\}\gamma Q$。当$\lambda_1 \geq \lambda_2$时，两式相等，则对普通成员来说，违不违约都一样。由于农户是合作社的普通成员，处于长期利益考虑，仍会考虑履约。当$\lambda_1 < \lambda_2$时，即$\lambda_2 QP_c + QP_m - \lambda_2 QP_m - CQ + \lambda\gamma Q \geq \lambda_1 QP_c + QP_m - \lambda_1 QP_m - CQ + \lambda_1\gamma Q$。得$\gamma \geq P_m - P_c$时，普通成员会履约。

当市场行情较差时（此时$P_s < P_c$），根据上文的博弈分析，对核心成员来说"违约"始终是占优策略，普通成员的占优策略为"履约"。因此，核心成员在这种情况下易出现违约问题，提高合作社服务成员生产合作的能力，需要保证核心成员也能够履约。

当普通成员履约时，核心成员履约需满足

$$QP_s - QP_c + \alpha M(Q) \geq \lambda_2 QP_s - \lambda_2 QP_c + \alpha M(\lambda_2 Q) \quad (3-18)$$

得
$$\alpha \geq \frac{(1-\alpha_2)Q(P_c - P_s)}{M(Q) - M(\alpha Q)}$$

当普通成员违约时，核心成员履约需满足

$$\lambda_1 QP_s - \lambda_1 QP_c + \alpha M(\lambda_1 Q) \geq \min\{\lambda_1, \lambda_2\}QP_s - \min\{\lambda_1, \lambda_2\}QP_c + \alpha M(\min\{\lambda_1, \lambda_2\}Q) \quad (3-19)$$

当$\lambda_1 \leq \lambda_2$时，两式$\lambda_1$相$>\lambda_2$等，对核心成员来说，违不违约都一样；

当$\lambda_1 > \lambda_2$时，满足

$$\lambda_1 QP_s - \lambda_1 QP_c + \alpha M(\alpha_1 Q) \geq \lambda_2 QP_s - \lambda_2 QP_c + \alpha M(\lambda_2 Q)$$

得
$$\alpha > \frac{(\lambda_1 - \lambda_2)(P_c - P_s)Q}{M(\lambda_1 Q) - M(\lambda_2 Q)}$$

综上所述，要想使得普通成员和核心成员无论在行情是好是坏的情况下都能够履约，即履约对普通成员和核心成员来说均为占优策略，（履约，履约）是两者博弈的占优策略均衡。一方面，需要满足交易量分红比例$\gamma \geq P_m - P_c$时，普通成员才会选择履约，即普通成员的占优策略为履约，且$\gamma$越大越能够保证成员履约。另一方面，出资额分红比例满足$\alpha \geq \frac{(1-\alpha_2)Q(P_c - P_s)}{M(Q) - M(\alpha Q)}$或$\alpha > \frac{(\lambda_1 - \lambda_2)(P_c - P_s)Q}{M(\lambda_1 Q) - M(\lambda_2 Q)}$时，核心成员才会选择履约，即核心成员的占优策略为履约。因此，对核心成员和普通成员来说，过高的交易量或资本分红比例都不利于提升成员生产合作行为，相

反适度的交易量和资本分红比例能够使得核心成员和普通成员始终倾向于履约,进而正向影响普通成员生产合作行为。

### 3.3.2 异质性情况下的合作博弈分析框架

考虑到合作社中同事存在着普通成员和核心成员,根据应瑞瑶等(2016)的研究,本书构建了一个关于异质性成员背景下合作社盈余分配的分析框架。本书假定合作社所获得的盈余全部来源于销售环节。合作社中的资本由核心成员所提供,数量用 $K$ 表示;合作社所销售的农产品总量用 $Q$ 表示,并且农产品的市场销售价格用 $p_1$ 表示,合作社向普通成员收购农产品的价格用 $p_0$ 表示,普通成员生产每单位农产品的成本用 $c_0$ 表示,普通成员通过市场交易的方式销售农产品的成本以 $c_1$ 来表示,合作社的可分配盈余用 $R$ 来表示,合作社可分配盈余中按照股份进行分配的比例用 $m$ 来表示,合作社可分配盈余按照交易量分配的比例用 $1-m$ 来表示。

合作社的异质性成员包括普通成员与核心成员两类。其中,普通成员主要以交易量投入为主,但也具有资本投入;而核心成员主要以资本投入为主,但也有交易量投入。本书进一步假定核心成员的资本投入数量比例为 $\theta$,交易量比例为 $\beta$,且资本投入比例大于交易量的比例,$\theta > \beta$ ①。普通成员以交易量投入为主,资本投入的比例用 $1-\theta$ 来表示,交易量投入比例用 $1-\beta$ 来表示。

双方选择合作时,核心成员的收益为:

$$R_{k1} = \beta Q_{p_0} + mR\theta + (1-m)R\beta - c_0\beta Q \quad (3-20)$$

双方合作时,普通成员的收益为:

$$R_{11} = (1-\beta)Q_{p_0} + mR(1-\theta) + (1-m)R(1-\beta) - c_0(1-\beta)Q$$
$$R_{l1} = (1-\beta)Q_{p_0} + mR(1-\theta) + (1-m)R(1-\beta) - c_0(1-\beta)Q$$
$$(3-21)$$

如果不合作,核心成员出资存在着机会成本,资本报酬率为 $\alpha$。则核心成员的收益为:

---

① 假设资本要素投入异质性程度与劳动要素投入异质性程度不同,如果成员的资本投入比例与交易量投入比例一样,盈余按股分红与按交易量返还对其没有差异。

# 第3章 理论分析

$$R_{k2} = \beta Q(p_1 - c_1) + \alpha\theta K - c_0\beta Q \tag{3-22}$$

不合作的情况下，普通成员的收益为：

$$R_{l2} = (1-\beta)Q(p_1 - c_1) + \alpha(1-\theta)K - c_0(1-\beta)Q \tag{3-23}$$

$$R_{12} = (1-\beta)Q(p_1 - c_1) + \alpha(1-\theta)K - c_0(1-\beta)Q$$

核心成员倾向于同普通成员进行合作需要满足 $R_{k1} \geq R_{k2}$，因此可以得到核心成员能够获得合作收益份额的最小值：

$$m \geq \frac{\beta[Q(p_1 - c_1 - p_0) - R] + \alpha\theta K}{(\theta - \beta)R} \tag{3-24}$$

同理，普通成员愿意与核心成员合作的条件是 $R_{l1} \geq R_{l2}$，可以得出核心成员能够合作带来的收益份额的最大值：

$$m \leq \frac{(1-\beta)[Q(p_1 - c_1 - p_0) - R] + \alpha(1-\theta)K}{-(\theta - \beta)R} \tag{3-25}$$

由式（3-24）和式（3-25）可得，普通成员和核心成员双方进行合作的条件为：

$$\frac{\beta[Q(p_1 - c_1 - p_0) - R] + \alpha\theta K}{(\theta - \beta)R} \leq m$$

$$\leq \frac{(1-\beta)[Q(p_1 - c_1 - p_0) - R] + \alpha(1-\theta)K}{-(\theta - \beta)R} \tag{3-26}$$

通过式（3-26）可知，资本分红比例 m 既不可能太高，也不可能太低。换言之，过高或过低的资本或交易量分红比例都将导致普通成员与核心成员在生产合作中产生违约行为。因此，适度的出资额和交易量分红比例，能够保证异质性成员都能够保持履约，进而使得普通成员更加倾向于参与合作社的生产合作行为。综上所述，基于上述博弈分析，适宜的分配制度比例能够正向影响普通成员生产合作行为，过高与过低的交易量分配比例会负向影响普通成员生产合作行为。交易量分红比例对普通成员生产合作行为存在着倒"U"形影响。进一步，根据中国合作社的实际情况，大部分合作社的分配制度发生了偏离，因此适宜的交易量分配比例往往不满足《农民专业合作社法》的要求，分配制度偏离能够正向影响普通成员的生产合作行为。换言之，就提高普通成员的生产合作行为而言，最优的交易量分配比例小于60%，即偏离于《农民专业合作社法》的规定。

### 3.3.3 分配制度偏离对普通成员生产合作行为的机制分析

一种提供适当个人刺激的有效制度是促进经济增长的决定性因素（罗伯特·托马斯和道格拉斯·诺斯，1989），盈余分配制度是合作社的核心制度安排。出于追求更多收益的普通成员自然会受到盈余分配制度的影响，进而影响到其参与合作社的生产合作行为（孙亚范 等，2012）。因此，本书将重点分析分配制度偏离对普通成员生产合作行为的影响。从现实出发，深入探讨分配制度偏离对普通成员生产合作行为的方向，并研究其影响机理。具体来看，分配制度偏离具体以下三条机制来影响普通成员的生产合作行为。分配制度偏离通过一次让利效应、核心成员取酬、示范社效应三条路径来影响普通成员的生产合作行为，如图3-4所示。

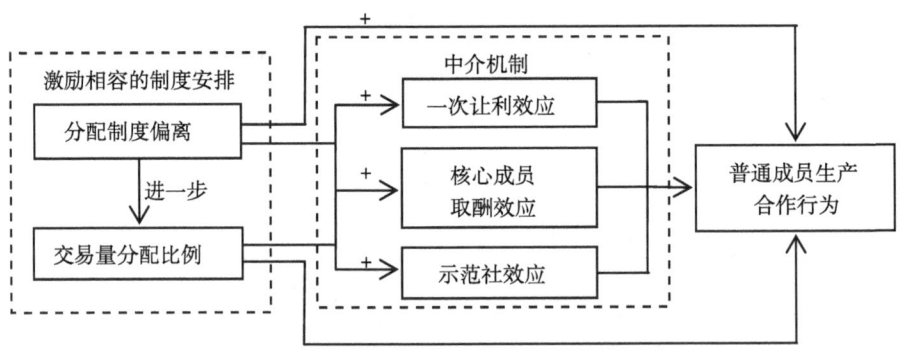

**图 3-4　分配制度偏离影响普通成员生产合作行为的分析框架**

一是一次返利效应。"一次让利"是指合作社向成员销售农业生产资料与农业生产性服务时所提供的价格优惠，或者销售成员农产品时所带来的价格溢价（李琳琳，2017）。二次返利是指合作社将一定的年可分配盈余，按照交易量分配给合作社成员（黄胜忠和伏红勇，2014）。而实际上合作社以"一次让利"代替"二次返利"已经成为一种普遍现象（任大鹏 等，2013）。为了能够吸引普通成员参与生产合作，合作社更加倾向于选择"一次让利"的方式以吸纳农户加入合作社，成员也乐于与合作社进行生产合作而获得价格优惠（孔祥智和周振，2014），因此对农户生产合作行为具有较强的吸引力。但是，合作社盈余分配制度的决定是资本和交易量不断博弈的结果，合作社对交易量采取"一次让利"后，必然会减少对交易量的"二次返利",进而可能使得对二次返利对合作社交易量的分配比例低于60%。为了吸引更多的普通成员加入合作社并接受合作社的生产服务,合作社会通过一次让利的方式鼓励普通成员参与合作社生产合作行为。换言之,当合作社出现分配制度偏离时,可能通过一次让利效应正向影响普通成员生产合作行为。进一步,当一次让利越多时,意味着交易量分配比例越低,即分配制度偏离程度越高,也越能够正向影响普通成员参与合作社的生产合作行为。

二是取酬效应。合作社的核心成员是否能够在合作社内部取酬是当前学界争论的重点问题(孔祥智,2020;徐旭初,2020;任大鹏,2020)。核心成员是否能从合作社中取得酬劳,关键在于理事会对合作社的控制能力,而并不取决于合作社的盈余分配比例。我国合作社具有天然的异质性特征(黄胜忠 等,2008),我国大多数合作社由乡村能人、村干部、企业、基层农技组织等主体领办(苑鹏,2008;孙亚范,2008;曲承乐、任大鹏,2018;黄胜忠、伏洪勇,2019),具有较强的社会资本(徐志刚 等,2017)、人力资本(林坚 等,2002)、资本要素(郭春丽和赵国杰,2010),拥有对合作社的控制权(徐旭初 等,2017)。核心成员往往是合作社的理事会成员,当理事会成员具有决策权或者决策权更大时,意味着资本相较于交易量有更强的谈判实力,进而导致合作社盈余分配制度发生偏离。当合作社核心成员从盈余中取酬后,会有更有吸纳更多普通成员参与生产合作的积极性,通过广泛宣传、辅助服务等方式增强普通成员的生产合作意愿,进而增加其生产合作行为。换言之,分配制度偏离可能通过核心成员取酬效应进而使得普通成员增加生产合作行为。

三是示范社效应。我国政府高度重视合作社示范社创建行动。农业农村部连续印发多个政策文件,旨在推进合作社示范社创建工作。截至2019年年底,全国县级及以上示范社达15.7万家,占农民合作社总数的8%,其中国家级示范社0.8万家,社均带动成员数远高于全国平均水平,入社成员年收入比非成员农户高出31.7%。显然,示范社在带动农户方面已经发挥了重要作用。农户在加入合作社时往往也会考虑示范社这一代表合作社实力的重要指标。如果合作社是示范社,或是更高级别示范社,那么就会营造一种"品牌效应"(王军 等,2021)。因此,合作社分配制度发生了偏离,往往会正向影响普通成员的生产合作行为。

综上分析，本书提出分假说3：就提高普通成员的生产合作行为而言，最优的交易量分配比例小于60%，即偏离于《农民专业合作社法》的规定。进一步，分配制度偏离通过一次让利、核心成员取酬、示范社效应影响普通成员生产合作行为。

## 3.4 分配制度偏离、成员感知与成员满意度的理论分析

组织公平理论重点关注成员对组织的公平感知。组织公平感知，指的是组织中的成员对组织公平的主观感受。根据Colquitt et al.（2001）的研究，将对从三个维度组织公平展开研究。

一是分配公平。分配公平指的是个体对组织分配结果的公平感受（Homans，1961；Deutsch，1985）。Adams（1964）指出，在组织的成员不仅关心自身的付与收入比，更注重分配的公平性，进而会导致个体减少自己的付出（Husted and Folger，2004）。根据Husted and Folger（2004）的研究，成员问卷中"从合作社对资本和交易量分配的比例看，您是否感觉盈余分配是公平合理的？"，该指标反映普通成员在合作社中的付出和收益是否一致的，合作社对资本与交易量分配的盈余是否合理公平的心理感知。从《农民专业合作社法》的角度看，分配制度发生偏离的合作社，是一种能够实现帕累托改进的激励相容制度，能够通过提高普通成员的公平感知，进而正向影响其生活满意度。

二是程序公平。程序公平指的是强调在资源分配过程中使用的程序与过程公平，认为人们不仅关心分配结果公平性，还非常关注分配过程的公平性（Greenberg and Folger，1983；Colquitt and Greenberg，2003；Shapiro and Brett，2013）。组织中的个体不仅关注分配结果的公平性问题，也还关心分配过程的公平性问题（Greenberg and Tyler，1987；Colquitt，2001）。当个体认为分配过程是不公平的，将会减少对组织的承诺，产生更多的懒惰行为、低满意度、高离职率和低绩效的倾向（Corpanzano and Greenberg，1997；Tyler and Smith，2000）。合作社的分配制度是在异质性成员的博弈中产生的，普通成员有权利就盈余分配制度行使表决权。根据Shapiro and Brett（2013）的研究，本书以成员问卷中的"您认为您在合作社制定分配制度时是否具有发言权？"尽管合作社中可能存在"精英俘

获"的问题（何慧丽 等，2019），但普通成员依旧能够通过"用脚投票"的方式决定是否接受合作社的服务（刘同山和孔祥智，2014）。分配制度发生偏离的合作社，是通过异质性成员反复博弈实现的分配方案，更能够考虑到普通成员的利益诉求，通过提高程序公平感知，进而正向影响其生活满意度。

三是互动公平。互动公平是指组织程序中个体的人际传播、人际互动的频繁程度（Bies and Moag，1986）。程序公平在制度层面上实现了核心成员和普通成员之间的双向沟通，而互动公平理论倾向于非正式的互动关系（Mustafa，2010），能够影响个体对交往质量的心理感知（Folger and Cropanzano，1998）。因此，可以认为程序公平与互动公平同属于决策过程的一部分（Cropanzano and Greenberg，1997；Tyler and Bies，1990），分别指代决策过程中的正式与非正式互动与沟通（Aquino，1995；Bies and Shapiro，1987；Masterson et al.，2000）。根据Mustafa（2010）的研究，本书以成员问卷中的"您认为合作社理事会成员是否与您就盈余分配问题进行了充分的互动与沟通？"分配制度发生偏离的合作社，往往是核心成员与普通成员构建了对话交流的机制，更能够有助于普通成员反映利益诉求，通过提高互动公平感知，进而正向影响其生活满意度。

合作社的盈余分配制度并不仅仅是资本与交易量分配多寡的问题，还是关乎组织公平的问题。组织公平感的丧失会使组织成员减少自己的付出与合作，甚至会退出组织（罗宾斯，2013）。因此，从组织公平的角度研究来探究合作社分配制度偏离的合理性极为重要。合作社资本与交易量在不同的盈余分配比例下，必然会影响普通成员的公平感知，进而会影响到生活满意度。进一步，从交易量分配比例看，必然存在一个最佳的交易量和资本分配比例，最能够提高普通成员的公平感知，进而影响到其生活满意度。分配制度偏离、公平感知与生活满意度的逻辑框架图如图3-5所示。

基于以上分析，本书提出假说4：就提高普通成员的生活满意度而言，最优的交易量分配比例小于60%，即偏离于《农民专业合作社法》的规定。进一步，分配制度偏离通过影响分配公平、程序公平、互动公平三方面感知，进而影响普通成员生活满意度。

**分配制度偏离、普通成员行为与合作社益农性**

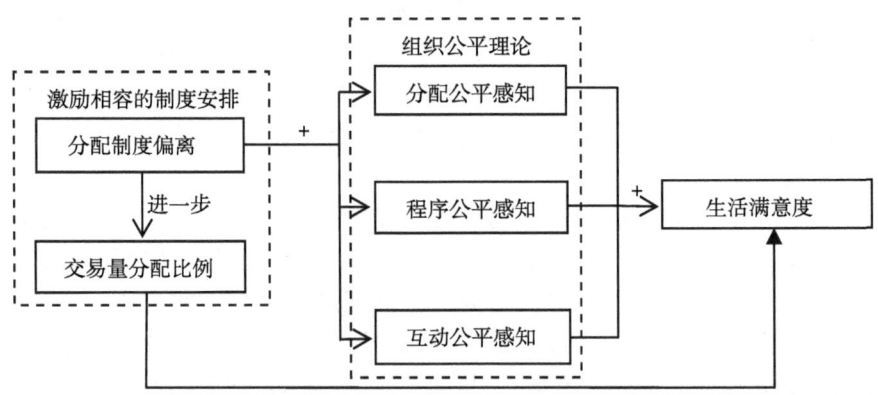

图 3-5　分配制度偏离、成员公平感知与生活满意度的逻辑框架

# 第 4 章 分配制度偏离对普通成员增收的影响

## 4.1 引言

"三农"问题的核心是农民收入问题。多年来，党和国家高度重视提高农民收入。2008年，中共十七届三中全会提出农民人均纯收入比2008年翻一番的目标。自2007年以来，我国农村居民人均可支配收入增速已经连续14年高于城镇居民增速，城乡居民人均可支配收入比由2007年的3.14降低到2020年的2.56。2004年中央一号文件则是以"增加农民收入"为主题，提出了一系列助农增收的举措。此后，历年中央一号文件均明确指出要增加农民收入。《国家乡村振兴战略规划（2018—2022年）》明确指出，要促进农民收入持续增长，开展多种形式的合作与联合，让农户更多分享产业链增值收益。自《农民专业合作社法》颁布以来，我国合作社如雨后春笋般蓬勃发展，从2007年的2.64万家增加到2021年7月底的224.7万家，实际入社人数也由2004年的3.5%提高到2015年的42%，到目前辐射带动全国近一半农户。可见，合作社作为将小农户联结起来应对大市场的重要组织载体，是小农户与现代农业发展有机衔接的重要表现形式，促进农民增收致富中发挥的作用越来越突出。

尽管合作社呈现出蓬勃发展的势头，但仍有不少学者对其广为诟病。邓衡山等（2014）认为，我国绝大多数合作社均不具备"所有者和惠顾者同一"的本质特性，因此不是真正的合作社。也有不少学者认为我国合作社存在着普遍的异化与不规范的现象（苑鹏，2013），"大农吃小农"与"精英俘获"问题严重（仝志辉和温铁军，2009；崔宝玉 等，2012）、盈余返还制度不符合法律要求（任大鹏 等，2013）。从分配制度上看，

**分配制度偏离、普通成员行为与合作社益农性**

《农民专业合作社法》第四条指出盈余主要按照成员与农民专业合作社的交易量（额）比例返还，第四十四条又规定可分配盈余按照交易量（额）返还的比例不得低于60%。可见，《农民专业合作社法》对合作社的分配做出了明确的要求，但无论是来自全国的数据还是学界的微观调研结果，却与《农民专业合作社法》的要求大相径庭。尽管2011—2019年我国合作社按照交易量返还盈余与按交易量分配超过60%的合作社在数量上是增长的，但其比例却始终低于25%，且始终呈现下降的趋势，如图4-1和图4-2所示。2017年，各级各部门开展合作社质量提升行动，

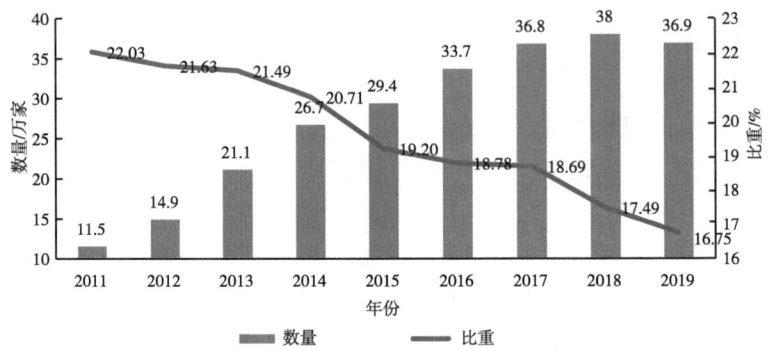

**图 4-1 按交易额返还盈余的合作社情况**

（数据来源：根据农业农村部公布的历年《农村经营管理统计年报》数据整理而成）

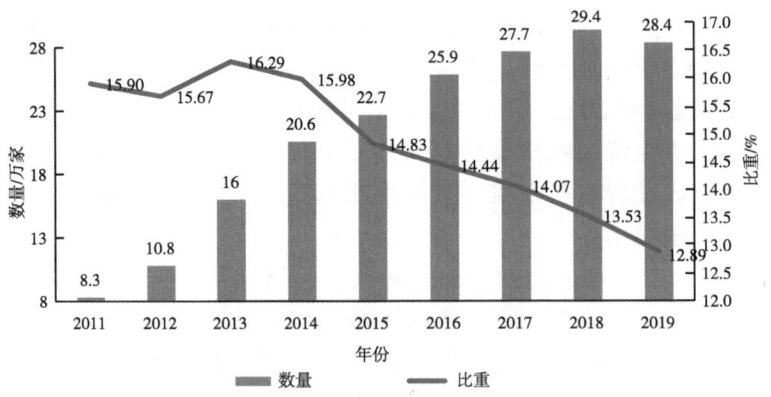

**图 4-2 按交易量60%以上返还盈余的合作社情况**

（数据来源：根据农业农村部公布的历年《农村经营管理统计年报》数据整理而成）

取得了显著的成效，但似乎并没有逆转这一下降的趋势。微观调研的结果也显示大部分合作社以按股分配为主（应瑞瑶，2002，2017；周春芳，2010；孙亚范，2011；吴金红，2015；娄锋 等，2016；王图展，2016；苑鹏，2018）。

根据理性经济人假设，不管农民自发成立合作社还是加入合作社都是以追求自身利益的最大化为目标（Schultz，1964；Zagoria，1979）。在市场经济的条件下，农户作为生产经营主体具有充分的选择权，能够根据所处的环境状况选择是否参与合作社的行为（胡定寰 等，2006）。合作社也应当尊重农户的选择权，并且尽可能地满足农户的利益诉求（朱红根 等，2008）。那么，在分配制度普遍偏离的大背景下，究竟这种"不规范"的制度是否符合普通成员的利益诉求，进而影响普通成员的收入？是否一定会出现"大农吃小农"的困局（温铁军，2013）？是否会出现"大农帮助小农"的帕累托改进（Wanyama，2008）？

总结已有的研究成果，不难发现：首先，虽然现有的文献就"当前大部分合作社的分配制度已经偏离《农民专业合作社法》"这一重要问题达成了基本共识，但就分配制度偏离对普通成员行为与收入的影响仍然没有形成较为一致的结论，因此存在着进一步讨论的空间。其次，现有的研究多将客观收入作为因变量，但可能会忽视难以量化的因素的影响（王真，2016），因此采用主观收入变量进行稳健性检验。最后，大多数合作社的分配制度违背了《农民专业合作社法》的要求，是否会对普通成员增收产生影响？现有的研究缺乏相关方面的讨论。只有厘清合作社分配制度对普通成员增收的影响，才能通过完善《农民专业合作社法》的制度安排，促进合作社更好地发挥助农增收的作用。

## 4.2 研究设计

### 4.2.1 模型构建

（1）OLS 模型

鉴于因变量是从成员层面的连续变量，为了尽可能地获得一致性估计，因此本书首先采用 OLS 模型进行估计，构建了以合作社分配制度偏离与交易量分配比例为核心解释变量影响普通成员收入的线性函数模型（4-1）与非线性函数模型（4-2），具体设定模式如下所示。

$$\text{Income}_i = \alpha_0 + \alpha_1 Dev_i + \sum_{i=1}^{n}\gamma_i C_i + Area_i + \varepsilon_i \quad (4-1)$$

$$\text{Income}_i = \alpha_0 + \alpha_1 Trade_i + \alpha_2 Trade_i^2 + \sum_{i=1}^{n}\gamma_i C_i + Area_i + \varepsilon_i \quad (4-2)$$

其中，被解释变量 Income$_i$ 代表第 $i$ 个普通成员的收入，以万元为单位。$C_i$ 和 $\gamma_i$ 分别表示影响普通成员收入的因素及其估计系数，其中本书针对核心自变量采用以下两个指标衡量：第一，盈余分配制度偏离（是=1；否=0）；第二，按交易量分配比例，分别见于式（1）和式（2）。核心解释变量 Dev$_i$、Trade$_i$ 和 Trade$_{2i}$ 分别为该合作社当期是否发生分配制度偏离、交易量分配比例及其平方项。另外，普通成员收入这一变量的取值存在受限的问题，因此本书将还进一步选取 Tobit 模型来进行稳健型检验。然而，Tobit 模型估计并不是在所有的情况下都优于 OLS 模型，因此本书使用 OLS 模型与 Tobit 模型同时进行估计。

（2）工具变量估计

由于普通成员收入与分配制度偏离、交易量分配比例两大核心变量之间可能存在着内生性问题。具体来讲，由于普通成员收入与分配制度偏离、交易量分配比例两大核心变量之间可能存在着内生性问题。具体来讲，普通成员收入的增加可能会导致其出资增加，进而导致资本在合作社中的谈判地位上升，进而降低交易量分配比例，最终导致分配制度偏离。

鉴于此，为了尽可能地降低内生性问题，本书分别采用工具变量模型和逐步回归方法探究分配制度偏离与普通成员收入二者之间可能存在着的内生性问题。分配制度偏离与普通成员收入二者之间存在内生性的问题，可能原因有以下两个方面：第一，遗漏变量。影响普通成员收入的因素有很多，因此回归过程中难以穷尽所有可能影响到的因素；第二，互为因果。普通成员收入的增加可能会导致其出资增加，进而大致资本在合作社中的谈判地位上升，进而降低交易量分配比例，最终导致分配制度偏离。基于此，针对第一种可能导致的内生性原因，本书采用逐步回归的方式，通过判断估计系数的显著性和方向性变化来判断结果的稳健性。本书针对

## 第4章 分配制度偏离对普通成员增收的影响

第二种由于互为因果导致的潜在内生性问题，一方面本书选取决策方式和股权分散度分别作为分配制度偏离与交易量分配比例的工具变量，原因在于合作社的股权分散程度与决策机制会影响合作社分配制度，但并不会影响普通成员出资。

（3）有序 Probit 模型

由于收入问题的调查往往存在着数据偏差问题，因此，本书还采用"合作社增收效果"这一变量进行稳健性检验。"合作社增收效果"变量为取值 1~5 的整数，是离散且有序的数值，因此采用有序 Probit 模型对增收效果情况进行估计。该模型是 Probit 模型的扩展，适用于被解释变量时排序变量的情况。建立模型如下：

$$\text{Income1}_i = G(\alpha_{p1}\text{Dev}_i + \lambda_{p1}X_i + \beta_0 + \varepsilon_{pi}) \quad (4-3)$$

$$\text{Income1}_i = G(\alpha_{p2}\text{Trade}_i + \beta_{p2}\text{Trade}_i^2 + \lambda_{p2}X_i + \beta_0 + \varepsilon_{pi}) \quad (4-4)$$

式（4-3）中，$\text{Income1}_i$ 是第 $i$ 个普通成员的合作社增收效果；$\text{Dev}_i$ 表示第 $i$ 个普通成员所在合作社的分配制度是否发生偏离；$\text{Trade}_i$ 表示第 $i$ 个普通成员所在合作社的交易量分配比例，$\text{Trade}_i^2$ 是经营规模的平方项，二者是模型的关键解释变量；向量 $X_i$ 代表影响普通成员增收的其他因素，包括成员特征、合作社特征以及地区变量等；$\alpha_{p1}$ 和 $\beta_{p1}$ 是待估系数，$\varepsilon_{pi}$ 是随机扰动项。$G(\cdot)$ 为非线性函数，具体形式如下：

$$G(\text{Income1}_i^*) = \begin{cases} 1, & \text{Income1}_i^* < \mu_1 \\ 2, & \mu_1 < \text{Income1}_i^* < \mu_2 \\ \vdots \\ J, & \text{Income1}_i^* > \mu_{J-1} \end{cases} \quad (4-5)$$

其中，$\text{Income1}_i^*$ 是 $\text{Income1}_i$ 背后存在的不可观测变量，即潜变量，满足下式：

$$\text{Income1}_i^* = \alpha_{p1}\text{Dev}_i + \lambda_{p1}X_i + \beta_0 + \varepsilon_{pi} \quad (4-6)$$

$$\text{Income1}_i^* = \alpha_{p2}\text{Trade}_i + \beta_{p2}\text{Trade}_i^2 + \lambda_{p2}X_i + \beta_0 + \varepsilon_{pi} \quad (4-7)$$

（4）中介效应模型

根据前文的理论分析，分配制度偏离通过影响普通成员出资和生产合作行为，进而影响普通成员收入。因此，本书采用如下变量分别度量普通成员出资与生产合作行为效应：第一，采用"成员年新增出资额"来度量普通成员出资行为，以变量 $Invest_i$ 来表示。第二，采用"成员对合作社服务支出占成员农业服务支出的比重"度量普通成员的生产合作行为，以变量 $Service_i$ 来表示。实证方法中，本书采用中介效应模型对研究假说进行估计。具体来说，以温忠麟等（2004）在 Baron and Kenny（1986）基础上建构的中介效应检验方法进行回归分析。首先，以普通成员出资行为为例，模型设定如下：

$$Invest_i = \alpha_i + \alpha_2 Dev_i + \sum \gamma_i C_i + Area_i + \varepsilon_i \quad (4-8)$$

$$Income_i = \alpha_i + \alpha_3 Dev_i + \sum \gamma_i C_i + Area_i + \varepsilon_i \quad (4-9)$$

$$Income_i = \alpha_i + \alpha_4 Dev_i + \alpha_5 Invest_i + \sum \gamma_i C_i + Area_i + \varepsilon_i \quad (4-10)$$

其中，$Invest_i$ 表示第 $i$ 个普通成员对合作社的出资额，其他变量同上文所述。

其次，普通成员生产合作行为的中介效应检验模型设定如下：

$$Service_i = \alpha_i + \alpha_2 Dev_i + \sum \gamma_i C_i + Area_i + \varepsilon_i \quad (4-11)$$

$$Income_i = \alpha_i + \alpha_3 Dev_i + \sum \gamma_i C_i + Area_i + \varepsilon_i \quad (4-12)$$

$$Income_i = \alpha_i + \alpha_4 Dev_i + \alpha_5 Service_i + \sum \gamma_i C_i + Area_i + \varepsilon_i \quad (4-13)$$

其中，$Service_i$ 表示第 $i$ 个普通成员的生产合作行为，其他变量同上文所述。

### 4.2.2 指标选取与描述性统计

一是核心解释变量。根据《农民专业合作社法》第四十四条明确的规定"可分配盈余按交易量（额）还比例不得低于60%"，本书将合作社按照交易量分红比例不足60%界定为分配制度偏离。借鉴王图展（2016）的研究，若合作社的分配制度发生了偏离，则按交易量分配比例不符合合作社法的规定，变量取值为"1"，反之则为"0"。进一步，为研究分配制度偏离程度对普通成员生产合作行为的影响，因此本书还借鉴徐旭初（2010）、朱哲毅（2019）的研究，采用交易量分配比例来度量分配制度偏离程度。具体来讲，加入合作社完全按照出资额分配盈余，那么按交易额分配比重为0%；如果合作社完全按照交易量分配盈余，那么按交易额分配比重为100%。

## 第4章 分配制度偏离对普通成员增收的影响

二是核心被解释变量。本书借鉴刘同山、苑鹏（2020）与刘俊文（2017）的研究，将普通成员收入界定为家庭每年的各类收入减去经营支出后除以家庭人数，以万元/人年为单位。合作社助农增收的成效，具体以成员层面的"成员收入①"加以度量。另外，本书还借鉴王真（2016）的研究，选用这一成员自身的主观感知变量"增收效果②"进行稳健性检验。

三是中介变量。一方面是普通成员出资行为。借鉴邵科、徐旭初（2013）和孙亚范（2012）的研究，普通成员出资行为指的是普通成员对合作社的出资行为，以成员层面"年新增出资额"变量来度量。此外，研究仅讨论主动入社的普通成员，而并不讨论被动入社的情形；仅讨论实际出资加入合作社的情形，并不讨论以土地等其他要素入股。另一方面是普通成员生产合作行为。生产合作行为指的是普通成员在合作社中的生产合作行为，借鉴黄季焜等（2010）、Wadsworth（1991）与万凌霄和蔡海龙（2021）的研究，本书所研究的生产合作行为包括农资购买、生产性服务、农产品销售三个方面，以成员层面的"成员对合作社农资与服务的收入与支出占成员农业农资与服务的收入与支出的比重（%）"指标测度。

四是控制变量。由于本书基于合作社层面的分配制度偏离对普通成员收入的影响，故在选取变量时有必要着重控制合作社和成员特征变量。首先，本书借鉴黄季焜和冀县卿（2012）、蔡荣（2012）、梁巧等（2014）与徐志刚等（2017）的研究，在成员特征层面选取年龄、土地规模、受教育程度、培训经历、工作经验、政治身份、社会网络七个变量为成员特征变量；其次，本书借鉴颜华和冯婷（2015）、王图展（2016）、韩旭东等（2020）及万博文、郭翔宇（2022）的研究，在合作社特征层面选取标准化生产、品牌认证、非成员服务、销售方式、补贴额度、贷款情况、成员数量七个变量作为合作社特征变量。再次，本书还借鉴张洪振等（2020）与韩旭东等（2020）的研究，选取县城距

---

① 通过一对一访谈或电话问询等方式获得其增收情况的数据。采用主观和客观两种方式度量。其中，主观方面，以"合作社对您增收程度的影响程度"度量，采用李克特五级量表度量：非常小=1、比较小=2、一般=3、比较大=4、非常大=5；客观方面。

② 通过一对一访谈或电话问询等方式获得其增收效果指标。普通成员的增收效果指标通过李克特五级量表度量，其中，很不好=1、不太好=2、一般=3、比较好=4、很好=5。

离、金融环境、道路情况三个变量作为外部环境特征变量。最后，本书根据全国东中西和东北部地区的划分，以控制空间层面上的区域特征差异。

主要变量设定情况与描述性统计结果如表4-1所示。

## 4.3 实证分析

### 4.3.1 基准回归

分配制度偏离与交易量分配比例对普通成员增收影响的估计结果如表4-2所示。模型（1）至模型（5）展示了以分配制度偏离作为核心自变量的逐步回归估计结果，还将探究何种盈余分配比例最能够促进普通成员增收。因此，将交易量分配比例作为核心自变量，并纳入交易量分配比例的一次项与二次项放入回归方程，以验证其可能存在的倒"U"形关系。表4-2中的模型（6）至模型（10）为以交易量分配比例的一次项与二次项作为核心解释变量的逐步回归估计结果。从表4-2可以得出，模型（1）至模型（5）中分配制度偏离变量的估计系数均为正，均通过了1%水平下显著性检验，表明合作社的分配制度发生偏离，能够提高普通成员获得高收入的概率。假说1得到了初步验证。模型（6）至模型（10）中交易量分配比例二次项的估计系数分别为-0.045、-0.045、-0.031、-0.038和-0.038，均通过了1%水平下的显著性检验，这也表明交易量分配比例对提高普通成员增收的概率具有最优的规模。换言之，交易量分配比例对普通成员收入的影响存在着倒"U"形的影响。在最优规模前，交易量分配比例提高能够提高普通成员的合作社积极性，进而正向影响普通成员增收的概率。在最优规模后，交易量分配比例继续提高会使得合作社陷入"平均主义"，进而负向影响普通成员增收的概率。通过计算，倒"U"形的拐点值在33.86%，进一步验证了假说1。

第4章 分配制度偏离对普通成员增收的影响

表4-1 主要变量设定与描述性统计结果

| 类别 | 变量名 | | 变量说明 | 样本数 | 平均值 | 标准差 | 最小值 | 最大值 |
|---|---|---|---|---|---|---|---|---|
| 被解释变量 | 成员收入 | income | 家庭每年的各类收入减去经营支出后除以家庭人数/（万元/人·年） | 2 676 | 6 387.870 | 1 176.653 | 2 895 | 9 554 |
| | 合作社增收效果 | income1 | 合作社对收入增长的效果：很小=1；小=2；一般=3；比较大=4；很大=5 | 2 676 | 3.365 | 2.207 | 1 | 5 |
| 核心解释变量 | 分配制度偏离 | dev | 交易量分配比例是否低于60%：是=1；否=0 | 2 676 | 0.445 | 0.497 | 0 | 1 |
| | 交易量分配比例 | trade | 盈余分配按照交易量分红的比例/% | 2 676 | 55.378 | 31.600 | 0 | 100 |
| 工具变量 | 决策方式 | decision | 合作社重大事务如何决定？1.理事长决定或理事会决定；0=其他 | 2 676 | 0.469 | 0.499 | 0 | 1 |
| | 股权分散度 | scatter | 除去前五大股东的股权比重/% | 2 676 | 53.885 | 25.564 | 0 | 89 |
| 中介变量 | 新增出资额 | invest | 年新增出资额/万元 | 2 676 | 2.674 | 5.711 | 0 | 30 |
| | 生产合作程度 | service | 成员对合作社服务支出占成员农业服务支出的比重（0-1） | 2 676 | 0.149 | 0.245 | 0 | 1 |

## 分配制度偏离、普通成员行为与合作社益农性

（续表）

| 类别 | | 变量名 | 变量说明 | 样本数 | 平均值 | 标准差 | 最小值 | 最大值 |
|---|---|---|---|---|---|---|---|---|
| 成员特征 | 年龄 | age | 实际年龄/岁 | 2 676 | 47.523 | 22.815 | 33 | 59 |
| | 土地 | land | 当年实际经营的土地规模/亩 | 2 676 | 14.864 | 20.148 | 2 | 137 |
| | 受教育程度 | edu | 实际就学年限/年 | 2 676 | 5.081 | 11.869 | 0 | 12 |
| | 培训经历 | train | 是否参加过上级政府或合作社组织的农业技术培训？是=1；否=0 | 2 676 | 0.356 | 0.560 | 0 | 1 |
| | 工作经历 | work | 外出务工=0；当兵=1；村干部=2；公职人员=3；其他=4 | 2 676 | 1.251 | 0.828 | 0 | 4 |
| | 政治身份 | party | 党员=1；非党员=0 | 2 676 | 0.349 | 0.591 | 0 | 1 |
| | 社会网络 | social | 是否有亲戚朋友为公务员或企业老板？是=1，否=0 | 2 676 | 0.575 | 0.512 | 0 | 1 |
| 控制变量 合作社特征 | 标准化生产 | product | 合作社是否要求成员进行标准化生产？是=1；否=0 | 2 676 | 0.311 | 0.463 | 0 | 1 |
| | 品牌认证 | brand | 合作社是否拥有农产品品牌认证？是=1；否=0 | 2 676 | 0.598 | 0.490 | 0 | 1 |
| | 非成员服务 | alien | 是否为非成员提供服务？提供=1；不提供=0 | 2 676 | 0.830 | 0.375 | 0 | 1 |
| | 销售方式 | sale | 合作社是否与收购单位签订农产品销售协议：否=0；口头协议=1；正式合同=2 | 2 676 | 0.441 | 0.505 | 0 | 2 |
| | 补贴额度 | subsidy | 合作社获得政府补贴额度/万元 | 2 676 | 35.838 | 36.969 | 0 | 157 |
| | 贷款情况 | loan | 合作社现有贷款额度/万元 | 2 676 | 18.553 | 27.044 | 0 | 100 |
| | 成员数量 | number | 合作社现有登记在册的成员数量/户 | 2 676 | 121.759 | 55.432 | 52 | 275 |

第4章 分配制度偏离对普通成员增收的影响

（续表）

| 类别 | | 变量名 | | 变量说明 | 样本数 | 平均值 | 标准差 | 最小值 | 最大值 |
|---|---|---|---|---|---|---|---|---|---|
| 控制变量 | 外部环境特征 | 县城距离 | distance | 成员所在村与近县城政府驻地的距离/千米 | 2 676 | 16.585 | 12.114 | 5 | 61 |
| | | 金融环境 | bank | 成员所在村距离最近的银行网点之间的距离/千米 | 2 676 | 12.306 | 5.795 | 0 | 27 |
| | | 道路情况 | way | 成员所在村的道路条件：沥青路=5；水泥路=4；砖石路=3；砂石路=2；土路=1 | 2 676 | 3.757 | 3.331 | 1 | 5 |
| | 地区特征 | 东部地区 | eastern | 是否位于东部地区？是=1；否=0 | 2 676 | 0.258 | 0.438 | 0 | 1 |
| | | 西部地区 | western | 是否位于西部地区？是=1；否=0 | 2 676 | 0.247 | 0.431 | 0 | 1 |
| | | 中部地区 | middle | 是否位于中部地区？是=1；否=0 | 2 676 | 0.238 | 0.426 | 0 | 1 |
| | | 东北地区 | northeast | 是否位于东北地区？是=1；否=0 | 2 676 | 0.257 | 0.437 | 0 | 1 |

**分配制度偏离、普通成员行为与合作社益农性**

表 4-2 还显示了影响成员增收的其他因素。根据回归结果看，除地区差异外，合作社、成员与外部环境特征均对成员的增收情况产生影响。从成员特征看，成员的年龄对增收会产生负向影响，但并不显著。相比而言，年龄人小会有更多的非农就业机会，也会有更多的创业能力，因此年龄越大的成员可能收入相对低龄成员要少（梁巧 等，2014）。土地经营规模对增收的影响为正且显著。原因在于，经营规模越大的普通成员，其农业专业化程度越高，从而能够获得更好的收入（杜志雄 等，2019）。受教育程度尽管为正但并不显著。受教育程度越高的成员，往往具有更强的人力资本（刘俊文，2017），因此更容易实现更高的收入（杨丹、刘自敏，2017）。培训经历这一变量对收入产生了正向的显著影响。获得过农业技术培训的成员往往具有更强的农业生产技能（徐旭初，2010），在节本增收方面具有更多的经验（郎亮明，2021），因此能够提高其收入（梁巧 等，2014）。工作经验对普通成员出资具有显著的正向影响。具有较多的社会关系与增收渠道（庄晋财 等，2014），因此能够获得更多的收入。政治身份对收入产生了显著的正向影响。原因在于拥有政治身份的成员往往具有较强的沟通能力，因此能够获得更高的收入（韩旭东 等，2020）。社会网络对普通成员收入产生了显著的正向影响。社会网络越强的成员往往具有更多的增收渠道（庄晋财 等，2014），进而能够获得更多的收入。从合作社特征看，标准化生产对普通成员增收产生了显著的正向影响。合作社采取标准化生产后，能够规范成员的生产行为（韩旭东 等，2020），提供更为优质的农产品，进而获得更高的销售价格（徐旭初，2010），进一步促进普通成员增收。品牌认证对普通成员增收产生了显著的正向影响。品牌认证能够对合作社生产高质量的产品提供激励（杨丹和刘自敏，2017），获得更好的市场议价能力（韩旭东 等，2020），进而正向影响普通成员增收。非成员服务对普通成员增收负向的影响，但并不显著。若合作社同时为非成员农户提供服务，势必会减少对以提供交易量为主的普通成员的服务力度，进而负向影响成员增收。合作社销售方式对普通成员增收具有显著的正向影响。合作社通过订单农业能够降低市场价格波动的影响（施晟 等，2012），稳定供应链主体的收益（徐健和汪旭晖，2009），进而促进普通成员增收。合作社补贴对普通成员增收产生了显著的负向影响。中国合作社普遍存在"精英俘获"的情况下，对合作社提供的补贴所获得的收益大多数为成员核心成员所获得（温铁军，2013）。合作社贷

第 4 章　分配制度偏离对普通成员增收的影响

表 4-2　分配制度偏离对普通成员增收影响的基准回归

| | (1) Lnincome | (2) Lnincome | (3) Lnincome | (4) Lnincome | (5) Lnincome | (6) Lnincome | (7) Lnincome | (8) Lnincome | (9) Lnincome | (10) Lnincome |
|---|---|---|---|---|---|---|---|---|---|---|
| dev | 0.125*** (0.007) | 0.125*** (0.007) | 0.062*** (0.006) | 0.060*** (0.006) | 0.058*** (0.007) | — | — | — | — | — |
| stdtrade | — | — | — | — | — | -0.075*** (0.003) | -0.075*** (0.003) | -0.048*** (0.003) | -0.052*** (0.003) | -0.051*** (0.003) |
| stdtrade$_2$ | — | — | — | — | — | -0.045*** (0.004) | -0.045*** (0.004) | -0.031*** (0.003) | -0.038*** (0.003) | -0.038*** (0.003) |
| age | — | — | -0.000 (0.000) | -0.001 (0.000) | -0.000 (0.000) | — | — | 0.000 (0.000) | 0.000 (0.000) | 0.000 (0.000) |
| land | — | — | 0.003*** (0.000) | 0.003*** (0.000) | 0.003*** (0.000) | — | — | 0.003*** (0.000) | 0.003*** (0.000) | 0.003*** (0.000) |
| edu | — | — | 0.001 (0.001) | 0.001 (0.001) | 0.000 (0.001) | — | — | 0.001** (0.001) | 0.001 (0.001) | 0.000 (0.001) |
| train | — | — | 0.038*** (0.008) | 0.035*** (0.008) | 0.036*** (0.008) | — | — | 0.031*** (0.007) | 0.023*** (0.007) | 0.024** (0.008) |
| work | — | — | 0.024*** (0.004) | 0.022*** (0.004) | 0.021*** (0.004) | — | — | 0.016*** (0.004) | 0.005 (0.004) | 0.004 (0.004) |
| party | — | — | 0.024*** (0.007) | 0.023*** (0.007) | 0.024*** (0.007) | — | — | 0.024*** (0.006) | 0.024*** (0.006) | 0.025*** (0.007) |

**分配制度偏离、普通成员行为与合作社益农性**

(续表)

| | (1) Lnincome | (2) Lnincome | (3) Lnincome | (4) Lnincome | (5) Lnincome | (6) Lnincome | (7) Lnincome | (8) Lnincome | (9) Lnincome | (10) Lnincome |
|---|---|---|---|---|---|---|---|---|---|---|
| social | — | — | 0.027*** | 0.023*** | 0.022*** | — | — | 0.019*** | 0.010 | 0.009 |
| | | | (0.005) | (0.005) | (0.005) | | | (0.005) | (0.005) | (0.005) |
| product | — | — | — | 0.016* | 0.015 | — | — | — | 0.035*** | 0.033*** |
| | | | | (0.007) | (0.008) | | | | (0.007) | (0.007) |
| brand | — | — | — | 0.003 | 0.003 | — | — | — | −0.017** | −0.017** |
| | | | | (0.006) | (0.006) | | | | (0.006) | (0.006) |
| alien | — | — | — | −0.015* | −0.014 | — | — | — | −0.022** | −0.021** |
| | | | | (0.007) | (0.007) | | | | (0.007) | (0.007) |
| sale | — | — | — | 0.007 | 0.008 | — | — | — | 0.013* | 0.014* |
| | | | | (0.006) | (0.006) | | | | (0.006) | (0.006) |
| subsidy | — | — | — | −0.000* | −0.000** | — | — | — | −0.000 | −0.000* |
| | | | | (0.000) | (0.000) | | | | (0.000) | (0.000) |
| loan | — | — | — | 0.000 | 0.000 | — | — | — | 0.000 | 0.000 |
| | | | | (0.000) | (0.000) | | | | (0.000) | (0.000) |
| number | — | — | — | 0.001*** | 0.001*** | — | — | — | 0.001*** | 0.001*** |
| | | | | (0.000) | (0.000) | | | | (0.000) | (0.000) |
| distance | — | — | — | — | −0.000 | — | — | — | — | −0.000 |
| | | | | | (0.000) | | | | | (0.000) |

第 4 章　分配制度偏离对普通成员增收的影响

（续表）

| | (1) Lnincome | (2) Lnincome | (3) Lnincome | (4) Lnincome | (5) Lnincome | (6) Lnincome | (7) Lnincome | (8) Lnincome | (9) Lnincome | (10) Lnincome |
|---|---|---|---|---|---|---|---|---|---|---|
| bank | — | — | — | — | -0.001 | — | — | — | — | -0.001 |
| | | | | | (0.001) | | | | | (0.001) |
| way | — | — | — | — | 0.002 | — | — | — | — | 0.002 |
| | | | | | (0.001) | | | | | (0.001) |
| _cons | 8.689*** | 8.682*** | 8.575*** | 8.530*** | 8.538*** | 8.789*** | 8.785*** | 8.617*** | 8.593*** | 8.600*** |
| | (0.005) | (0.008) | (0.021) | (0.023) | (0.025) | (0.005) | (0.008) | (0.021) | (0.023) | (0.026) |
| 地区控制变量 | 未控制 | 已控制 | 已控制 | 已控制 | 已控制 | 未控制 | 已控制 | 已控制 | 已控制 | 已控制 |
| N | 2 676.000 | 2 676.000 | 2 676.000 | 2 676.000 | 2 676.000 | 2 676.000 | 2 676.000 | 2 676.000 | 2 676.000 | 2 676.000 |
| $R^2$ | 0.103 | 0.104 | 0.453 | 0.478 | 0.479 | 0.164 | 0.165 | 0.488 | 0.522 | 0.523 |

注：括号外的数字为估计系数，括号内的数字为该系数下的标准差；*、**、*** 分别代表 10%、5%、1% 显著性。

款对普通成员产生了正向影响，但并不显著。可能的原因是，贷款越多说明合作社的信誉越强，开展市场经营越顺畅（万博文，2022），从而能够获得更好的绩效，正向影响普通成员增收。合作社成员数量对普通成员增收产生了显著的正向影响。农村社会往往是熟人社会（唐宗焜，2012），成员数量越多表明合作社的口碑越好，其具有更强的增收能力。从外部环境特征看，县城距离对成员增收的影响具有负向影响，但并不显著。距离县城越远的地区，成员往往获得信息的成本就越高（刘杰，2021），因此不利于普通成员增收。而距离银行网点的成员获取金融贷款与服务的交易成本也越高（韩旭东 等，2020），因此不利于普通成员增收。道路条件越好，成员与外界的交流就越顺畅，降低了普通成员外出务工、自营工商业、销售农产品的交易成本（张洪振 等，2020），进而正向影响普通成员增收。同时，也说明了"要致富、先修路"这一政策的正确性。

### 4.3.2 内生性讨论

鉴于分配制度偏离与普通成员增收可能存在着因互为因果而导致的潜在内生性问题，本书选取一下两种方法进行内生性处理。一方面，决策方式与股权分散度两个变量分别作为分配制度偏离与交易量分配比例的工具变量，使用两阶段最小二乘法进行实证估计。进一步地，为进行稳健性检验，本书还选用IVTobit模型进行估计。通过对表4-3中逐项回归方程（1）至方程（5）与表4-4中逐项回归方程（1）至方程（5）的LM检验中得到的P值均等于0，说明不存在IV识别不足的问题。Wald检验的F值均大于10%显著性的临界值，表明不存在弱工具变量的问题。因此，证明本书选取决策方式作为分配制度偏离的工具变量、交易量分配比例作为股权分散度的工具变量是合适的。

表4-3中的模型（1）至模型（10）分别以决策方式作为分配制度偏离的工具变量时，逐步加入控制变量的估计结果。表4-3中模型（1）至模型（5）报告了以两阶段最小二乘估计法的估计结果，模型（6）至模型（10）报告了以IVTobit模型的估计结果。从表4-3的估计结果可以得出，模型（1）至模型（5）中两阶段最小二乘估计法下分配制度偏离变量的估计系数均大于0，通过了显著性水平检验。由于本书的被解释变量可能存在取值受限的情况，因此本书模型（6）至模型

(10) 中以 IVTobit 模型下分配制度偏离变量的估计系数也均大于 0，且通过了显著性水平检验。这表明，当考虑到分配制度偏离与普通成员收入二者之间互为因果关系的情况下，分配制度发生偏离的合作社，能够正向影响普通成员增收的概率这一结论是显著且稳健的。假说 1 进一步得以证明。

表 4-4 中的模型（1）至模型（10）分别以股权分散度作为交易量分配比例的工具变量下逐步加入控制变量的估计结果。表 4-5 中模型（1）至模型（5）报告了以两阶段最小二乘估计法的估计结果，模型（6）至模型（10）报告了以 IVTobit 模型的估计结果。从表 4-4 可以得出，模型（1）至模型（5）中两阶段最小二乘估计法下工具变量的一次项与二次项均显著，通过了显著性水平检验，说明交易量分配比例对普通成员收入的影响存在着倒"U"形关系。本书模型（6）至模型（10）中以 IVTobit 模型下分配制度偏离变量的估计系数也均大于 0，且通过了显著性水平检验。这表明，当考虑到分配制度偏离与普通成员收入二者之间互为因果关系的情况下，合作社的交易量分配比例对普通成员收入存在着倒"U"形影响这一结论是显著且稳健的。通过计算可知倒"U"形的拐点值均小于 60%，假说 1 进一步得以证明。

### 4.3.3 稳健性检验

为提高稳健性，本书还通过更换模型和变量两种方法进行估计。一方面，由于本书的被解释变量可能存在取值受限的情况，因此本书采用 tobit 模型进行估计。另一方面，本书还采用替换变量的方法，使用合作社增收效果这一变量作为因变量来进行稳健性检验。

（1）更换模型

由于收入变量的取值存在受限的情况，因此本书将选取 Tobit 模型进行估计。因此，本书采用 Tobit 模型进行估计。表 4-5 中的模型（1）至模型（5）和模型（6）至模型（10）均是采用逐步加入控制变量的方式进行估计。表 4-5 的估计结果与表 4-2 相一致，分配制度偏离、交易量分配比例的一次项与二次项变量分别在模型（1）至模型（5）和模型

**分配制度偏离、普通成员行为与合作社益农性**

表 4-3 分配制度偏离对普通成员增收的影响——工具变量模型的估计结果

| | (1) Lnincome | (2) Lnincome | (3) Lnincome | (4) Lnincome | (5) Lnincome | (6) Lnincome | (7) Lnincome | (8) Lnincome | (9) Lnincome | (10) Lnincome |
|---|---|---|---|---|---|---|---|---|---|---|
| dev | 0.131*** (0.009) | 0.131*** (0.009) | 0.068*** (0.007) | 0.067*** (0.007) | 0.066*** (0.008) | 0.131*** (0.009) | 0.131*** (0.009) | 0.068*** (0.007) | 0.067*** (0.007) | 0.066*** (0.008) |
| age | — | — | −0.000 (0.000) | −0.000 (0.000) | −0.000 (0.000) | — | — | −0.000 (0.000) | −0.000 (0.000) | −0.000 (0.000) |
| land | — | — | 0.003*** (0.000) | 0.003*** (0.000) | 0.003*** (0.000) | — | — | 0.003*** (0.000) | 0.003*** (0.000) | 0.003*** (0.000) |
| edu | — | — | 0.001 (0.001) | 0.001 (0.001) | 0.000 (0.001) | — | — | 0.001 (0.001) | 0.001 (0.001) | 0.000 (0.001) |
| train | — | — | 0.038*** (0.010) | 0.035*** (0.010) | 0.037*** (0.010) | — | — | 0.038*** (0.010) | 0.035*** (0.010) | 0.037*** (0.010) |
| work | — | — | 0.024*** (0.005) | 0.022*** (0.005) | 0.021*** (0.005) | — | — | 0.024*** (0.005) | 0.022*** (0.005) | 0.021*** (0.005) |
| party | — | — | 0.022* (0.009) | 0.021* (0.009) | 0.023** (0.009) | — | — | 0.022* (0.009) | 0.021* (0.009) | 0.023* (0.009) |
| social | — | — | 0.026*** (0.006) | 0.022*** (0.006) | 0.022*** (0.006) | — | — | 0.026*** (0.006) | 0.022*** (0.006) | 0.022*** (0.006) |
| product | — | — | — | 0.016* (0.007) | 0.015* (0.007) | — | — | — | 0.016* (0.007) | 0.015* (0.007) |

# 第 4 章 分配制度偏离对普通成员增收的影响

（续表）

| | (1) Lnincome | (2) Lnincome | (3) Lnincome | (4) Lnincome | (5) Lnincome | (6) Lnincome | (7) Lnincome | (8) Lnincome | (9) Lnincome | (10) Lnincome |
|---|---|---|---|---|---|---|---|---|---|---|
| brand | — | — | — | 0.003 (0.006) | 0.003 (0.006) | — | — | — | 0.003 (0.006) | 0.003 (0.006) |
| alien | — | — | — | -0.016* (0.007) | -0.015* (0.008) | — | — | — | -0.016* (0.008) | -0.015 (0.008) |
| sale | — | — | — | 0.007 (0.006) | 0.007 (0.006) | — | — | — | 0.007 (0.006) | 0.007 (0.006) |
| subsidy | — | — | — | -0.000* (0.000) | -0.000* (0.000) | — | — | — | -0.000* (0.000) | -0.000* (0.000) |
| loan | — | — | — | 0.000 (0.000) | 0.000 (0.000) | — | — | — | 0.000 (0.000) | 0.000 (0.000) |
| number | — | — | — | 0.001*** (0.000) | 0.001*** (0.000) | — | — | — | 0.001*** (0.000) | 0.001*** (0.000) |
| distance | — | — | — | — | -0.000 (0.000) | — | — | — | — | -0.000 (0.000) |
| bank | — | — | — | — | -0.000 (0.001) | — | — | — | — | -0.000 (0.001) |
| way | — | — | — | — | 0.002 (0.002) | — | — | — | — | 0.002 (0.002) |

(续表)

| | (1) Lnincome | (2) Lnincome | (3) Lnincome | (4) Lnincome | (5) Lnincome | (6) Lnincome | (7) Lnincome | (8) Lnincome | (9) Lnincome | (10) Lnincome |
|---|---|---|---|---|---|---|---|---|---|---|
| _cons | 8.686*** (0.005) | 8.679*** (0.008) | 8.572*** (0.020) | 8.528*** (0.023) | 8.531*** (0.026) | 8.686*** (0.005) | 8.680*** (0.008) | 8.572*** (0.020) | 8.528*** (0.023) | 8.531*** (0.026) |
| 地区控制变量 | 未控制 | 已控制 | 已控制 | 已控制 | 已控制 | 未控制 | 已控制 | 已控制 | 已控制 | 已控制 |
| N | 2 676 | 2 676 | 2 676 | 2 676 | 2 676 | 2 676 | 2 676 | 2 676 | 2 676 | 2 676 |
| $R^2$ | 0.103 | 0.104 | 0.453 | 0.478 | 0.479 | — | — | — | — | — |

注：括号外的数字为估计系数，括号内的数字为该系数下的标准差；\*、\*\*、\*\*\*分别代表10%、5%、1%显著性。

**表4-4 交易量分配比例对普通成员增收的影响——工具变量模型的估计结果**

| | (1) Lnincome | (2) Lnincome | (3) Lnincome | (4) Lnincome | (5) Lnincome | (6) Lnincome | (7) Lnincome | (8) Lnincome | (9) Lnincome | (10) Lnincome |
|---|---|---|---|---|---|---|---|---|---|---|
| stdtrade | -0.087*** (0.004) | -0.087*** (0.004) | -0.053*** (0.003) | -0.058*** (0.003) | -0.058*** (0.004) | — | — | — | — | — |
| $stdtrade_2$ | -0.048*** (0.004) | -0.048*** (0.004) | -0.033*** (0.003) | -0.039*** (0.003) | -0.039*** (0.003) | — | — | — | — | — |
| trade | — | — | — | — | — | 0.005*** (0.001) | 0.005*** (0.001) | 0.004*** (0.000) | 0.005*** (0.000) | 0.005*** (0.000) |

第4章 分配制度偏离对普通成员增收的影响

（续表）

| | (1) Lnincome | (2) Lnincome | (3) Lnincome | (4) Lnincome | (5) Lnincome | (6) Lnincome | (7) Lnincome | (8) Lnincome | (9) Lnincome | (10) Lnincome |
|---|---|---|---|---|---|---|---|---|---|---|
| trade$_2$ | — | — | — | — | — | -0.000*** (0.000) | -0.000*** (0.000) | -0.000*** (0.000) | -0.000*** (0.000) | -0.000*** (0.000) |
| age | — | — | 0.000 (0.000) | 0.000 (0.000) | 0.000 (0.000) | — | — | 0.000 (0.000) | 0.000 (0.000) | 0.000 (0.000) |
| land | — | — | 0.003*** (0.000) | 0.003*** (0.000) | 0.003*** (0.000) | — | — | 0.003*** (0.000) | 0.003*** (0.000) | 0.003*** (0.000) |
| edu | — | — | 0.002** (0.001) | 0.001 (0.001) | 0.000 (0.001) | — | — | 0.002** (0.001) | 0.001 (0.001) | 0.001 (0.001) |
| train | — | — | 0.030** (0.009) | 0.022* (0.009) | 0.024** (0.009) | — | — | 0.025** (0.010) | 0.016 (0.009) | 0.015 (0.010) |
| work | — | — | 0.015** (0.005) | 0.004 (0.005) | 0.003 (0.005) | — | — | 0.009 (0.005) | -0.007 (0.005) | -0.008 (0.006) |
| party | — | — | 0.021* (0.008) | 0.021** (0.008) | 0.023** (0.008) | — | — | 0.022** (0.008) | 0.022** (0.008) | 0.024** (0.008) |
| social | — | — | 0.018*** (0.006) | 0.009 (0.005) | 0.008 (0.006) | — | — | 0.014* (0.006) | 0.003 (0.006) | 0.002 (0.006) |
| product | — | — | — | 0.036*** (0.007) | 0.035*** (0.007) | — | — | — | 0.046*** (0.007) | 0.045*** (0.007) |

**分配制度偏离、普通成员行为与合作社益农性**

(续表)

| | (1) Lnincome | (2) Lnincome | (3) Lnincome | (4) Lnincome | (5) Lnincome | (6) Lnincome | (7) Lnincome | (8) Lnincome | (9) Lnincome | (10) Lnincome |
|---|---|---|---|---|---|---|---|---|---|---|
| brand | — | — | — | -0.020*** (0.006) | -0.019*** (0.006) | — | — | — | -0.029*** (0.006) | -0.030*** (0.006) |
| alien | — | — | — | -0.023** (0.007) | -0.023** (0.007) | — | — | — | -0.026*** (0.007) | -0.025*** (0.007) |
| sale | — | — | — | 0.013* (0.005) | 0.013* (0.006) | — | — | — | 0.016** (0.006) | 0.016** (0.006) |
| subsidy | — | — | — | -0.000 (0.000) | -0.000* (0.000) | — | — | — | -0.000 (0.000) | -0.000 (0.000) |
| loan | — | — | — | 0.000 (0.000) | 0.000 (0.000) | — | — | — | 0.000 (0.000) | 0.000 (0.000) |
| number | — | — | — | 0.001*** (0.000) | 0.001*** (0.000) | — | — | — | 0.001*** (0.000) | 0.001*** (0.000) |
| distance | — | — | — | -0.000 (0.000) | -0.000 (0.000) | — | — | — | — | -0.000 (0.000) |
| bank | — | — | — | -0.000 (0.001) | -0.000 (0.001) | — | — | — | — | -0.001 (0.001) |
| way | — | — | — | 0.003 (0.002) | 0.003 (0.002) | — | — | — | — | 0.002 (0.002) |

第4章 分配制度偏离对普通成员增收的影响

续表

| | (1)<br>Lnincome | (2)<br>Lnincome | (3)<br>Lnincome | (4)<br>Lnincome | (5)<br>Lnincome | (6)<br>Lnincome | (7)<br>Lnincome | (8)<br>Lnincome | (9)<br>Lnincome | (10)<br>Lnincome |
|---|---|---|---|---|---|---|---|---|---|---|
| _cons | 8.792*** | 8.788*** | 8.615*** | 8.595*** | 8.593*** | 8.752*** | 8.749*** | 8.580*** | 8.552*** | 8.558*** |
| | (0.005) | (0.008) | (0.020) | (0.022) | (0.025) | (0.011) | (0.012) | (0.020) | (0.023) | (0.025) |
| 地区控制变量 | 未控制 | 已控制 | 已控制 | 已控制 | 已控制 | 未控制 | 已控制 | 已控制 | 已控制 | 已控制 |
| N | 2 676 | 2 676 | 2 676 | 2 676 | 2 676 | 2 676 | 2 676 | 2 676 | 2 676 | 2 676 |
| $R^2$ | 0.160 | 0.162 | 0.487 | 0.522 | 0.522 | — | — | — | — | — |

注：括号外的数字为估计系数，括号内的数字为该系数下的标准差；*、**、***分别代表10%、5%、1%显著性。

(6) 至模型 (10) 的系数均为正且在1%的水平下显著,说明分配制度偏离对于普通成员收入具有显著的正向影响,且交易量分配比例与普通成员收入之间存在着倒"U"形关系这一结论是稳健的,且倒"U"形的拐点值小于60%。假说1进一步得以证明。

(2) 更换被解释变量

为进一步提高估计结果的稳健性,本书采用合作社增收效果这一主观变量进行稳健性检验。考虑到因变量的取值是1~5的变量,因此本书采用有序Probit模型进行估计。表4-6汇报了以有序Probit模型对分配制度偏离影响合作社增收效果的估计结果。表4-6中的模型 (1) 至模型 (5) 和模型 (6) 至模型 (10) 均是采用逐步加入控制变量的方式进行估计。表4-6的估计结果与表4-2相一致,分配制度偏离、交易量分配比例的一次项与二次项变量分别在模型 (1) 至模型 (5) 和模型 (6) 至模型 (10) 的系数为正且在1%水平下显著,说明分配制度偏离对于普通成员收入具有显著的正向影响,且交易量分配比例与普通成员收入之间存在着倒"U"形关系这一结论是稳健的。通过计算可知倒"U"形的拐点值均小于60%,假说1进一步得以证明。

### 4.3.4 异质性分析

基准回归中,无论是OLS模型、Tobit模型,还是考虑两阶段最小二乘估计法和IVTobit模型的结果均表明,分配制度偏离与普通成员收入二者之间呈现显著且较为稳健正向关系。合作社普通成员存在着较强的异质性,主要包括经营规模和区域的异质性。基于此,在这一部分异质性分析中,本书分别从经营规模和区域两个维度进行异质性分析。本书通过成员问卷中"您的土地经营面积?"的平均值进行分组,分为高规模组和低规模组,实证估计分配制度偏离对于不同规模普通成员增收的影响。另外,本书还将全国样本划分为东、中、西、东北部四大地区,具体分析区域异质性。

合作社普通成员的经营规模存在着异质性。在经营规模有差异的情况下,合作社分配制度偏离对普通成员收入的影响是否存在差异?表4-7汇报了在不同经营规模情景下的估计结果。在表4-7中,高规模组普通成员在模型 (1) 至模型 (2) 的估计系数均为正,且均通过了1%水平下显著性水平检验,说明分配制度发生偏离的合作社,能够正向影响经营规

## 第4章 分配制度偏离对普通成员增收的影响

表 4-5 分配制度偏离对普通成员增收影响的稳健性检验——Tobit 模型的估计结果

| | (1) Lnincome | (2) Lnincome | (3) Lnincome | (4) Lnincome | (5) Lnincome | (6) Lnincome | (7) Lnincome | (8) Lnincome | (9) Lnincome | (10) Lnincome |
|---|---|---|---|---|---|---|---|---|---|---|
| dev | 0.125*** (0.007) | 0.125*** (0.007) | 0.062*** (0.006) | 0.060*** (0.006) | 0.058*** (0.006) | — | — | — | — | — |
| stdtrade | — | — | — | — | — | −0.075*** (0.003) | −0.075*** (0.003) | −0.048*** (0.003) | −0.052*** (0.003) | −0.051*** (0.003) |
| stdtrade$_2$ | — | — | — | — | — | −0.045*** (0.004) | −0.045*** (0.004) | −0.031*** (0.003) | −0.038*** (0.003) | −0.038*** (0.003) |
| age | — | — | −0.000 (0.000) | −0.001 (0.000) | −0.000 (0.000) | — | — | 0.000 (0.000) | 0.000 (0.000) | 0.000 (0.000) |
| land | — | — | 0.003*** (0.000) | 0.003*** (0.000) | 0.003*** (0.000) | — | — | 0.003*** (0.000) | 0.003*** (0.000) | 0.003*** (0.000) |
| edu | — | — | 0.001 (0.001) | 0.001 (0.001) | 0.000 (0.001) | — | — | 0.001* (0.001) | 0.001 (0.001) | 0.000 (0.001) |
| train | — | — | 0.038*** (0.010) | 0.035*** (0.010) | 0.036*** (0.010) | — | — | 0.031*** (0.009) | 0.023* (0.009) | 0.024* (0.009) |
| work | — | — | 0.024*** (0.005) | 0.022*** (0.005) | 0.021*** (0.005) | — | — | 0.016** (0.005) | 0.005 (0.005) | 0.004 (0.005) |
| party | — | — | 0.024** (0.008) | 0.023** (0.008) | 0.024** (0.009) | — | — | 0.024** (0.008) | 0.024** (0.008) | 0.025** (0.008) |

**分配制度偏离、普通成员行为与合作社益农性**

（续表）

| | (1) Lnincome | (2) Lnincome | (3) Lnincome | (4) Lnincome | (5) Lnincome | (6) Lnincome | (7) Lnincome | (8) Lnincome | (9) Lnincome | (10) Lnincome |
|---|---|---|---|---|---|---|---|---|---|---|
| social | — | — | 0.027*** | 0.023*** | 0.022*** | — | — | 0.019*** | 0.010 | 0.009 |
| | | | (0.006) | (0.006) | (0.006) | | | (0.006) | (0.005) | (0.006) |
| product | — | — | — | 0.016* | 0.015* | — | — | — | 0.035*** | 0.033*** |
| | | | | (0.007) | (0.007) | | | | (0.007) | (0.007) |
| brand | — | — | — | 0.003 | 0.003 | — | — | — | −0.017** | −0.017** |
| | | | | (0.006) | (0.006) | | | | (0.006) | (0.006) |
| alien | — | — | — | −0.015* | −0.014 | — | — | — | −0.022** | −0.021** |
| | | | | (0.007) | (0.008) | | | | (0.007) | (0.007) |
| sale | — | — | — | 0.007 | 0.008 | — | — | — | 0.013* | 0.014* |
| | | | | (0.006) | (0.006) | | | | (0.005) | (0.006) |
| subsidy | — | — | — | −0.000* | −0.000** | — | — | — | −0.000 | −0.000* |
| | | | | (0.000) | (0.000) | | | | (0.000) | (0.000) |
| loan | — | — | — | 0.000 | 0.000 | — | — | — | 0.000 | 0.000 |
| | | | | (0.000) | (0.000) | | | | (0.000) | (0.000) |
| number | — | — | — | 0.001*** | 0.001*** | — | — | — | 0.001*** | 0.001*** |
| | | | | (0.000) | (0.000) | | | | (0.000) | (0.000) |
| distance | — | — | — | — | −0.000 | — | — | — | — | −0.000 |
| | | | | | (0.000) | | | | | (0.000) |

# 第 4 章 分配制度偏离对普通成员增收的影响

(续表)

|  | (1) Lnincome | (2) Lnincome | (3) Lnincome | (4) Lnincome | (5) Lnincome | (6) Lnincome | (7) Lnincome | (8) Lnincome | (9) Lnincome | (10) Lnincome |
|---|---|---|---|---|---|---|---|---|---|---|
| bank | — | — | — | — | -0.001 (0.001) | — | — | — | — | -0.001 (0.001) |
| way | — | — | — | — | 0.002 (0.002) | — | — | — | — | 0.002 (0.002) |
| _cons | 8.689*** (0.005) | 8.682*** (0.008) | 8.575*** (0.020) | 8.530*** (0.023) | 8.538*** (0.026) | 8.789*** (0.005) | 8.785*** (0.008) | 8.617*** (0.020) | 8.593*** (0.022) | 8.600*** (0.025) |
| 地区控制变量 | 未控制 | 已控制 | 已控制 | 已控制 | 已控制 | 未控制 | 已控制 | 已控制 | 已控制 | 已控制 |
| N | 2 676 | 2 676 | 2 676 | 2 676 | 2 676 | 2 676 | 2 676 | 2 676 | 2 676 | 2 676 |

注：括号外的数字为估计系数，括号内的数字为该系数下的标准差；*、**、*** 分别代表 10%、5%、1% 显著性。

**表 4-6 分配制度偏离对普通成员增收影响的稳健性检验——有序 Probit 模型的估计结果**

|  | (1) income1 | (2) income1 | (3) income1 | (4) income1 | (5) income1 | (6) income1 | (7) income1 | (8) income1 | (9) income1 | (10) income1 |
|---|---|---|---|---|---|---|---|---|---|---|
| dev | 0.757*** (0.043) | 0.759*** (0.043) | 0.538*** (0.047) | 0.509*** (0.047) | 0.456*** (0.053) | — | — | — | — | — |
| stdtrade | — | — | — | — | — | -0.553*** (0.019) | -0.554*** (0.019) | -0.499*** (0.022) | -0.505*** (0.023) | -0.487*** (0.026) |
| stdtrade$_2$ | — | — | — | — | — | -0.324*** (0.022) | -0.324*** (0.022) | -0.309*** (0.025) | -0.332*** (0.026) | -0.342*** (0.026) |

**分配制度偏离、普通成员行为与合作社益农性**

(续表)

| | (1) income1 | (2) income1 | (3) income1 | (4) income1 | (5) income1 | (6) income1 | (7) income1 | (8) income1 | (9) income1 | (10) income1 |
|---|---|---|---|---|---|---|---|---|---|---|
| age | — | — | -0.009* | -0.009* | -0.008* | — | — | -0.003 | -0.003 | -0.002 |
| | — | — | (0.004) | (0.004) | (0.004) | — | — | (0.004) | (0.004) | (0.004) |
| land | — | — | 0.012*** | 0.012*** | 0.012*** | — | — | 0.013*** | 0.012*** | 0.012*** |
| | — | — | (0.001) | (0.001) | (0.001) | — | — | (0.001) | (0.001) | (0.001) |
| edu | — | — | -0.007 | -0.001 | -0.008 | — | — | 0.001 | 0.002 | -0.007 |
| | — | — | (0.004) | (0.005) | (0.005) | — | — | (0.004) | (0.005) | (0.005) |
| train | — | — | 0.398*** | 0.398*** | 0.390*** | — | — | 0.359*** | 0.324*** | 0.319*** |
| | — | — | (0.065) | (0.066) | (0.067) | — | — | (0.065) | (0.067) | (0.067) |
| work | — | — | 0.072* | 0.078* | 0.041 | — | — | -0.018 | -0.077* | -0.117** |
| | — | — | (0.030) | (0.032) | (0.033) | — | — | (0.031) | (0.035) | (0.036) |
| party | — | — | 0.085 | 0.070 | 0.097* | — | — | 0.065 | 0.058 | 0.093 |
| | — | — | (0.047) | (0.048) | (0.049) | — | — | (0.047) | (0.049) | (0.050) |
| social | — | — | 0.058 | 0.084* | 0.061 | — | — | 0.017 | 0.029 | 0.058 |
| | — | — | (0.042) | (0.043) | (0.044) | — | — | (0.044) | (0.045) | (0.046) |
| product | — | — | — | -0.003 | -0.028 | — | — | — | 0.180** | 0.154** |
| | — | — | — | (0.053) | (0.054) | — | — | — | (0.056) | (0.057) |
| brand | — | — | — | 0.204*** | 0.199*** | — | — | — | 0.030 | 0.027 |
| | — | — | — | (0.045) | (0.045) | — | — | — | (0.046) | (0.046) |

第4章 分配制度偏离对普通成员增收的影响

(续表)

| 变量 | (1) income1 | (2) income1 | (3) income1 | (4) income1 | (5) income1 | (6) income1 | (7) income1 | (8) income1 | (9) income1 | (10) income1 |
|---|---|---|---|---|---|---|---|---|---|---|
| alien | — | — | — | 0.073 (0.059) | 0.087 (0.060) | — | — | — | 0.012 (0.059) | 0.021 (0.060) |
| sale | — | — | — | −0.043 (0.046) | −0.037 (0.046) | — | — | — | 0.016 (0.046) | 0.018 (0.047) |
| subsidy | — | — | — | 0.000 (0.001) | −0.000 (0.001) | — | — | — | 0.001 (0.001) | 0.000 (0.001) |
| loan | — | — | — | 0.002** (0.001) | 0.002* (0.001) | — | — | — | 0.002* (0.001) | 0.002* (0.001) |
| number | — | — | — | 0.001*** (0.000) | 0.001*** (0.000) | — | — | — | 0.002*** (0.000) | 0.002*** (0.000) |
| distance | — | — | — | — | −0.001 (0.002) | — | — | — | — | −0.001 (0.002) |
| bank | — | — | — | — | −0.018*** (0.005) | — | — | — | — | −0.017*** (0.005) |
| way | — | — | — | — | 0.030** (0.010) | — | — | — | — | 0.039*** (0.010) |
| 地区控制变量 | 未控制 | 已控制 | 已控制 | 已控制 | 已控制 | 未控制 | 已控制 | 已控制 | 已控制 | 已控制 |
| N | 2 676 | 2 676 | 2 676 | 2 676 | 2 676 | 2 676 | 2 676 | 2 676 | 2 676 | 2 676 |

注：括号外的数字为估计系数，括号内的数字为该系数下的标准差；*、**、***分别代表10%、5%、1%显著性。

**分配制度偏离、普通成员行为与合作社益农性**

模较高普通成员的收入。从估计系数的比较看,说明分配制度偏离对高经营规模普通成员的增收效应要强于低经营规模普通成员。可能的原因在于,高土地经营规模的普通成员往往是农业专业户(郜亮亮 等,2020),能够相较于低规模普通成员获得更多的收入。根据模型(3)和模型(4),高规模组样本中交易量分配比例的倒"U"形拐点值为32.27%,低规模组样本中交易量分配比例的倒"U"形拐点值为14.63%。由于土地经营规模较大的普通成员能够提供较多的交易量,因而具有较强的谈判实力(周振和孔祥智,2015),进而能够获得更高的交易量分配比例。

合作社成员除了在同区域之间存在着经营规模的差异,也存在着不同区域之间的差异。那么,不同经济发展水平的区域,分配制度偏离对普通成员增收是否存在差异?表4-8汇报了在不同区域情景下的估计结果。在表4-8中,不同区域的普通成员在模型(1)至模型(4)的估计系数均为正,且均通过了1%水平下显著性水平检验,说明分配制度发生偏离的合作社能够正向影响普通成员的收入这一结论适用于全国四大不同地区。从合作社增收效果看,不同地区的普通成员在模型(5)至模型(8)的估计系数均为正,且均通过了1%水平下显著性水平检验,与模型(5)至模型(8)模型的结论相一致,二者均呈现显著的正向影响。从估计系数的比较看,说明东部普通成员的增收效应要强于中部、西部和东北部地区的普通成员。东部地区经济发展程度较高,就业和创业机会往往较多,成员通过向合作社出资能够获得更多的分红,也能够通过接纳合作社提供的产品和服务,将更多的时间用在非农产业,能够实现更高的收入。从交易量分配比例看,东部、中部、西部东北地区交易量分配比例倒"U"形的拐点值分别为26.84%、35.05%、32.30%与32.33%。东部地区的交易量分配比例明显低于其他地区。可能的原因在于,东部地区经济发展程度更高,市场化的理念也更加深入人心,成员也更加容易接受按股分红的分配方案。

**表4-7 分配制度偏离对普通成员增收影响的异质性分析——经营规模异质性**

| | (1)<br>高规模 | (2)<br>低规模 | (3)<br>高规模 | (4)<br>低规模 |
|---|---|---|---|---|
| dev | 0.099*** | 0.042*** | — | — |
| | (0.007) | (0.009) | — | — |

# 第4章 分配制度偏离对普通成员增收的影响

（续表）

| | （1）高规模 | （2）低规模 | （3）高规模 | （4）低规模 |
|---|---|---|---|---|
| stdtrade | — | — | -0.049*** | -0.050*** |
| | — | — | (0.004) | (0.005) |
| $stdtrade_2$ | — | — | -0.052*** | -0.021*** |
| | — | — | (0.003) | (0.004) |
| age | 0.002*** | -0.001* | 0.002*** | -0.001 |
| | (0.000) | (0.001) | (0.000) | (0.001) |
| edu | 0.000 | -0.001 | 0.000 | -0.001 |
| | (0.001) | (0.001) | (0.001) | (0.001) |
| train | 0.015 | 0.054** | 0.008 | 0.041* |
| | (0.009) | (0.017) | (0.008) | (0.017) |
| work | 0.032*** | -0.004 | 0.005 | -0.010 |
| | (0.005) | (0.011) | (0.005) | (0.011) |
| party | 0.022** | 0.036* | 0.036*** | 0.029* |
| | (0.008) | (0.015) | (0.008) | (0.014) |
| social | 0.019** | 0.029** | 0.012* | 0.021* |
| | (0.006) | (0.009) | (0.006) | (0.009) |
| product | -0.029*** | 0.063*** | 0.001 | 0.074*** |
| | (0.007) | (0.012) | (0.007) | (0.011) |
| brand | 0.022*** | -0.010 | -0.007 | -0.027** |
| | (0.006) | (0.008) | (0.006) | (0.008) |
| alien | 0.020* | -0.032** | 0.014 | -0.039*** |
| | (0.008) | (0.011) | (0.008) | (0.011) |
| sale | 0.003 | 0.015 | 0.009 | 0.019* |
| | (0.006) | (0.009) | (0.006) | (0.008) |
| subsidy | -0.000 | -0.000 | -0.000 | -0.000 |
| | (0.000) | (0.000) | (0.000) | (0.000) |
| loan | 0.000* | -0.000 | 0.000* | -0.000 |
| | (0.000) | (0.000) | (0.000) | (0.000) |

**分配制度偏离、普通成员行为与合作社益农性**

（续表）

|  | (1)<br>高规模 | (2)<br>低规模 | (3)<br>高规模 | (4)<br>低规模 |
|---|---|---|---|---|
| number | 0.000** | 0.001*** | 0.000*** | 0.001*** |
|  | (0.000) | (0.000) | (0.000) | (0.000) |
| distance | −0.001** | −0.000 | −0.000* | −0.000 |
|  | (0.000) | (0.000) | (0.000) | (0.000) |
| bank | 0.002* | −0.003** | −0.000 | −0.002 |
|  | (0.001) | (0.001) | (0.001) | (0.001) |
| way | 0.005*** | 0.005 | 0.004** | 0.004 |
|  | (0.002) | (0.003) | (0.002) | (0.003) |
| _cons | 8.655*** | 8.660*** | 8.777*** | 8.673*** |
|  | (0.027) | (0.041) | (0.026) | (0.040) |
| 地区控制变量 | 已控制 | 已控制 | 已控制 | 已控制 |
| N | 1 058 | 1 618 | 1 058 | 1 618 |
| $R^2$ | 0.367 | 0.276 | 0.449 | 0.315 |

注：括号外的数字为估计系数，括号内的数字为该系数下的标准差；*、**、*** 分别代表 10%、5%、1% 显著性。

**表 4-8  分配制度偏离对普通成员增收影响的异质性分析——区域异质性**

|  | (1)<br>东部地区<br>Lnincome | (2)<br>西部地区<br>Lnincome | (3)<br>中部地区<br>Lnincome | (4)<br>东北地区<br>Lnincome | (5)<br>东部地区<br>Lnincome | (6)<br>西部地区<br>Lnincome | (7)<br>中部地区<br>Lnincome | (8)<br>东北地区<br>Lnincome |
|---|---|---|---|---|---|---|---|---|
| dev | 0.089*** | 0.064*** | 0.046*** | 0.053*** | — | — | — | — |
|  | (0.014) | (0.012) | (0.012) | (0.013) |  |  |  |  |
| stdtrade | — | — | — | — | −0.072*** | −0.048*** | −0.047*** | −0.045*** |
|  |  |  |  |  | (0.007) | (0.006) | (0.007) | (0.007) |
| $stdtrade_2$ | — | — | — | — | −0.040*** | −0.033*** | −0.036*** | −0.031*** |
|  |  |  |  |  | (0.006) | (0.006) | (0.006) | (0.006) |
| age | −0.002 | 0.000 | 0.001 | −0.001 | −0.000 | 0.001 | 0.002 | −0.000 |
|  | (0.001) | (0.001) | (0.001) | (0.001) | (0.001) | (0.001) | (0.001) | (0.001) |
| land | 0.003*** | 0.003*** | 0.003*** | 0.003*** | 0.003*** | 0.003*** | 0.003*** | 0.003*** |
|  | (0.000) | (0.000) | (0.000) | (0.000) | (0.000) | (0.000) | (0.000) | (0.000) |

第4章　分配制度偏离对普通成员增收的影响

（续表）

|  | (1)<br>东部地区<br>Lnincome | (2)<br>西部地区<br>Lnincome | (3)<br>中部地区<br>Lnincome | (4)<br>东北地区<br>Lnincome | (5)<br>东部地区<br>Lnincome | (6)<br>西部地区<br>Lnincome | (7)<br>中部地区<br>Lnincome | (8)<br>东北地区<br>Lnincome |
|---|---|---|---|---|---|---|---|---|
| edu | -0.003<br>(0.002) | 0.000<br>(0.001) | 0.002<br>(0.001) | 0.001<br>(0.002) | -0.003*<br>(0.002) | 0.001<br>(0.001) | 0.003<br>(0.001) | 0.001<br>(0.002) |
| train | 0.031<br>(0.020) | 0.054**<br>(0.019) | 0.046*<br>(0.019) | 0.028<br>(0.020) | 0.023<br>(0.019) | 0.043*<br>(0.019) | 0.031<br>(0.018) | 0.021<br>(0.020) |
| work | 0.026*<br>(0.010) | 0.014<br>(0.011) | 0.015<br>(0.011) | 0.021<br>(0.011) | 0.007<br>(0.010) | 0.002<br>(0.011) | -0.001<br>(0.011) | 0.005<br>(0.011) |
| party | 0.042*<br>(0.020) | 0.014<br>(0.015) | 0.007<br>(0.017) | 0.020<br>(0.019) | 0.043*<br>(0.018) | 0.017<br>(0.015) | 0.010<br>(0.016) | 0.020<br>(0.018) |
| social | 0.015<br>(0.012) | 0.020<br>(0.010) | 0.010<br>(0.012) | 0.032*<br>(0.012) | 0.003<br>(0.011) | 0.008<br>(0.010) | 0.002<br>(0.011) | 0.022<br>(0.012) |
| product | 0.008<br>(0.015) | 0.032*<br>(0.014) | 0.012<br>(0.014) | 0.004<br>(0.016) | 0.030*<br>(0.014) | 0.045***<br>(0.013) | 0.028*<br>(0.014) | 0.025<br>(0.016) |
| brand | 0.029*<br>(0.011) | -0.022<br>(0.011) | -0.017<br>(0.012) | 0.018<br>(0.012) | 0.001<br>(0.011) | -0.036**<br>(0.011) | -0.034**<br>(0.011) | -0.002<br>(0.012) |
| alien | -0.029*<br>(0.014) | -0.007<br>(0.015) | -0.003<br>(0.016) | -0.023<br>(0.017) | -0.050***<br>(0.013) | -0.009<br>(0.014) | -0.006<br>(0.015) | -0.024<br>(0.017) |
| sale | -0.019<br>(0.011) | 0.030**<br>(0.011) | 0.022<br>(0.012) | 0.009<br>(0.012) | -0.013<br>(0.010) | 0.032**<br>(0.011) | 0.027*<br>(0.011) | 0.015<br>(0.012) |
| subsidy | -0.000<br>(0.000) | -0.000<br>(0.000) | -0.000<br>(0.000) | -0.000<br>(0.000) | -0.000<br>(0.000) | -0.000<br>(0.000) | -0.000<br>(0.000) | -0.000<br>(0.000) |
| loan | -0.000<br>(0.000) | -0.000<br>(0.000) | 0.000<br>(0.000) | 0.001**<br>(0.000) | 0.000<br>(0.000) | -0.000<br>(0.000) | 0.000<br>(0.000) | 0.001*<br>(0.000) |
| number | 0.001***<br>(0.000) | 0.000***<br>(0.000) | 0.000<br>(0.000) | 0.001***<br>(0.000) | 0.001***<br>(0.000) | 0.000***<br>(0.000) | 0.000<br>(0.000) | 0.001***<br>(0.000) |
| distance | 0.001<br>(0.000) | -0.000<br>(0.000) | -0.001**<br>(0.000) | 0.000<br>(0.001) | 0.001<br>(0.000) | -0.000<br>(0.000) | -0.001*<br>(0.000) | 0.000<br>(0.001) |
| bank | 0.000<br>(0.001) | 0.000<br>(0.001) | -0.001<br>(0.001) | -0.001<br>(0.001) | 0.001<br>(0.001) | 0.000<br>(0.001) | -0.002<br>(0.001) | -0.001<br>(0.001) |

（续表）

| | （1）东部地区 Lnincome | （2）西部地区 Lnincome | （3）中部地区 Lnincome | （4）东北地区 Lnincome | （5）东部地区 Lnincome | （6）西部地区 Lnincome | （7）中部地区 Lnincome | （8）东北地区 Lnincome |
|---|---|---|---|---|---|---|---|---|
| way | 0.010* | 0.001 | -0.004 | -0.000 | 0.011** | 0.001 | -0.002 | -0.001 |
| | (0.004) | (0.003) | (0.003) | (0.004) | (0.004) | (0.003) | (0.003) | (0.004) |
| _cons | 8.538*** | 8.524*** | 8.584*** | 8.505*** | 8.578*** | 8.583*** | 8.629*** | 8.570*** |
| | (0.053) | (0.050) | (0.050) | (0.052) | (0.050) | (0.049) | (0.049) | (0.053) |
| 地区控制变量 | 已控制 | 已控制 | 已控制 | 已控制 | 已控制 | 已控制 | 已控制 | 已控制 |
| N | 656 | 681 | 663 | 676 | 656 | 681 | 663 | 676 |
| $R^2$ | 0.527 | 0.493 | 0.464 | 0.511 | 0.592 | 0.525 | 0.505 | 0.539 |

注：括号外的数字为估计系数，括号内的数字为该系数下的标准差；*、**、***分别代表10%、5%、1%显著性。

### 4.3.5 作用机制分析

第3章的理论分析已经表明了合作社分配制度偏离影响普通成员增收的背后机制是分配制度偏离会影响到普通成员的出资与生产合作两方面行为，进而影响普通成员的收入。本书通过实证方式证实上述研究假说。按照分配制度偏离影响普通成员增收的逻辑，从普通成员出资与生产合作两种行为构建作用机制，估计两种行为对分配偏离影响普通成员生产合作行为的中介作用效果。其中，分配制度偏离影响普通成员增收的研究已经得到证明，以下主要对中介效应进行检验。

从普通成员出资行为看，表4-9中的模型（1）至模型（3）表明普通成员出资行为的中介效应。模型（1）显示分配制度偏离对普通成员出资这一中介变量产生显著的正向影响。进一步，将成员出资中介变量加入解释变量的模型（3）显示，分配制度偏离依旧对普通成员收入的正向影响显著，并且中介变量也同时显著。从普通成员生产合作行为看，表4-9中的模型（4）至模型（6）表明普通成员生产合作行为的中介效应。模型（4）显示分配制度偏离对普通成员生产合作行为这一中介变量产生显著的正向影响。将普通成员生产合作行为中介变量加入解释变量的模型（6）显示，分配制度偏离依旧对普通成员收入的正向影响显著，并且中介变量也同时显著。普通成员出资与生产合作行为的中介效应占总效应的

# 第 4 章 分配制度偏离对普通成员增收的影响

比例分别为 17.43% 和 42.77%。假说 1 全部得证。

表 4-9 分配制度偏离对普通成员增收的影响：基于中介效应的检验

| | (1) invest | (2) Lnincome | (3) Lnincome | (4) service | (5) Lnincome | (6) Lnincome |
|---|---|---|---|---|---|---|
| invest | — | — | 0.006*** | — | — | — |
|  | — | — | (0.001) | — | — | — |
| service | — | — | — | — | — | 0.333*** |
|  | — | — | — | — | — | (0.010) |
| dev | 1.629*** | 0.058*** | 0.048*** | 0.075*** | 0.058*** | 0.033*** |
|  | (0.203) | (0.006) | (0.006) | (0.011) | (0.006) | (0.005) |
| age | 0.058*** | -0.000 | -0.001 | -0.002** | -0.000 | 0.000 |
|  | (0.014) | (0.000) | (0.000) | (0.001) | (0.000) | (0.000) |
| land | 0.055*** | 0.003*** | 0.003*** | 0.002*** | 0.003*** | 0.003*** |
|  | (0.003) | (0.000) | (0.000) | (0.000) | (0.000) | (0.000) |
| edu | -0.100*** | 0.000 | 0.001 | -0.006*** | 0.000 | 0.002*** |
|  | (0.024) | (0.001) | (0.001) | (0.001) | (0.001) | (0.001) |
| train | 0.889** | 0.036*** | 0.031** | 0.057*** | 0.036*** | 0.017* |
|  | (0.308) | (0.010) | (0.010) | (0.016) | (0.010) | (0.008) |
| work | 0.717*** | 0.021*** | 0.016** | 0.040*** | 0.021*** | 0.007 |
|  | (0.170) | (0.005) | (0.005) | (0.009) | (0.005) | (0.005) |
| party | 1.668*** | 0.024** | 0.014 | -0.045** | 0.024** | 0.039*** |
|  | (0.273) | (0.009) | (0.009) | (0.014) | (0.009) | (0.007) |
| social | 1.275*** | 0.022*** | 0.014* | 0.002 | 0.022*** | 0.023*** |
|  | (0.181) | (0.006) | (0.006) | (0.009) | (0.006) | (0.005) |
| product | -0.476* | 0.015* | 0.018* | -0.004 | 0.015* | 0.016** |
|  | (0.228) | (0.007) | (0.007) | (0.012) | (0.007) | (0.006) |
| brand | 0.166 | 0.003 | 0.002 | 0.032** | 0.003 | -0.007 |
|  | (0.184) | (0.006) | (0.006) | (0.010) | (0.006) | (0.005) |
| alien | 0.924*** | -0.014 | -0.020** | -0.018 | -0.014 | -0.008 |
|  | (0.239) | (0.008) | (0.007) | (0.013) | (0.008) | (0.006) |

(续表)

|  | (1) invest | (2) Lnincome | (3) Lnincome | (4) service | (5) Lnincome | (6) Lnincome |
| --- | --- | --- | --- | --- | --- | --- |
| sale | 0.335 | 0.008 | 0.006 | -0.006 | 0.008 | 0.010* |
|  | (0.182) | (0.006) | (0.006) | (0.010) | (0.006) | (0.005) |
| subsidy | -0.001 | -0.000* | -0.000* | -0.001*** | -0.000* | -0.000 |
|  | (0.003) | (0.000) | (0.000) | (0.000) | (0.000) | (0.000) |
| loan | 0.005 | 0.000 | 0.000 | 0.001*** | 0.000 | -0.000 |
|  | (0.003) | (0.000) | (0.000) | (0.000) | (0.000) | (0.000) |
| number | 0.010*** | 0.001*** | 0.000*** | 0.000 | 0.001*** | 0.000*** |
|  | (0.002) | (0.000) | (0.000) | (0.000) | (0.000) | (0.000) |
| distance | -0.045*** | -0.000 | 0.000 | 0.000 | -0.000 | -0.000 |
|  | (0.007) | (0.000) | (0.000) | (0.000) | (0.000) | (0.000) |
| bank | -0.138*** | -0.001 | 0.000 | 0.005*** | -0.001 | -0.002*** |
|  | (0.020) | (0.001) | (0.001) | (0.001) | (0.001) | (0.001) |
| way | 0.148** | 0.002 | 0.001 | 0.004 | 0.002 | 0.000 |
|  | (0.054) | (0.002) | (0.002) | (0.003) | (0.002) | (0.001) |
| _cons | -2.672** | 8.538*** | 8.555*** | 0.012 | 8.538*** | 8.534*** |
|  | (0.814) | (0.026) | (0.025) | (0.043) | (0.026) | (0.022) |
| 地区控制变量 | 已控制 | 已控制 | 已控制 | 已控制 | 已控制 | 已控制 |
| 中介效应/总效应 |  | 17.43% |  |  | 42.77% |  |
| N | 2 676 | 2 676 | 2 676 | 2 676 | 2 676 | 2 676 |
| $R^2$ | 0.411 | 0.479 | 0.500 | 0.125 | 0.479 | 0.636 |

注：无括号的数字为估计系数，括号内的数字为该系数下的标准差；*、**、***分别代表10%、5%、1%显著性。

## 4.4 本章小结

已有的研究多认为，由于合作社存在着精英俘获的问题（邢成举和李小云，2013），会导致盈余分配偏离能够损害弱小成员利益（Banerjee et al.，2013），无法保障内部成员经济利益上的公平，从而不利于成员增

## 第4章 分配制度偏离对普通成员增收的影响

收（任大鹏 等，2013）。通过按交易量分配的盈余分配制度能够有效促进普通成员增收（齐林和朱青，2013）。因此，目前大部分合作社缺少科学合理的盈余分配制度（郑鹏和李崇光，2012），助农增收成效极为有限（卢新国，2009）。从常识看，分配制度偏离是资本获取的更多的盈余分配比例，而交易量分配比例有所降低，因此普通成员的应得分红受到了核心成员的"盘剥"。但通过本书得到了与先前研究与常识不一致的结论。本书从《农民专业合作社法》的角度出发，探究分配制度偏离对合作社普通成员增收的影响，结合课题组对全国典型合作社的调查数据，运用回归分析模型与中介效应模型检验方法，系统考察分配制度偏离对普通成员增收的影响及其作用机制。研究结果表明，一是就提高普通成员的收入而言，最优的交易量分配比例小于60%，即偏离于《农民专业合作社法》的规定。分配制度偏离《农民专业合作社法》规定的合作社，往往更接近于激励相容的制度安排，更能够正向影响普通成员增收。进一步，交易量分配比例对普通成员增收存在着倒"U"形的影响，即适宜的交易量分配比例正向影响普通成员增收的作用效果最强，倒"U"形的拐点值为33.86%。二是分配制度偏离通过影响普通成员出资与生产合作两种行为影响其增收。其中，分配制度发生偏离的合作社，是一种帕累托改进式的激励相容制度，往往越能够正向影响成员出资行为，进而正向影响普通成员收入；同样的，分配制度发生偏离的合作社，更加趋近于激励相容的制度安排，更能够正向影响普通成员的生产合作行为，进而正向影响其增收。三是分配制度偏离对普通成员增收的影响存在着地区与经营规模异质性。经营土地规模越多的农户，往往农业兼业化程度越低，是典型的职业农民，那么其越倾向于向合作社出资或通过合作社销售产品与获得服务，进而正向影响普通成员的收入。高规模组和低规模组样本中交易量分配比例的拐点值分别为32.27%和14.63%。相较于中部、西部和东北部地区，东部地区分配制度偏离对普通成员收入的影响程度往往更高。东部、中部、西部、东北部地区交易量分配比例的拐点值分别为26.84%、35.05%、32.30%与32.33%。

# 第5章 分配制度偏离对普通成员出资行为的影响

## 5.1 引言

我国政府高度重视合作社对小农户的带动作用，鼓励农户向合作社出资。2007年，全国合作社出资总额仅有0.03万亿元，2016年达到4.1万亿元，年均增速达到63.5%，增长了16.67倍。成员出资增长率却由2008年的200%降至2016年的26.93%，呈现明显的疲软态势，如图5-1所示。尽管社均出资额由2008年的81.15万元增至2016年的228.54万元，但增长率却由2009年的25.02%下降至2016年的8.33%，总体看增速明显下滑，如图5-2所示。因此，我国成员出资已经进入了明显的瓶颈期。现实中加入合作社的多数普通成员仅仅是为了获取产品与服务（孔祥智 等，2014），因而并不会对合作社出资（应瑞瑶，2002）。如何让更多的普通成员出资是目前合作社理论界和实践界面临的重要难题。

从当前的合作社发展现状看，资本过度集中于核心成员（温铁军，2013），而小农户或普通成员以出资的方式加入合作社能够缓解资本过度集中于核心成员的现象，对合作社健康发展具有重要意义。同时，我们需要清醒地认识到，我国合作社在分配制度上已经普遍偏离合作社法的规定（任大鹏 等，2013）。尽管这一问题受到了大量学者的诟病，但凡事存在必然有其合理性。由于《农民专业合作社法》并没有规定成员加入合作社时必须要进行出资，合作社成员面临着出资的决策，而大多数普通成员加入合作社仅仅是为了享受服务并没有出资，更谈不上是合作社的所有者，长此以往导致合作社所有权发生了偏离。因此，普通成员出资对合作社健康发展至关重要（孔祥智，2010），不出资的成员可能仅仅是为了享受合作社的价格优惠，并没有实际参与到合作社的经营中去（孔祥智 等，

## 第 5 章　分配制度偏离对普通成员出资行为的影响

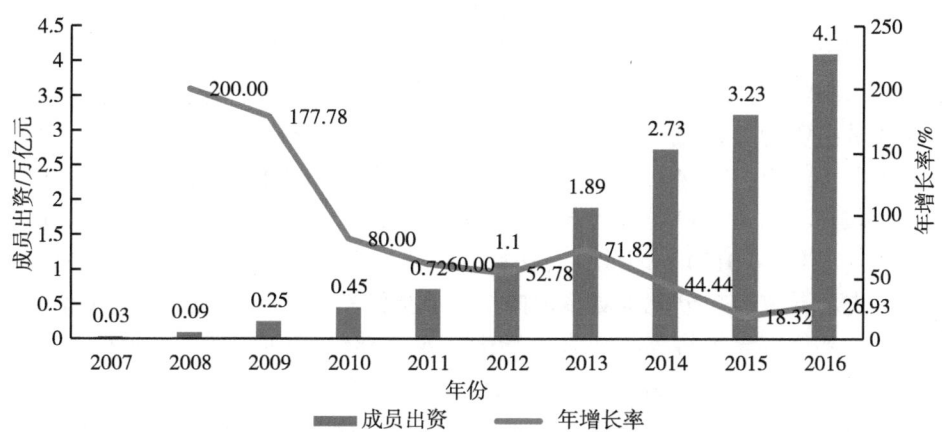

**图 5-1　我国合作社成员出资总额**

（数据来源：历年工商总局统计报告）

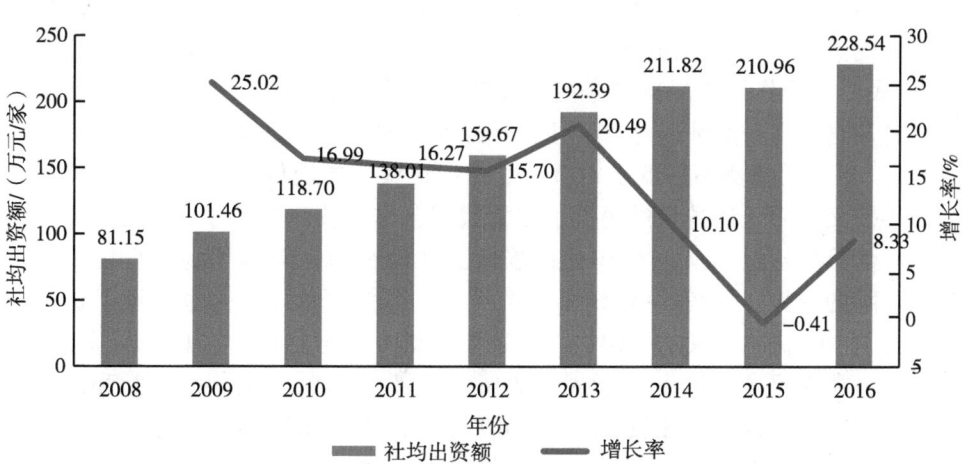

**图 5-2　我国合作社社均出资情况**

（数据来源：根据历年工商总局统计报告与《农村经营管理统计年报》整理）

2014）。因此，鼓励普通成员以实际出资的形式加入合作社是增强合作社利益联结机制，实现小农户与现代农业发展有机衔接的重要途径。

合作社是由农民自发成立的合作经济组织，其生存与发展是全体成员一致的目标与追求。但是合作社在发展过程中，由于资源禀赋不尽相同，出现了成员分层现象，即普通成员与核心成员并存（颜华和冯婷，

2015)。合作社的核心成员由于出资份额较高,掌握着合作社的剩余索取权和剩余控制权,而普通成员的利益会因此时常受到侵占(马彦丽 等,2008;崔宝玉,2011)。因此,如何正确处理好合作社内部核心成员与普通成员出资的关系至关重要。成员异质性是我国合作社的重要特征(黄胜忠和伏红勇,2014),我国约有90%的合作社由乡村能人领办①,其中兼业农户与经营大户居多(赵晓峰 等,2012),管理和决策由核心成员所控制(梁巧,2015)。因此,合作社的各项生产要素大多由核心成员所提供,进而导致盈余分配也更多地向核心成员倾斜,导致出现分配制度偏离现象,甚至有学者将其归纳为"泛化"或"异化"(应瑞瑶,2002;马彦丽 等,2013;冯小,2014;梁巧 等,2015;张益丰 等,2020)。

  盈余分配制度是合作社的重要制度安排。合作社是一种由农民自主管理的互助组织,具有的得天独厚的民主特性。合作社在资本和交易量等生产要素的分配问题上,通过核心成员与普通成员之间的博弈达到了一种激励相容的制度安排(王图展,2017)。盈余分配制度是《农民专业合作社法》的重要内容,该法律共74条,其中有10条提到了盈余分配制度。《农民专业合作社法》第四条指出盈余主要按照成员与农民专业合作社的交易量(额)比例返还,第四十四条又规定可分配盈余按交易量(额)返还的比例不得低于60%,足以彰显其重要地位。反观我国合作社历年按交易额返还盈余的情况,尽管我国合作社按照交易量返还盈余与按交易量分配超过60%的合作社在数量上是增长的,但其比例却呈现出逐渐下降的趋势,如图5-3和图5-4所示。当前学者的研究也印证了这一事实(应瑞瑶,2002,2017;周春芳,2010;孙亚范,2011;吴金红,2015;娄锋 等,2016;王图展,2016;苑鹏,2018)。近年来,党和国家高度重视合作社规范化发展。自2017年起,农业农村部等部门发布《关于引导和促进农民合作社规范发展的意见》等一系列措施,旨在提高合作社的规范化。但按交易量分配超过60%的合作社比例仍然呈现出不断下降的趋势,这说明地方政府尽管在着力推进规范化建设时,却选择性地忽视了分配制度偏离这一"不规范"问题。换言之,偏离《农民专业合作社法》规定的分配制度在当前来看或许是一种激励相容的制度安排。那么,在分配制度普遍偏离的大背景下,究竟这种"不规范"的制度是

---

① 数据来源于农业农村部公布的历年《农村经营管理统计年报》。

## 第5章 分配制度偏离对普通成员出资行为的影响

否符合普通成员的利益诉求，进而影响其参与合作社的行为？Fulton（1999）曾指出，成员同质性较强时，成员越倾向于同合作社进行合作。那么，在我国合作社成员异质性较强的大背景下（张晓山，2009；周应恒 等，2016；陈义媛，2016），分配制度偏离一定会抑制普通成员的出资行为吗？是否一定会遭遇"大农吃小农"的困境（温铁军，2013）？是否会出现"大农帮助小农"的帕累托改进（Wanyama，2008）？

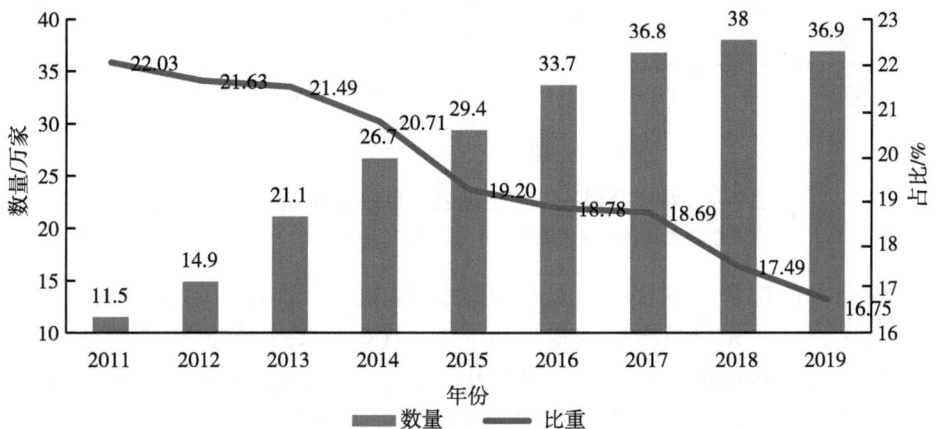

**图 5-3　按交易额返还盈余的合作社数量与占比**
（数据来源：历年《农村经营管理统计年报》）

尽管学界对包括分配制度在内的合作社本质规定性问题展开了广泛而深入的研究，并对大多数合作社并不符合《农民专业合作社法》的要求这一点达成了基本的共识，但对其优劣性问题依旧未能找到答案。另外，学界对普通成员出资较少的问题达成了基本的共识，也普遍认为普通成员出资是增强合作社利益联结机制的重要途径，但如何让更多普通成员出资也并没有找到答案。尤其是，当前分配制度偏离的具体情景下，这种偏离对普通成员出资究竟是利还是弊，尚未有学者就该问题展开研究。尽管有研究指出，经济效益较好的异化合作社可能会起错误的示范作用，影响今后合作社发展的方向（马彦丽，2013），但是真实情景是否真的如此？上述研究的一个共同特点是以案例或理论分析为主，尚未有学者基于大样本调查进行计量分析。这些研究往往忽视了当前合作社发展过程中的关键性问题：尽管国家对合作社的规范化程度要求逐

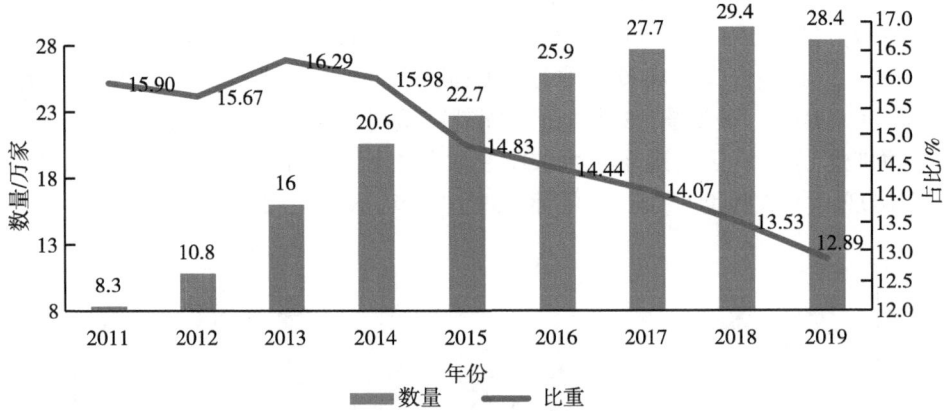

图 5-4　按交易量 60% 以上返还盈余的合作社数量与占比

（数据来源：数据来源于历年《农村经营管理统计年报》）

渐提高，但符合《农民专业合作社法》规定的合作社比例却逐渐降低。换言之，从普通成员出资的角度看，"不规范"的分配制度是否有其存在的必然性和合理性？进而本书提出问题：分配制度偏离是否影响普通成员的出资行为？如果能够影响，又存在着何种影响机制？如果能，或许我们更应该"容忍"分配制度偏离这一问题。

## 5.2 研究设计

### 5.2.1 模型构建

（1）OLS 模型

鉴于因变量是从成员层面的连续变量，为了尽可能地获得一致性估计，采用 OLS 模型进行估计，构建了以合作社分配制度偏离为核心解释变量影响普通成员出资行为的线性函数模型（5-1）与非线性函数模型（5-2），具体设定模式如下所示。

$$\text{Invest}_i = \alpha_0 + \alpha_1 \text{Dev}_i + \sum_{i=1}^{n} \gamma_i C_i + \text{Area}_i + \varepsilon_i \quad (5\text{-}1)$$

$$\text{Invest}_i = \alpha_0 + \alpha_1 \text{Trade}_i + \alpha_2 \text{Trade}_i^2 + \sum_{i=1}^{n} \gamma_i C_i + \text{Area}_i + \varepsilon_i \quad (5\text{-}2)$$

## 第5章 分配制度偏离对普通成员出资行为的影响

其中，被解释变量 $\text{Invest}_i$ 代表第 $i$ 个普通成员新增出资额，以万元为单位。$C_i$ 和 $\gamma_i$ 分别表示影响普通成员出资额的因素及其估计系数，其中本书针对核心自变量采用以下两个指标衡量：第一，盈余分配制度偏离（是=1；否=0）；第二，按交易量分配比例，分别见于式（5-1）和式（5-2）。核心解释变量 $\text{Dev}_i$、$\text{Trade}_i$ 和 $\text{Trade}_i^2$ 分别为该合作社当期是否发生分配制度偏离、交易量分配比例及其平方①。另外，普通成员出资额这一变量的取值存在着受限的问题，因此本书选择 Tobit 模型进行进一步估计。然而，由于对变量分布的限制较为严苛，Tobit 模型不一定会优于 OLS 模型。因此，本书使用 OLS 模型与 Tobit 模型同时进行估计。

（2）工具变量估计

由于普通成员出资行为与分配制度偏离、交易量分配比例两大核心变量之间可能存在着内生性问题。具体来讲，我国合作社重要以异质性成员特征为主（黄胜忠 等，2009），资本往往过度集中于核心成员，那么核心成员的出资很有可能会增加盈余分配方案中资本分配的比例，进而影响分配制度偏离。

鉴于此，为了尽可能地降低内生性问题，本书分别采用工具变量模型探究分配制度偏离与普通成员出资行为二者之间可能存在着的内生性问题。分配制度偏离与普通成员出资行为二者之间存在内生性的问题，可能原因有以下两个方面。第一，遗漏变量。影响普通成员出资行为的因素有很多，因此可能存在遗漏变量的问题，回归过程中难以穷尽所有可能影响普通成员出资行为的因素，进而导致产生估计偏误；第二，互为因果。即分配制度偏离与普通成员出资之间存在相互影响的关系。新增出资额可能导致资本的话语权提高，进而可能会引起交易量分配比例降低，进而导致分配制度偏离。基于此，针对第一种可能导致的内生性原因，本书采用逐步回归、删除部分样本等的方式，通过判断估计系数的显著性和方向性变化来判断结果的稳健性。本书针对第二种由于互为因果导致的潜在内生性问题，一方面本书选取决策方式和股权分散度分别作为分配制度偏离与交易量分配比例的工具变量，原因在于合作社的股权分散程度与决策机制会

---

① 在第 t 期的盈余分配变量指的是对 t-1 期的盈余如何进行分配的，但由于合作社会计年度往往以自然年为单位，因此 t-1 期的盈余分配方案往往在 t 年初期做出，并影响 t 年成员的决策，因此本部分将第 t 年做出的盈余分配方案界定为 t 期的盈余分配指标。

影响合作社分配制度,但并不会影响普通成员出资。

(3) 中介机制模型

根据前文的理论分析,分配制度偏离通过自生能力、股利信号、股利代理三种效应影响普通成员出资行为。因此,采用如下变量分别度量自生能力、股利信号、股利代理三种效应:第一,本书采用"合作社成本利润率"来度量合作社自生能力效应,该指标由合作社结构化问卷中的合作社盈余总额与经营成本之比构成,以变量 $Profit_{it}$ 来表示。第二,采用"上一年度合作社年度出资回报率与前一年度出资回报率的差值(%)"来衡量股利信号效应,以变量 $Signal_i$ 来表示。具体来讲,本题目通过合作社年度资本分配额与年度出资总额之比求得资本回报率,再用上一年度合作社年度出资回报率减去前一年度出资回报率求得差值变量。第三,采用"上一年度所在合作社出资回报率(%)"来衡量股利代理效应,具体通过合作社年度资本分配额与年度出资总额之比求得资本回报率,以变量 $Agent_i$ 来表示。实证方法中,本书采用中介效应模型对研究假说进行估计。具体来说,以温忠麟等(2004)在 Baron and Kenny(1986)基础上建构的中介效应检验方法进行回归分析。

首先,以自生能力效应为例,模型设定如下:

$$Invest_i = \alpha_i + \alpha_3 Dev_i + \sum_{i=1}^{n} \gamma_i C_i + Area_i + \varepsilon_i \quad (5-3)$$

$$Invest_i = \alpha_i + \alpha_3 Dev_i + \sum_{i=1}^{n} \gamma_i C_i + Area_i + \varepsilon_i \quad (5-4)$$

$$Invest_i = \alpha_i + \alpha_4 Dev_i + \alpha_5 Profit_i + \sum \gamma_i C_i + Area_i + \varepsilon_i \quad (5-5)$$

其中,$Profit_{it}$ 表示第 i 个合作社的成本利润率,其他变量同上文所述。其次,股利信号效应的中介效应检验模型设定如下:

$$Signal_i = \alpha_i + \alpha_2 Dev_i + \sum_{i=1}^{n} \gamma_i C_i + Area_i + \varepsilon_i \quad (5-6)$$

$$Invest_i = \alpha_i + \alpha_3 Dev_i + \sum_{i=1}^{n} \gamma_i C_i + Area_i + \varepsilon_i \quad (5-7)$$

$$Invest_i = \alpha_i + \alpha_4 Dev_i + \alpha_5 Signal_i + \sum \gamma_i C_i + Area_i + \varepsilon_i \quad (5-8)$$

其中,$Signal_i$ 表示第 i 家合作社的资本回报率,其他变量同上文所述。最后,股利代理效应的中介效应检验模型设定如下:

$$Signal_i = \alpha_i + \alpha_2 Dev_i + \sum \gamma_i C_i + Area_i + \varepsilon_i \quad (5-9)$$

$$\text{Invest}_i = \alpha_i + \alpha_3 \text{Dev}_i + \sum \gamma_i C_i + \text{Area}_i + \varepsilon_i \qquad (5-10)$$

$$\text{Invest}_i = \alpha_i + \alpha_4 \text{Dev}_i + \alpha_5 \text{Signal}_i + \sum \gamma_i C_i + \text{Area}_i + \varepsilon_i \quad (5-11)$$

其中，$\text{Agent}_i$ 表示第 $i$ 家合作社的资本回报率，其他变量同上文所述。

## 5.2.2 指标选取与描述性统计

一是核心解释变量。根据《农民专业合作社法》第四十四条明确规定，可分配盈余按交易量（额）返还的比例不得低于60%，因此本书将合作社按照交易量分配比例不足60%界定为分配制度偏离。借鉴王图展（2016）的研究，若合作社的分配制度发生了偏离，则按交易量分配比例不符合《农民专业合作社法》的规定，变量取值为"1"，反之则为"0"。进一步，为研究分配制度偏离程度对普通成员行为与益农性的影响，因此本书还借鉴徐旭初（2010）、朱哲毅（2019）的研究，采用交易量分配比例来度量分配制度偏离程度。具体来讲，加入合作社完全按照出资额分配盈余，那么按交易额分配比重为0；如果合作社完全按照交易量分配盈余，那么按交易额分配比重为100%。

二是核心被解释变量。本书选择普通成员当年出资额为被解释变量（孙亚范，2012；邵科、徐旭初，2013），还选择其当年实际占有股权来进行稳健性检验（杨丹和刘自敏，2017）。原因主要有以下两点：第一，合作社分配制度"公平"与否会极大地影响普通成员是否向合作社出资、向合作社出资多少；第二，普通成员当年出自额是一个流量的概念，而普通成员的股权是一个存量的概念，因此通过调整变量的方式进行检验，能够估计结果的稳健性。

三是中介变量。首先是自生能力效应。借鉴王图展（2016）的研究，合作社分配制度偏离能够通过影响合作社的成本利润率进而影响合作社的增收能力，原因在于分配制度偏离可能是一种激励相容的制度安排，能够提高合作社的经济绩效，进一步提高合作社对普通成员的吸引力，进而正向影响普通成员出资。因此，本书采用成本利润率这一指标来衡量。其次是股利信号效应。根据 Fuller and Goldstein（2011）的研究，分配制度偏离能够通过形成激励相容的制度安排，增加普通成员所得到的出资或交易量分红，进而正向影响普通成员出资。因此，本章采用投资回报率增量这一变量来衡量。最后是股利代理效应。根据 Lang and Litzenberger（1989）的研究，分配制度偏离通过提高资本分红比例，降低普通成员的委托代理问题，进而正向影响普通成员出资。

四是控制变量。由于本书基于合作社层面的分配制度偏离对成员层面出资行为的影响，故在选取变量时有必要着重控制合作社和成员特征变量。首先，本书借鉴黄季焜和冀县卿（2012）、蔡荣（2012）、梁巧等（2014）与徐志刚等（2017）的研究，在成员特征层面选取年龄、土地规模、受教育程度、培训经历、工作经验、政治身份、社会网络七个变量为成员特征变量；其次，本书借鉴颜华和冯婷（2015）、王图展（2016）、韩旭东等（2020）及万博文（2022）的研究，在合作社特征层面选取标准化生产、品牌认证、非成员服务、销售方式、补贴额度、贷款情况、成员数量七个变量作为合作社特征变量。再次，本书还借鉴张洪振等（2020）与韩旭东等（2020）的研究，选取县城距离、金融环境、道路情况三个变量作为外部环境特征变量。最后，本书根据全国东中西部地区的划分，以控制空间特征。

主要变量设定和描述性统计结果如表 5-1 所示。

## 5.3 实证分析

### 5.3.1 基准回归

分配制度偏离与交易量分配比例对普通成员出资影响的估计结果如表 5-2 所示。模型（1）至模型（5）展示了以分配制度偏离作为核心自变量的逐步回归估计结果。进一步，本书还将探究何种盈余分配比例最能够促进普通成员出资行为。因此，本书进一步将交易量分配比例作为核心自变量，并纳入交易量分配比例的一次项与二次项放入回归方程，以验证其可能存在的倒"U"形关系。表 5-2 中的模型（6）至模型（10）为以交易量分配比例的一次项与二次项作为核心解释变量的逐步回归估计结果。模型（1）至模型（5）展示了以分配制度偏离作为核心自变量的 OLS 模型估计结果，模型（2）至模型（4）进一步添加了地区、成员特征、合作社特征三类变量后，估计结果依旧正向且显著。模型（5）进一步控制了外部环境变量，结果仍然显著。可以得出结论，分配制度偏离能够正向

第 5 章　分配制度偏离对普通成员出资行为的影响

表 5-1　各变量含义与描述性统计

| 变量类别 | 变量名 | | 变量说明 | Obs | Mean | Std. Dev. | Min | Max |
|---|---|---|---|---|---|---|---|---|
| 被解释变量 | 新增出资额 | invest | 成员年新增出资额/万元 | 2 676 | 2.674 | 5.711 | 0 | 30 |
| | 股本存量 | invest1 | 成员现有的股权份额/万元 | 2 676 | 4.510 | 9.798 | 0 | 50 |
| 核心解释变量 | 分配制度偏离 | dev | 交易量分配比例是否低于60%：是=1；否=0 | 2 676 | 0.445 | 0.497 | 0 | 1 |
| | 按交易量分配比例 | trade | 盈余分配按照交易量分红的比例/(%) | 2 676 | 55.378 | 31.600 | 0 | 100 |
| 工具变量 | 决策方式 | decision | 合作社重大事务如何决定？1.理事长决定或理事会决定；0=其他 | 2 676 | 0.469 | 0.499 | 0 | 1 |
| | 股权分散度 | scatter | 除去前五大股东的股权比重/% | 2 676 | 53.885 | 25.564 | 0 | 89 |
| 中介变量 | 成本利润率 | profit | 合作社盈余总额与经营成本之比/(%) | 2 676 | 1.396 | 1.751 | 0 | 12 |
| | 出资回报率增量 | signal | 合作社年度出资回报率与前一年度出资回报率的差值/% | 2 676 | 0.522 | 0.933 | -2 | 3.8 |
| | 出资回报率 | agent | 合作社出资回报率 | 2 676 | 4.399 | 1.452 | 2.9 | 9.6 |

**分配制度偏离、普通成员行为与合作社益农性**

（续表）

| 变量类别 | | 变量名 | | 变量说明 | Obs | Mean | Std. Dev. | Min | Max |
|---|---|---|---|---|---|---|---|---|---|
| 成员特征 | 年龄 | age | 实际年龄/岁 | | 2 676 | 47.523 | 22.815 | 33 | 59 |
| | 土地 | land | 当年实际经营的土地规模/亩 | | 2 676 | 14.864 | 20.148 | 2 | 137 |
| | 受教育程度 | edu | 实际就学年限/年 | | 2 676 | 5.081 | 11.869 | 0 | 12 |
| | 培训经历 | train | 是否参加过上级政府或合作社组织的农业技术培训？是=1；否=0 | | 2 676 | 0.356 | 0.560 | 0 | 1 |
| | 工作经历 | work | 外出务工=0；当兵=1；村干部=2；公职人员=3；其他=4 | | 2 676 | 1.251 | 0.828 | 0 | 4 |
| | 政治身份 | party | 党员=1；非党员=0 | | 2 676 | 0.349 | 0.591 | 0 | 1 |
| | 社会网络 | social | 是否有亲朋好友为公务员或企业老板？是=1；否=0 | | 2 676 | 0.575 | 0.512 | 0 | 1 |
| 控制变量 | 合作社特征 | 标准化生产 | product | 合作社是否要求成员进行标准化生产？是=1；否=0 | 2 676 | 0.311 | 0.463 | 0 | 1 |
| | | 品牌认证 | brand | 合作社是否拥有农产品品牌认证？是=1；否=0 | 2 676 | 0.598 | 0.490 | 0 | 1 |
| | | 非成员服务 | alien | 合作社是否为非成员提供服务？提供=1；不提供=0 | 2 676 | 0.830 | 0.375 | 0 | 1 |
| | | 销售方式 | sale | 合作社是否与收购单位签订农产品销售协议：否=0；口头协议=1；正式合同=2 | 2 676 | 0.441 | 0.505 | 0 | 2 |
| | | 补贴额度 | subsidy | 合作社获得政府补贴额度/万元 | 2 676 | 35.838 | 36.969 | 0 | 157 |
| | | 贷款情况 | loan | 合作社现有贷款额/万元 | 2 676 | 18.553 | 27.044 | 0 | 100 |
| | | 成员数量 | number | 合作社现有登记注册的成员数量/户 | 2 676 | 121.759 | 55.432 | 52 | 275 |

第 5 章　分配制度偏离对普通成员出资行为的影响

（续表）

| 变量类别 | | 变量名 | | 变量说明 | Obs | Mean | Std. Dev. | Min | Max |
|---|---|---|---|---|---|---|---|---|---|
| 控制变量 | 外部环境特征 | 县城距离 | distance | 成员所在村与近县城政府驻地的距离/千米 | 2 676 | 16.585 | 12.114 | 5 | 61 |
| | | 金融环境 | bank | 成员所在村距离最近的银行网点之间的距离/千米 | 2 676 | 12.306 | 5.795 | 0 | 27 |
| | | 道路情况 | way | 成员所在村的道路条件：沥青路=5；水泥路=4；砖石路=3；砂石路=2；土路=1 | 2 676 | 3.757 | 3.331 | 1 | 5 |
| | 地区特征 | 东部地区 | eastern | 是否位于东部地区？是=1；否=0 | 2 676 | 0.258 | 0.438 | 0 | 1 |
| | | 西部地区 | western | 是否位于西部地区？是=1；否=0 | 2 676 | 0.247 | 0.431 | 0 | 1 |
| | | 中部地区 | middle | 是否位于中部地区？是=1；否=0 | 2 676 | 0.238 | 0.426 | 0 | 1 |
| | | 东北地区 | northeast | 是否位于东北地区？是=1；否=0 | 2 676 | 0.257 | 0.437 | 0 | 1 |

影响普通成员出资行为。假说2得到了初步验证。进一步，本书还探究了何种盈余分配比例最能够正向影响普通成员出资行为。因此，本书进一步将交易量分配比例作为核心自变量，并纳入交易量分配比例的二次项放入回归方程，以验证其可能存在的倒"U"形关系，估计结果如模型（6）至模型（10）所示。模型（7）和模型（8）进一步加入合作社和成员特征两类变量后，交易量分配比例的二次项这一核心变量的估计系数依旧显著。模型（9）同时控制了合作社与成员特征变量，估计结果仍然显著。通过计算可知模型（10）中交易量分配比例变量的倒"U"形拐点值为37.69%，进一步验证了假说2。

表5-2还显示了影响普通成员出资的其他因素。根据回归结果看，除地区差异外，合作社、成员与外部环境特征均对普通成员的出资产生影响。从成员特征看，普通成员的年龄对出资会产生正向影响，但并不显著。中国专业农户的年龄普遍偏大（邰亮亮，2020），年龄大会有更多的非农就业机会，也会有更多的创业能力（梁巧 等，2014），因此年龄越大的普通成员更加专营于农业，更倾向于向合作社出资。土地经营规模对增收的影响为正且显著。原因在于，经营规模越大的合作社的普通成员，其农业专业化程度越高，从而能够获得更好的收入（杜志雄 等，2019）。受教育程度对普通成员出资具有显著的负向影响。较为专业的农业经营户往往受教育程度较低（邰亮亮 等，2020）。相反，受教育程度越高的成员，往往具有更强的人力资本（刘俊文，2017），因此更容易实现较高的就业创业机会（梁巧 等，2014）。因此，受教育程度越高的普通成员会降低对合作社的出资。培训经历对普通成员产生了正向的影响但并不显著。获得过农业技术培训的成员往往是专业农户（邰亮亮 等，2020），因此更倾向于向合作社出资。工作经验对普通成员出资具有显著的正向影响。具有创业就业工作经验的成员往往具有较强的投资意识（郎明亮，2021），因此更倾向于向合作社出资。政治身份对普通成员出资产生了显著的正向影响。原因在于拥有政治身份的普通成员往往具有团结意识（杨丹和刘自敏，2017），更容易信任集体组织（赵昶 等，2019），因此更倾向于向合作社出资。社会网络对普通成员出资产生了显著的负向影响。社会网络越多的成员往往具有更多的投资渠道（徐超 等，2017），因此倾向于减少向合作社的投资。从合作社特征看，标准化生产对普通成员增收产生了显著的正向影响。合作社采取标准化生产后，能够规范成员的生产行为（韩

## 第5章 分配制度偏离对普通成员出资行为的影响

旭东 等，2020)，提供更为优质的农产品，进而获得更高的销售价格（徐旭初，2010)，进一步促进普通成员向合作社出资。品牌认证对普通成员增收产生正向影响，但并不显著。品牌认证能够对合作社生产高质量的产品提供激励（杨丹和刘自敏，2017)，获得更好的市场议价能力与销售价格（韩旭东 等，2020)，进而正向影响普通成员出资。非成员服务对普通成员出资显著的负向影响。若合作社同时为非成员农户提供服务，会模糊成员与非成员的边界（邓衡山 等，2022)，不利于增进成员间的紧密关系，进而负向影响普通成员出资。合作社销售方式对普通成员出资具正向的影响，但并不显著。合作社通过订单农业能够降低市场价格波动的影响（施晟 等，2012)，降低供应链主体的风险（徐健和汪旭晖，2009)，进而促进普通成员向合作社出资。合作社补贴对普通成员增收产生了负向影响，但并不显著。中国合作社普遍存在"精英俘获"的情况下，对合作社提供的补贴所获得的收益大多数为成员核心成员所获得（温铁军，2013)。合作社贷款对普通成员产生显著的负向影响。可能的原因是，贷款越多说明合作社的融资渠道越多（万博文，2022)，并不依赖于通过吸纳成员出资，因此反向影响普通成员出资。合作社成员数量对普通成员增收产生了显著的正向影响。农村社会往往是熟人社会（唐宗焜，2012)，成员数量越多表明合作社的口碑越好。普通成员也更倾向于向其出资。从外部环境特征看，县城距离对出资增收的影响具有负向影响，但并不显著。距离县城越远的地区，成员的增收渠道往往会受限（刘杰，2021)，进而不利于普通成员出资。而距离银行网点的成员获取金融贷款与服务的交易成本也越高（韩旭东 等，2020)，因此不利于普通成员出资。道路条件越好，成员与外界的交流就越顺畅，提高了成员获得高收入的概率（张洪振 等，2020)，进而正向影响普通成员出资。

### 5.3.2 潜在内生性探讨

鉴于分配制度偏离与普通成员出资行为可能存在着因互为因果而导致的潜在内生性问题，本书选取了两种方法进行内生性处理。一是决策方式与股权分散度两个变量分别作为分配制度偏离与交易量分配比例的工具变量，使用两阶段最小二乘法进行实证估计。二是使用IVTobit模型进行稳健性检验，提高工具变量估计结果的稳健性。表5-3中的模型（1）至模型（5）和表5-4中的模型（6）至模型（10）分别报告了以分配制度偏

**分配制度偏离、普通成员行为与合作社益农性**

表 5-2 分配制度偏离对普通成员出资行为影响的基准回归

| | (1) invest | (2) invest | (3) invest | (4) invest | (5) invest | (6) invest | (7) invest | (8) invest | (9) invest | (10) invest |
|---|---|---|---|---|---|---|---|---|---|---|
| dev | 3.981*** (0.231) | 4.041*** (0.232) | 2.229*** (0.165) | 2.094*** (0.169) | 1.629*** (0.162) | — | — | — | — | — |
| stdtrade | — | — | — | — | — | -2.004*** (0.101) | -2.044*** (0.103) | -1.142*** (0.076) | -1.103*** (0.083) | -0.808*** (0.082) |
| stdtrade$_2$ | — | — | — | — | — | -1.155*** (0.073) | -1.157*** (0.073) | -0.657*** (0.064) | -0.726*** (0.064) | -0.826*** (0.067) |
| age | — | — | 0.045*** (0.013) | 0.048*** (0.013) | 0.058*** (0.013) | — | — | 0.057*** (0.013) | 0.059*** (0.013) | 0.066*** (0.013) |
| land | — | — | 0.061*** (0.004) | 0.058*** (0.004) | 0.055*** (0.004) | — | — | 0.061*** (0.005) | 0.058*** (0.004) | 0.054*** (0.004) |
| edu | — | — | -0.098*** (0.019) | -0.070*** (0.019) | -0.100*** (0.022) | — | — | -0.089*** (0.020) | -0.071*** (0.019) | -0.090*** (0.021) |
| train | — | — | 0.854* (0.338) | 0.813* (0.321) | 0.889** (0.319) | — | — | 0.712* (0.335) | 0.607 (0.319) | 0.577 (0.315) |
| work | — | — | 0.963*** (0.222) | 1.008*** (0.232) | 0.717*** (0.236) | — | — | 0.819*** (0.225) | 0.728*** (0.238) | 0.337 (0.244) |
| party | — | — | 1.761*** (0.326) | 1.650*** (0.305) | 1.668*** (0.295) | — | — | 1.965*** (0.333) | 1.877*** (0.313) | 1.863*** (0.297) |

## 第 5 章 分配制度偏离对普通成员出资行为的影响

（续表）

| | (1) invest | (2) invest | (3) invest | (4) invest | (5) invest | (6) invest | (7) invest | (8) invest | (9) invest | (10) invest |
|---|---|---|---|---|---|---|---|---|---|---|
| social | — | — | -1.275*** | -1.272*** | -1.275*** | — | — | -1.128*** | -1.048*** | -1.036*** |
| | | | (0.193) | (0.202) | (0.202) | | | (0.192) | (0.203) | (0.201) |
| product | — | — | — | 0.316 | 0.476* | — | — | — | 0.039 | 0.106 |
| | | | | (0.231) | (0.231) | | | | (0.232) | (0.232) |
| brand | — | — | — | 0.232 | 0.166 | — | — | — | -0.112 | -0.208 |
| | | | | (0.177) | (0.172) | | | | (0.182) | (0.176) |
| alien | — | — | — | 0.661*** | 0.924*** | — | — | — | 0.597** | 0.889*** |
| | | | | (0.200) | (0.199) | | | | (0.203) | (0.202) |
| sale | — | — | — | 0.144 | 0.335 | — | — | — | 0.296 | 0.488** |
| | | | | (0.191) | (0.190) | | | | (0.190) | (0.189) |
| subsidy | — | — | — | 0.004 | -0.001 | — | — | — | 0.004 | -0.000 |
| | | | | (0.003) | (0.003) | | | | (0.003) | (0.003) |
| loan | — | — | — | 0.006 | 0.005 | — | — | — | 0.006 | 0.004 |
| | | | | (0.004) | (0.004) | | | | (0.004) | (0.004) |
| number | — | — | — | 0.011*** | 0.010*** | — | — | — | 0.011*** | 0.011*** |
| | | | | (0.002) | (0.002) | | | | (0.002) | (0.002) |
| distance | — | — | — | — | -0.045*** | — | — | — | — | -0.045*** |
| | | | | | (0.006) | | | | | (0.007) |

**分配制度偏离、普通成员行为与合作社益农性**

（续表）

| | (1) invest | (2) invest | (3) invest | (4) invest | (5) invest | (6) invest | (7) invest | (8) invest | (9) invest | (10) invest |
|---|---|---|---|---|---|---|---|---|---|---|
| bank | — | — | — | — | -0.138*** | — | — | — | — | -0.174*** |
| | | | | | (0.018) | | | | | (0.019) |
| way | — | — | — | — | 0.148*** | — | — | — | — | 0.109** |
| | | | | | (0.036) | | | | | (0.037) |
| _cons | 0.901*** | 1.101*** | -2.872*** | -5.198*** | -2.672*** | 3.829*** | 4.112*** | -1.651** | -3.740*** | -0.530 |
| | (0.040) | (0.184) | (0.604) | (0.733) | (0.785) | (0.148) | (0.242) | (0.606) | (0.738) | (0.801) |
| 地区控制变量 | 未控制 | 已控制 | 已控制 | 已控制 | 已控制 | 未控制 | 已控制 | 已控制 | 已控制 | 已控制 |
| N | 2 676 | 2 676 | 2 676 | 2 676 | 2 676 | 2 676 | 2 676 | 2 676 | 2 676 | 2 676 |
| R² | 0.120 | 0.132 | 0.372 | 0.386 | 0.411 | 0.132 | 0.145 | 0.375 | 0.390 | 0.419 |

注：括号外的数字为估计系数，括号内的数字为该系数下的标准差；*、**、*** 分别代表10%、5%、1%显著性。

## 第 5 章 分配制度偏离对普通成员出资行为的影响

离和以交易量分配比例的一次项与二次项为核心自变量的两阶段最小二乘法结果。上述实证估计 LM 检验中得到的 P 值均为 0，说明不存在识别不足的问题。进一步，Wald 检验 F 的值均远大于 10% 显著性水平下得到的临界值，说明不存在弱 IV 的问题。因此，证明本书选取决策方式作为分配制度偏离的工具变量、交易量分配比例作为股权分散度的工具变量是合适的。

表 5-3 中的模型（1）至模型（10）以决策方式作为分配制度偏离的工具变量时，逐步加入控制变量的估计结果。其中，模型（1）至模型（5）报告了以两阶段最小二乘估计法的估计结果，模型（6）至模型（10）报告了以 IVTobit 模型的估计结果。从表 5-3 可以得出，模型（1）至模型（5）中两阶段最小二乘估计法下分配制度偏离变量的估计系数均大于 0，通过了显著性水平检验；由于本书的被解释变量可能存在取值受限的情况，即部分农户的出资额为零，因此本书模型（6）至模型（10）中以 IVTobit 模型下分配制度偏离变量的估计系数也均大于 0，且通过了显著性水平检验。这表明，当考虑到分配制度偏离与普通成员出资二者之间互为因果关系的情况下，分配制度发生偏离的合作社，能够正向影响普通成员出资的概率这一结论是显著且稳健的，假说 2 得到了进一步验证。

表 5-4 中的模型（1）至模型（10）分别以股权分散度作为交易量分配比例的工具变量下逐步加入控制变量的估计结果。表 5-4 中模型（1）至模型（5）报告了以两阶段最小二乘估计法的估计结果，模型（6）至模型（10）报告了以 IVTobit 模型的估计结果。从表 5-5 可以得出，模型（1）至模型（5）中两阶段最小二乘估计法下工具变量的一次项与二次项均显著，通过了显著性水平检验，说明交易量分配比例对普通成员出资的影响存在着倒"U"形关系。本书模型（6）至模型（10）中以 IVTobit 模型下分配制度偏离变量的估计系数也均大于 0，且通过了显著性水平检验。这表明，当考虑到分配制度偏离与普通成员出资二者之间互为因果关系的情况下，合作社的交易量分配比例对普通成员出资存在着倒"U"形影响这一结论是显著且稳健的，且交易量分配比例变量的倒"U"形拐点值小于 60%，进一步了验证假说 2。

**分配制度偏离、普通成员行为与合作社益农性**

表 5-3 分配制度偏离对普通成员出资的影响——工具变量模型的估计结果

|  | 2SLS | | | | | | | IVTobit | | |
|---|---|---|---|---|---|---|---|---|---|---|
|  | (1) invest | (2) invest | (3) invest | (4) invest | (5) invest | (6) invest | (7) invest | (8) invest | (9) invest | (10) invest |
| dev | 3.638*** (0.249) | 3.719*** (0.248) | 1.777*** (0.237) | 1.650*** (0.237) | 1.142*** (0.256) | 4.332*** (0.443) | 4.522*** (0.440) | 2.109*** (0.417) | 1.908*** (0.418) | 0.835 (0.456) |
| age | — | — | 0.042** (0.014) | 0.046*** (0.014) | 0.057*** (0.014) | — | — | 0.007 (0.024) | 0.012 (0.024) | 0.029 (0.024) |
| land | — | — | 0.061*** (0.003) | 0.059*** (0.003) | 0.056*** (0.003) | — | — | 0.077*** (0.005) | 0.073*** (0.005) | 0.069*** (0.005) |
| edu | — | — | -0.104*** (0.019) | -0.075*** (0.020) | -0.098*** (0.024) | — | — | -0.769*** (0.081) | -0.727*** (0.082) | -0.732*** (0.116) |
| train | — | — | 0.868*** (0.308) | 0.830*** (0.306) | 0.868*** (0.307) | — | — | 2.372*** (0.601) | 2.249*** (0.598) | 2.082*** (0.599) |
| work | — | — | 0.989*** (0.156) | 1.037*** (0.169) | 0.716*** (0.169) | — | — | 0.387 (0.261) | 0.429 (0.283) | -0.047 (0.288) |
| party | — | — | 1.897*** (0.272) | 1.776*** (0.274) | 1.769*** (0.274) | — | — | 3.606*** (0.576) | 3.438*** (0.589) | 2.737*** (0.595) |
| social | — | — | -1.289*** (0.180) | -1.286*** (0.181) | -1.286*** (0.180) | — | — | -1.223*** (0.309) | -1.246*** (0.309) | -1.560*** (0.311) |

## 第 5 章 分配制度偏离对普通成员出资行为的影响

(续表)

|  | 2SLS | | | | | IVTobit | | | | |
|---|---|---|---|---|---|---|---|---|---|---|
|  | (1) invest | (2) invest | (3) invest | (4) invest | (5) invest | (6) invest | (7) invest | (8) invest | (9) invest | (10) invest |
| product | — | — | — | 0.326 (0.230) | 0.488* (0.227) | — | — | — | 0.124 (0.413) | 0.118 (0.406) |
| brand | — | — | — | 0.273 (0.186) | 0.190 (0.183) | — | — | — | 0.582 (0.323) | 0.253 (0.320) |
| alien | — | — | — | 0.705** (0.241) | 0.976*** (0.239) | — | — | — | 0.543 (0.441) | 1.174** (0.440) |
| sale | — | — | — | 0.161 (0.183) | 0.359* (0.182) | — | — | — | 0.301 (0.311) | 0.699* (0.312) |
| subsidy | — | — | — | 0.004 (0.003) | -0.002 (0.003) | — | — | — | 0.002 (0.005) | -0.004 (0.005) |
| loan | — | — | — | 0.007 (0.003) | 0.005 (0.003) | — | — | — | 0.011 (0.006) | 0.009 (0.006) |
| number | — | — | — | 0.011*** (0.002) | 0.010*** (0.002) | — | — | — | 0.016*** (0.003) | 0.015*** (0.003) |
| distance | — | — | — | — | -0.046*** (0.007) | — | — | — | — | -0.087*** (0.016) |

## 分配制度偏离、普通成员行为与合作社益农性

（续表）

| | 2SLS | | | | | IVTobit | | | | |
|---|---|---|---|---|---|---|---|---|---|---|
| | (1) invest | (2) invest | (3) invest | (4) invest | (5) invest | (6) invest | (7) invest | (8) invest | (9) invest | (10) invest |
| bank | — | — | — | — | -0.154*** (0.021) | — | — | — | — | -0.257*** (0.042) |
| way | — | — | — | — | 0.129* (0.054) | — | — | — | — | 0.184 (0.305) |
| _cons | 1.054*** (0.152) | 1.244*** (0.231) | -2.651*** (0.644) | -5.083*** (0.731) | -2.236** (0.823) | -2.776*** (0.286) | -2.659*** (0.422) | -3.762** (1.148) | -6.815*** (1.307) | -1.783 (1.515) |
| 地区控制变量 | 未控制 | 已控制 | 已控制 | 已控制 | 已控制 | 未控制 | 已控制 | 已控制 | 已控制 | 已控制 |
| N | 2 676 | 2 676 | 2 676 | 2 676 | 2 676 | 2 676 | 2 676 | 2 676 | 2 676 | 2 676 |
| $R^2$ | 0.119 | 0.131 | 0.370 | 0.385 | 0.409 | — | — | — | — | — |

注：括号外的数字为估计系数，括号内的数字为该系数下的标准差；*、**、***分别代表10%、5%、1%显著性。

**表5-4 交易量分配比例对普通成员出资的影响——工具变量模型的估计结果**

| | 2SLS | | | | | IVTobit | | | | |
|---|---|---|---|---|---|---|---|---|---|---|
| | (1) invest | (2) invest | (3) invest | (4) invest | (5) invest | (6) invest | (7) invest | (8) invest | (9) invest | (10) invest |
| stdtrade | -2.408*** (0.112) | -2.439*** (0.111) | -1.354*** (0.106) | -1.324*** (0.109) | -1.003*** (0.116) | — | — | — | — | — |

## 第 5 章 分配制度偏离对普通成员出资行为的影响

（续表）

| | 2SLS | | | | | IVTobit | | | | |
|---|---|---|---|---|---|---|---|---|---|---|
| | (1) invest | (2) invest | (3) invest | (4) invest | (5) invest | (6) invest | (7) invest | (8) invest | (9) invest | (10) invest |
| stdtrade$_2$ | -1.243*** (0.109) | -1.243*** (0.108) | -0.710*** (0.096) | -0.790*** (0.100) | -0.864*** (0.099) | — | — | — | — | — |
| trade | — | — | — | — | — | 0.129*** (0.027) | 0.124*** (0.027) | 0.110*** (0.024) | 0.127*** (0.025) | 0.189*** (0.027) |
| trade$_2$ | — | — | — | — | — | -0.002*** (0.000) | -0.002*** (0.000) | -0.002*** (0.000) | -0.002*** (0.000) | -0.002*** (0.000) |
| age | — | — | 0.062*** (0.014) | 0.064*** (0.014) | 0.070*** (0.014) | — | — | 0.048 (0.025) | 0.049* (0.025) | 0.058* (0.024) |
| land | — | — | 0.060*** (0.003) | 0.058*** (0.003) | 0.054*** (0.003) | — | — | 0.072*** (0.005) | 0.067*** (0.005) | 0.064*** (0.005) |
| edu | — | — | -0.081*** (0.019) | -0.066*** (0.020) | -0.091*** (0.024) | — | — | -0.746*** (0.088) | -0.721*** (0.087) | -0.701*** (0.118) |
| train | — | — | 0.683* (0.308) | 0.569 (0.307) | 0.580 (0.307) | — | — | 1.889** (0.609) | 1.613** (0.608) | 1.137 (0.615) |
| work | — | — | 0.783*** (0.157) | 0.676*** (0.174) | 0.323 (0.174) | — | — | -0.131 (0.269) | -0.499 (0.305) | -1.135*** (0.316) |

**分配制度偏离、普通成员行为与合作社益农性**

(续表)

| | 2SLS | | | | | IVTobit | | | | |
|---|---|---|---|---|---|---|---|---|---|---|
| | (1) invest | (2) invest | (3) invest | (4) invest | (5) invest | (6) invest | (7) invest | (8) invest | (9) invest | (10) invest |
| party | — | — | 1.858*** (0.269) | 1.782*** (0.270) | 1.805*** (0.269) | — | — | 3.606*** (0.580) | 3.365*** (0.587) | 2.725*** (0.589) |
| social | — | — | −1.098*** (0.180) | −1.007*** (0.182) | −1.007*** (0.181) | — | — | −0.743* (0.315) | −0.594 (0.319) | −0.800* (0.322) |
| product | — | — | — | 0.087 (0.234) | 0.070 (0.229) | — | — | — | 1.001* (0.434) | 1.150** (0.427) |
| brand | — | — | — | −0.197 (0.191) | −0.260 (0.187) | — | — | — | −0.535 (0.344) | −0.944** (0.343) |
| alien | — | — | — | 0.542* (0.241) | 0.838*** (0.237) | — | — | — | 0.137 (0.444) | 0.824 (0.443) |
| sale | — | — | — | 0.301 (0.183) | 0.486** (0.180) | — | — | — | 0.527 (0.314) | 0.868** (0.314) |
| subsidy | — | — | — | 0.004 (0.003) | −0.000 (0.003) | — | — | — | 0.005 (0.005) | 0.002 (0.005) |
| loan | — | — | — | 0.006 (0.003) | 0.004 (0.003) | — | — | — | 0.009 (0.006) | 0.006 (0.006) |

第5章 分配制度偏离对普通成员出资行为的影响

（续表）

| | (1) invest | (2) invest | 2SLS (3) invest | (4) invest | (5) invest | (6) invest | (7) invest | IVTobit (8) invest | (9) invest | (10) invest |
|---|---|---|---|---|---|---|---|---|---|---|
| number | — | — | — | 0.011*** (0.002) | 0.011*** (0.002) | — | — | — | 0.016*** (0.003) | 0.016*** (0.003) |
| distance | — | — | — | — | -0.045*** (0.007) | — | — | — | — | -0.074*** (0.016) |
| bank | — | — | — | — | -0.161*** (0.021) | — | — | — | — | -0.285*** (0.044) |
| way | — | — | — | — | 0.125* (0.054) | — | — | — | — | 0.050 (0.310) |
| _cons | 3.917*** (0.150) | 4.211*** (0.229) | -1.727** (0.647) | -3.666*** (0.738) | -0.733 (0.824) | 0.904 (0.570) | 1.338* (0.646) | -3.102** (1.191) | -5.307*** (1.377) | -1.857 (1.484) |
| 地区控制变量 | 未控制 | 已控制 | 已控制 | 已控制 | 已控制 | 已控制 | 已控制 | 已控制 | 已控制 | 已控制 |
| N | 2 676 | 2 676 | 2 676 | 2 676 | 2 676 | 2 676 | 2 676 | 2 676 | 2 676 | 2 676 |
| R² | 0.128 | 0.140 | 0.374 | 0.389 | 0.418 | — | — | — | — | — |

注：括号外的数字为估计系数，括号内的数字为该系数下的标准差；*、**、***分别代表10%、5%、1%显著性。

### 5.3.3 稳健性检验

为提高稳健性，本书进一步通过更换模型、删除部分样本以及调整变量的方法进行估计。首先，由于本书的被解释变量普通成员出资这一变量存在取值受限的情况，因此本书进一步选用 Tobit 模型进行估计。其次，本书还采用替换变量的方法，将股权额这一变量作为因变量来进行估计。最后，本书还采用是删除部分样本的方法，将成员出资额为 0 的样本删除，再进行稳健型检验。

(1) 更换模型

普通成员出资这一变量变量的取值存在受限的情况，因此本书进一步选取 Tobit 模型进行估计。表 5-5 中的模型（1）至模型（5）和模型（6）至模型（10）均是采用逐步加入控制变量的方式进行估计，结果如表 5-5 所示。表 5-5 的估计结果与表 5-2 相一致，分配制度偏离、交易量分配比例的一次项与二次项变量分别在模型（1）至模型（5）和模型（6）至模型（10）的估计系数均为正，且均通过了 1% 水平下显著性检验，表明分配制度偏离对于普通成员的出资行为具有显著的正向影响，且交易量分配比例与普通成员出资行为之间存在着倒"U"形关系这一结论是稳健的，倒"U"形拐点值小于 60%。假说 2 得到了进一步验证。

(2) 更换被解释变量

为进一步提高估计结果的稳健性，本书采用普通成员持有股权总额进行稳健性检验。考虑到因变量的取值是 1~5 的变量，因此本书采用有序 Probit 模型进行估计。表 5-6 汇报了以有序 Probit 模型对分配制度偏离影响合作社出资行为的估计结果。表 5-6 中的模型（1）至模型（5）和模型（6）至模型（10）均是采用逐步加入控制变量的方式进行估计。表 5-6 的估计结果与表 4-2 相一致，分配制度偏离、交易量分配比例的一次项与二次项变量分别在模型（1）至模型（5）和模型（6）至模型（10）的估计系数均为正，且均通过了 1% 水平下显著性检验，表明分配制度偏离对于普通成员出资行为具有显著的正向影响，且交易量分配比例与普通成员出资行为之间存在着倒"U"形关系这一结论是稳健的，倒"U"形拐点值小于 60%。假说 2 得到了进一步验证。

(3) 删除部分样本

在上面两种稳健性检验方法的基础上，本书还尝试剔除普通成员出资

第5章 分配制度偏离对普通成员出资行为的影响

表5-5 分配制度偏离对普通成员出资行为的稳健性检验——Tobit模型的估计结果

| | (1) invest | (2) invest | (3) invest | (4) invest | (5) invest | (6) invest | (7) invest | (8) invest | (9) invest | (10) invest |
|---|---|---|---|---|---|---|---|---|---|---|
| dev | 3.981*** (0.208) | 4.041*** (0.207) | 2.229*** (0.192) | 2.094*** (0.192) | 1.629*** (0.202) | — | — | — | — | — |
| stdtrade | — | — | — | — | — | -2.004*** (0.105) | -2.044*** (0.105) | -1.142*** (0.100) | -1.103*** (0.102) | -0.808*** (0.107) |
| stdtrade$_2$ | — | — | — | — | — | -1.155*** (0.108) | -1.157*** (0.108) | -0.657*** (0.095) | -0.726*** (0.099) | -0.826*** (0.098) |
| age | — | — | 0.045** (0.014) | 0.048*** (0.014) | 0.058*** (0.014) | — | — | 0.057*** (0.014) | 0.059*** (0.014) | 0.066*** (0.014) |
| land | — | — | 0.061*** (0.003) | 0.058*** (0.003) | 0.055*** (0.003) | — | — | 0.061*** (0.003) | 0.058*** (0.003) | 0.054*** (0.003) |
| edu | — | — | -0.098*** (0.019) | -0.070*** (0.019) | -0.100*** (0.024) | — | — | -0.089*** (0.019) | -0.071*** (0.020) | -0.090*** (0.024) |
| train | — | — | 0.854** (0.307) | 0.813** (0.306) | 0.889** (0.307) | — | — | 0.712* (0.307) | 0.607* (0.306) | 0.577 (0.306) |
| work | — | — | 0.963*** (0.155) | 1.008*** (0.169) | 0.717*** (0.169) | — | — | 0.819*** (0.157) | 0.728*** (0.173) | 0.337 (0.174) |
| party | — | — | 1.761*** (0.269) | 1.650*** (0.271) | 1.668*** (0.271) | — | — | 1.965*** (0.268) | 1.877*** (0.269) | 1.863*** (0.268) |

**分配制度偏离、普通成员行为与合作社益农性**

(续表)

| | (1) invest | (2) invest | (3) invest | (4) invest | (5) invest | (6) invest | (7) invest | (8) invest | (9) invest | (10) invest |
|---|---|---|---|---|---|---|---|---|---|---|
| social | — | — | -1.275*** (0.179) | -1.272*** (0.180) | -1.275*** (0.180) | — | — | -1.128*** (0.180) | -1.048*** (0.182) | -1.036*** (0.181) |
| product | — | — | — | 0.316 (0.230) | 0.476* (0.227) | — | — | — | 0.039 (0.233) | 0.106 (0.229) |
| brand | — | — | — | 0.232 (0.185) | 0.166 (0.183) | — | — | — | -0.112 (0.190) | -0.208 (0.187) |
| alien | — | — | — | 0.661** (0.240) | 0.924*** (0.238) | — | — | — | 0.597* (0.240) | 0.889*** (0.237) |
| sale | — | — | — | 0.144 (0.183) | 0.335 (0.182) | — | — | — | 0.296 (0.182) | 0.488** (0.180) |
| subsidy | — | — | — | 0.004 (0.003) | -0.001 (0.003) | — | — | — | 0.004 (0.003) | -0.000 (0.003) |
| loan | — | — | — | 0.006 (0.003) | 0.005 (0.003) | — | — | — | 0.006 (0.003) | 0.004 (0.003) |
| number | — | — | — | 0.011*** (0.002) | 0.010*** (0.002) | — | — | — | 0.011*** (0.002) | 0.011*** (0.002) |
| distance | — | — | — | — | -0.045*** (0.007) | — | — | — | — | -0.045*** (0.007) |

第 5 章　分配制度偏离对普通成员出资行为的影响

（续表）

| | (1) invest | (2) invest | (3) invest | (4) invest | (5) invest | (6) invest | (7) invest | (8) invest | (9) invest | (10) invest |
|---|---|---|---|---|---|---|---|---|---|---|
| bank | — | — | — | — | -0.138*** | — | — | — | — | -0.174*** |
| | | | | | (0.020) | | | | | (0.020) |
| way | — | — | — | — | 0.148** | — | — | — | — | 0.109* |
| | | | | | (0.053) | | | | | (0.054) |
| _cons | 0.901*** | 1.101*** | -2.872*** | -5.198*** | -2.672*** | 3.829*** | 4.112*** | -1.651* | -3.740*** | -0.530 |
| | (0.139) | (0.223) | (0.640) | (0.729) | (0.810) | (0.149) | (0.228) | (0.647) | (0.737) | (0.822) |
| 地区控制变量 | 未控制 | 已控制 | 已控制 | 已控制 | 已控制 | 未控制 | 已控制 | 已控制 | 已控制 | 已控制 |
| N | 2 676 | 2 676 | 2 676 | 2 676 | 2 676 | 2 676 | 2 676 | 2 676 | 2 676 | 2 676 |

注：括号外的数字为估计系数，括号内的数字为该系数下的标准差；*、**、*** 分别代表 10%、5%、1% 显著性。

表 5-6 分配制度偏离对普通成员出资行为的稳健性检验——更换被解释变量的估计结果

| | (1) invest1 | (2) invest1 | (3) invest1 | (4) invest1 | (5) invest1 | (6) invest1 | (7) invest1 | (8) invest1 | (9) invest1 | (10) invest1 |
|---|---|---|---|---|---|---|---|---|---|---|
| dev | 7.055*** | 7.159*** | 4.014*** | 3.813*** | 3.023*** | — | — | — | — | — |
| | (0.394) | (0.396) | (0.284) | (0.291) | (0.280) | | | | | |
| stdtrade | — | — | — | — | — | −3.489*** | −3.560*** | −1.965*** | −1.946*** | −1.450*** |
| | | | | | | (0.175) | (0.177) | (0.129) | (0.145) | (0.141) |
| stdtrade$_2$ | — | — | — | — | — | −1.889*** | −1.893*** | −0.985*** | −1.125*** | −1.296*** |
| | | | | | | (0.128) | (0.128) | (0.109) | (0.110) | (0.113) |
| age | — | — | 0.073*** | 0.077*** | 0.094*** | — | — | 0.095*** | 0.097*** | 0.109*** |
| | | | (0.022) | (0.022) | (0.022) | | | (0.023) | (0.023) | (0.023) |
| land | — | — | 0.100*** | 0.096*** | 0.090*** | — | — | 0.101*** | 0.096*** | 0.089*** |
| | | | (0.008) | (0.007) | (0.007) | | | (0.008) | (0.007) | (0.007) |
| edu | — | — | −0.149*** | −0.114*** | −0.168*** | — | — | −0.133*** | −0.114*** | −0.152*** |
| | | | (0.032) | (0.032) | (0.037) | | | (0.032) | (0.032) | (0.036) |
| train | — | — | 1.415** | 1.336** | 1.438** | — | — | 1.201** | 1.014 | 0.944 |
| | | | (0.549) | (0.522) | (0.515) | | | (0.547) | (0.520) | (0.510) |
| work | — | — | 2.057*** | 2.097*** | 1.596*** | — | — | 1.852*** | 1.669*** | 1.001* |
| | | | (0.364) | (0.383) | (0.390) | | | (0.370) | (0.395) | (0.405) |
| party | — | — | 2.792*** | 2.631*** | 2.696*** | — | — | 3.154*** | 3.026*** | 3.038*** |
| | | | (0.544) | (0.510) | (0.493) | | | (0.557) | (0.522) | (0.498) |

（续表）

| | (1) invest1 | (2) invest1 | (3) invest1 | (4) invest1 | (5) invest1 | (6) invest1 | (7) invest1 | (8) invest1 | (9) invest1 | (10) invest1 |
|---|---|---|---|---|---|---|---|---|---|---|
| social | — | — | -2.015*** | -1.959*** | -1.934*** | — | — | -1.788*** | -1.600*** | -1.550*** |
|  |  |  | (0.325) | (0.339) | (0.338) |  |  | (0.326) | (0.342) | (0.337) |
| product | — | — | — | 0.382 | 0.664 | — | — | — | 0.181 | 0.077 |
|  |  |  |  | (0.400) | (0.400) |  |  |  | (0.403) | (0.403) |
| brand | — | — | — | 0.098 | -0.011 | — | — | — | -0.452 | -0.610* |
|  |  |  |  | (0.309) | (0.302) |  |  |  | (0.320) | (0.310) |
| alien | — | — | — | 1.020** | 1.441*** | — | — | — | 0.916** | 1.388*** |
|  |  |  |  | (0.350) | (0.344) |  |  |  | (0.355) | (0.350) |
| sale | — | — | — | 0.470 | 0.769* | — | — | — | 0.725* | 1.027** |
|  |  |  |  | (0.325) | (0.327) |  |  |  | (0.325) | (0.326) |
| subsidy | — | — | — | 0.003 | -0.006 | — | — | — | 0.003 | -0.005 |
|  |  |  |  | (0.004) | (0.004) |  |  |  | (0.004) | (0.004) |
| loan | — | — | — | 0.013* | 0.010 | — | — | — | 0.013* | 0.009 |
|  |  |  |  | (0.006) | (0.006) |  |  |  | (0.006) | (0.006) |
| number | — | — | — | 0.018*** | 0.017*** | — | — | — | 0.019*** | 0.018*** |
|  |  |  |  | (0.003) | (0.003) |  |  |  | (0.003) | (0.003) |
| distance | — | — | — | — | -0.071*** | — | — | — | — | -0.071*** |
|  |  |  |  |  | (0.011) |  |  |  |  | (0.011) |

**分配制度偏离、普通成员行为与合作社益农性**

（续表）

|  | (1) invest1 | (2) invest1 | (3) invest1 | (4) invest1 | (5) invest1 | (6) invest1 | (7) invest1 | (8) invest1 | (9) invest1 | (10) invest1 |
|---|---|---|---|---|---|---|---|---|---|---|
| bank | — | — | — | — | -0.238*** | — | — | — | — | -0.297*** |
|  |  |  |  |  | (0.031) |  |  |  |  | (0.033) |
| way | — | — | — | — | 0.271*** | — | — | — | — | 0.209*** |
|  |  |  |  |  | (0.060) |  |  |  |  | (0.062) |
| _cons | 1.367*** | 1.812*** | -5.307*** | -8.936*** | -4.696*** | 6.398*** | 6.989*** | -3.328*** | -6.542*** | -1.189 |
|  | (0.063) | (0.320) | (1.061) | (1.292) | (1.381) | (0.253) | (0.424) | (1.069) | (1.305) | (1.412) |
| 地区控制变量 | 未控制 | 已控制 | 已控制 | 已控制 | 已控制 | 未控制 | 已控制 | 已控制 | 已控制 | 已控制 |
| N | 2 676 | 2 676 | 2 676 | 2 676 | 2 676 | 2 676 | 2 676 | 2 676 | 2 676 | 2 676 |
| $R^2$ | 0.128 | 0.140 | 0.377 | 0.391 | 0.414 | 0.134 | 0.146 | 0.376 | 0.391 | 0.419 |

注：括号外的数字为估计系数，括号内的数字为该系数下的标准差；*、**、***分别代表10%、5%、1%显著性。

第 5 章　分配制度偏离对普通成员出资行为的影响

表 5-7　分配制度偏离对普通成员出资行为的稳健性检验——删除部分样本的估计结果

| | (1) invest | (2) invest | (3) invest | (4) invest | (5) invest | (6) invest | (7) invest | (8) invest | (9) invest | (10) invest |
|---|---|---|---|---|---|---|---|---|---|---|
| dev | 7.906*** (0.322) | 7.997*** (0.321) | 3.218*** (0.275) | 3.073*** (0.273) | 2.856*** (0.289) | — | — | — | — | — |
| stdtrade | — | — | — | — | — | -3.720*** (0.160) | -3.778*** (0.160) | -1.338*** (0.147) | -1.313*** (0.151) | -1.003*** (0.153) |
| stdtrade$_2$ | — | — | — | — | — | -2.635*** (0.161) | -2.610*** (0.160) | -1.381*** (0.124) | -1.398*** (0.131) | -1.566*** (0.131) |
| age | — | — | 0.061*** (0.018) | 0.069*** (0.018) | 0.074*** (0.018) | — | — | 0.080*** (0.018) | 0.083*** (0.018) | 0.100*** (0.018) |
| land | — | — | 0.077*** (0.004) | 0.074*** (0.004) | 0.068*** (0.004) | — | — | 0.070*** (0.004) | 0.068*** (0.004) | 0.060*** (0.004) |
| edu | — | — | 2.243*** (0.222) | 2.133*** (0.231) | 1.787*** (0.241) | — | — | 2.267*** (0.231) | 2.352*** (0.237) | 1.582*** (0.243) |
| train | — | — | 0.368 (0.398) | 0.343 (0.395) | 0.504 (0.388) | — | — | -0.475 (0.402) | -0.506 (0.399) | -0.583 (0.389) |
| work | — | — | 1.424*** (0.186) | 1.601*** (0.204) | 1.623*** (0.203) | — | — | 1.123*** (0.187) | 0.974*** (0.211) | 0.744*** (0.210) |

**分配制度偏离、普通成员行为与合作社益农性**

（续表）

| | (1) invest | (2) invest | (3) invest | (4) invest | (5) invest | (6) invest | (7) invest | (8) invest | (9) invest | (10) invest |
|---|---|---|---|---|---|---|---|---|---|---|
| party | — | — | 3.241*** | 3.293*** | 3.228*** | — | — | 4.895*** | 4.608*** | 4.102*** |
| | | | (0.405) | (0.419) | (0.416) | | | (0.407) | (0.416) | (0.407) |
| social | — | — | -1.125*** | -1.153*** | -1.564*** | — | — | -0.782*** | -0.734*** | -1.160*** |
| | | | (0.224) | (0.225) | (0.226) | | | (0.224) | (0.227) | (0.225) |
| product | — | — | — | 0.773** | 0.908** | — | — | — | 0.123 | 0.013 |
| | | | | (0.294) | (0.288) | | | | (0.301) | (0.291) |
| brand | — | — | — | 0.155 | 0.104 | — | — | — | -0.373 | -0.620** |
| | | | | (0.235) | (0.232) | | | | (0.242) | (0.237) |
| alien | — | — | — | 1.027** | 1.475*** | — | — | — | 1.031** | 1.643*** |
| | | | | (0.314) | (0.313) | | | | (0.314) | (0.308) |
| sale | — | — | — | 0.484* | 0.865*** | — | — | — | 0.741** | 1.034*** |
| | | | | (0.228) | (0.229) | | | | (0.228) | (0.225) |
| subsidy | — | — | — | -0.005 | -0.005 | — | — | — | -0.002 | -0.005 |
| | | | | (0.004) | (0.003) | | | | (0.004) | (0.003) |
| loan | — | — | — | 0.007 | 0.006 | — | — | — | 0.007 | 0.006 |
| | | | | (0.004) | (0.004) | | | | (0.004) | (0.004) |
| number | — | — | — | 0.010*** | 0.010*** | — | — | — | 0.010*** | 0.010*** |
| | | | | (0.002) | (0.002) | | | | (0.002) | (0.002) |

第5章 分配制度偏离对普通成员出资行为的影响

（续表）

| | (1) invest | (2) invest | (3) invest | (4) invest | (5) invest | (6) invest | (7) invest | (8) invest | (9) invest | (10) invest |
|---|---|---|---|---|---|---|---|---|---|---|
| distance | — | — | — | — | -0.094*** | — | — | — | — | -0.088*** |
| | | | | | (0.012) | | | | | (0.012) |
| bank | — | — | — | — | -0.039 | — | — | — | — | -0.222*** |
| | | | | | (0.032) | | | | | (0.033) |
| way | — | — | — | — | 0.422 | — | — | — | — | 0.072 |
| | | | | | (0.265) | | | | | (0.263) |
| _cons | 1.745*** | 2.031*** | -6.899*** | -9.215*** | -7.753*** | 7.827*** | 8.300*** | -4.577*** | -6.692*** | -1.643 |
| | (0.214) | (0.349) | (0.838) | (0.945) | (1.154) | (0.231) | (0.355) | (0.852) | (0.968) | (1.193) |
| 地区控制变量 | 未控制 | 已控制 | 已控制 | 已控制 | 已控制 | 未控制 | 已控制 | 已控制 | 已控制 | 已控制 |
| N | 1 369 | 1 369 | 1 369 | 1 369 | 1 369 | 1 369 | 1 369 | 1 369 | 1 369 | 1 369 |
| $R^2$ | 0.306 | 0.317 | 0.669 | 0.682 | 0.697 | 0.320 | 0.331 | 0.673 | 0.684 | 0.708 |

注：括号外的数字为估计系数，括号内的数字为该系数下的标准差；*、**、*** 分别代表10%、5%、1%显著性。

为零的样本后再进行估计。表 5-7 汇总了以 OLS 模型对分配制度偏离影响合作社出资行为的估计结果。表 5-7 中的模型（1）至模型（5）和模型（6）至模型（10）同样采用逐步回归的方法进行估计。表 5-7 的估计结果与表 5-2 相一致，表明分配制度偏离对于普通成员出资行为具有显著的正向影响，且交易量分配比例与普通成员出资行为之间存在着倒"U"形关系这一结论是稳健的，倒"U"形拐点值小于 60%。假说 2 得到了进一步验证。

### 5.3.4 异质性分析

基准回归中，无论是 OLS 模型、Tobit 模型，还是两阶段最小二乘估计法和 IVTobit 模型的结果均表明，分配制度偏离与普通成员出资行为二者之间呈现显著且较为稳健正向关系。合作社成员存在着较强的异质性，主要包括经营规模和区域的异质性。基于此，本书分别从经营规模和区域两个维度进行异质性分析。本书通过成员问卷中"您的土地经营面积？"的平均值进行分组，分为高规模组和低规模组，实证估计分配制度偏离对于不同规模普通成员出资行为的影响。另外，本书还将全国样本划分为东部、中部、西部、东北部四大地区，具体分析区域异质性。

合作社普通成员的经营规模存在着异质性。在经营规模有差异的情况下，合作社分配制度偏离对普通成员出资行为的影响是否存在差异？表 5-8 汇报了在不同经营规模情景下的估计结果。在表 5-8 中，高规模组普通成员在模型（1）至模型（2）的估计系数均为正，且均通过了 1% 水平下显著性水平检验，说明分配制度发生偏离的合作社，能够正向影响经营规模较高普通成员的出资行为。从土地经营规模看，高规模组普通成员在模型（3）至模型（4）的估计系数均为正，且均通过了 1% 水平下显著性水平检验，与模型（1）至模型（2）模型的结论相一致，二者均呈现显著的正向影响。从估计系数的比较看，说明高经营规模普通成员的系数明显大于低经营规模普通成员，对经营规模较大的专业农户或家庭农场对合作社的出资意愿更强。原因可能是，土地经营规模较大的往往是专业农户（郜亮亮 等，2020），专注于农业生产经营活动，因此更倾向于向合作社出资。从交易量分配比例看，根据模型（3）和模型（4），高规模组样本中交易量分配比例变量的拐点值在 38.72%，低规模组样本中交易量分配比例变量的拐点值在 34.83%。由于土地经营规模较大的普通成员能够提

## 第 5 章　分配制度偏离对普通成员出资行为的影响

供较多的交易量，因而具有较强的谈判实力（周振和孔祥智，2017），进而能够获得更高的交易量分配比例。

普通成员除了在同区域之间存在着经营规模的差异，也存在着不同区域之间的差异。那么，不同经济发展水平的区域，分配制度偏离对普通成员出资行为的影响是否存在差异？表 5-9 汇报了在不同区域情景下的估计结果。在表 5-9 中，不同区域的普通成员在模型（1）至模型（4）的估计系数均为正，且均通过了 1% 水平下显著性水平检验，说明分配制度发生偏离的合作社能够正向影响普通成员出资行为这一结论适用于全国四大不同地区。模型（1）至模型（4）的核心解释变量估计系数看，东部与东北地区普通成员的出资效应要强于中西部地区。可能的原因是，东部地区经济发展程度较高，农户资本禀赋更丰富，因此更倾向于向合作社出资；而东北地区人均耕地面积明显高于其他地区，使合作社与农户需要大量的资金购买农业机械与生产资料，也具有更强的农业专业化程度，因此更倾向于向合作社出资。此外，从表 5-10 模型（5）至模型（8）的估计结果看，交易量分配比例对普通成员出资行为的影响具有倒"U"形影响这一结论在四大地区仍然成立。从拐点值看，东部、中部、西部、东北部地区样本中交易量分配比例变量的倒"U"形拐点值为 37.94%、45.46%、40.32% 和 33.76%。中部、西部地区的最优交易量分配比例明显高于东部和东北部地区。由于东部地区与东北部地区的土地与资本禀赋较强，成员出资较多，因此往往会要求更高的资本分配比例，进而压低交易量分配比例。

表 5-8　分配制度偏离对普通成员出资影响的规模异质性分析

|  | （1）<br>高规模<br>invest | （2）<br>低规模<br>invest | （3）<br>高规模<br>invest | （4）<br>低规模<br>invest |
|---|---|---|---|---|
| dev | 2.895 ***<br>(0.444) | 0.913 ***<br>(0.158) | — <br>— | — <br>— |
| stdtrade | — <br>— | — <br>— | -1.172 ***<br>(0.242) | -0.718 ***<br>(0.082) |
| $stdtrade_2$ | — <br>— | — <br>— | -1.112 ***<br>(0.229) | -0.552 ***<br>(0.076) |
| age | 0.119 ***<br>(0.029) | -0.002<br>(0.011) | 0.132 ***<br>(0.029) | 0.008<br>(0.011) |

## 分配制度偏离、普通成员行为与合作社益农性

（续表）

| | (1)<br>高规模<br>invest | (2)<br>低规模<br>invest | (3)<br>高规模<br>invest | (4)<br>低规模<br>invest |
|---|---|---|---|---|
| edu | -0.078 | -0.173*** | -0.074 | -0.155*** |
| | (0.045) | (0.023) | (0.045) | (0.023) |
| train | 1.173* | 1.404*** | 0.990 | 1.054*** |
| | (0.565) | (0.292) | (0.568) | (0.290) |
| work | 0.990*** | -0.054 | 0.411 | -0.213 |
| | (0.286) | (0.185) | (0.313) | (0.183) |
| party | 2.336*** | 1.013*** | 2.768*** | 1.010*** |
| | (0.516) | (0.251) | (0.514) | (0.245) |
| social | -2.030*** | -0.423** | -1.929*** | -0.226 |
| | (0.367) | (0.152) | (0.370) | (0.150) |
| product | 1.640*** | 0.602** | 0.983* | 0.793*** |
| | (0.454) | (0.195) | (0.474) | (0.192) |
| brand | 1.177** | -0.584*** | 0.574 | -0.864*** |
| | (0.400) | (0.143) | (0.422) | (0.143) |
| alien | 2.318*** | -0.432* | 2.280*** | -0.483* |
| | (0.501) | (0.192) | (0.503) | (0.189) |
| sale | 0.801* | -0.149 | 0.979* | -0.029 |
| | (0.386) | (0.145) | (0.386) | (0.142) |
| subsidy | 0.001 | -0.003 | -0.000 | -0.002 |
| | (0.006) | (0.002) | (0.006) | (0.002) |
| loan | 0.008 | 0.004 | 0.008 | 0.004 |
| | (0.007) | (0.003) | (0.008) | (0.003) |
| number | 0.017*** | 0.004** | 0.019*** | 0.004** |
| | (0.003) | (0.001) | (0.003) | (0.001) |
| distance | -0.085*** | 0.010 | -0.083*** | 0.010 |
| | (0.014) | (0.006) | (0.014) | (0.006) |
| bank | -0.236*** | -0.045** | -0.298*** | -0.050*** |
| | (0.043) | (0.016) | (0.045) | (0.016) |

## 第5章 分配制度偏离对普通成员出资行为的影响

（续表）

|  | （1）<br>高规模<br>invest | （2）<br>低规模<br>invest | （3）<br>高规模<br>invest | （4）<br>低规模<br>invest |
|---|---|---|---|---|
| way | 0.297** | 0.198*** | 0.253* | 0.154** |
|  | (0.103) | (0.049) | (0.105) | (0.049) |
| _cons | -3.715* | 1.594* | -0.706 | 2.573*** |
|  | (1.670) | (0.688) | (1.762) | (0.672) |
| 区域控制变量 | 未控制 | 已控制 | 已控制 | 已控制 |
| N | 1 058 | 1 618 | 1 058 | 1 618 |
| $R^2$ | 0.451 | 0.220 | 0.451 | 0.252 |

注：括号外的数字为估计系数，括号内的数字为该系数下的标准差；*、**、*** 分别代表10%、5%、1%显著性。

**表5-9 分配制度偏离对普通成员出资影响的地区异质性分析**

|  | （1）<br>东部<br>invest | （2）<br>西部<br>invest | （3）<br>中部<br>invest | （4）<br>东北<br>invest | （5）<br>东部<br>invest | （6）<br>西部<br>invest | （7）<br>中部<br>invest | （8）<br>东北部<br>invest |
|---|---|---|---|---|---|---|---|---|
| dev | 2.334*** | 1.170** | 0.880* | 2.240*** | — | — | — | — |
|  | (0.462) | (0.376) | (0.387) | (0.381) | — | — | — | — |
| stdtrade | — | — | — | — | -1.195*** | -0.714*** | -0.544** | -0.810*** |
|  | — | — | — | — | (0.240) | (0.201) | (0.210) | (0.205) |
| stdtrade$_2$ | — | — | — | — | -1.082*** | -0.750*** | -0.867*** | -0.592*** |
|  | — | — | — | — | (0.220) | (0.185) | (0.191) | (0.194) |
| age | 0.064* | 0.013 | 0.051 | 0.086*** | 0.080** | 0.017 | 0.059* | 0.095*** |
|  | (0.030) | (0.027) | (0.027) | (0.025) | (0.030) | (0.027) | (0.027) | (0.025) |
| land | 0.066*** | 0.030*** | 0.059*** | 0.063*** | 0.068*** | 0.030*** | 0.055*** | 0.061*** |
|  | (0.006) | (0.006) | (0.007) | (0.005) | (0.006) | (0.006) | (0.007) | (0.006) |
| edu | -0.173** | -0.162*** | -0.055 | -0.072 | -0.166** | -0.155*** | -0.048 | -0.060 |
|  | (0.056) | (0.044) | (0.046) | (0.050) | (0.055) | (0.043) | (0.045) | (0.050) |
| train | 1.147 | 1.741** | 0.509 | 0.324 | 0.863 | 1.429* | 0.140 | 0.206 |
|  | (0.695) | (0.586) | (0.591) | (0.575) | (0.687) | (0.587) | (0.587) | (0.583) |
| work | 0.398 | 0.269 | 0.674 | 1.488*** | -0.108 | -0.028 | 0.267 | 1.190*** |
|  | (0.351) | (0.330) | (0.345) | (0.320) | (0.360) | (0.337) | (0.354) | (0.337) |

**分配制度偏离、普通成员行为与合作社益农性**

（续表）

|  | (1) 东部 invest | (2) 西部 invest | (3) 中部 invest | (4) 东北 invest | (5) 东部 invest | (6) 西部 invest | (7) 中部 invest | (8) 东北部 invest |
|---|---|---|---|---|---|---|---|---|
| party | 2.110** | 1.163* | 1.365** | 2.006*** | 2.326*** | 1.326** | 1.524** | 2.220*** |
|  | (0.669) | (0.459) | (0.521) | (0.541) | (0.656) | (0.454) | (0.512) | (0.546) |
| social | -0.800* | -1.368*** | -0.816* | -1.451*** | -0.434 | -1.112*** | -0.629 | -1.312*** |
|  | (0.403) | (0.315) | (0.368) | (0.358) | (0.400) | (0.319) | (0.366) | (0.364) |
| product | 1.124* | 0.446 | 0.167 | 0.578 | 0.520 | 0.200 | 0.114 | 0.206 |
|  | (0.500) | (0.418) | (0.440) | (0.451) | (0.503) | (0.418) | (0.440) | (0.468) |
| brand | 0.734 | -0.369 | 0.572 | -0.347 | 0.074 | -0.610 | 0.221 | -0.637 |
|  | (0.387) | (0.347) | (0.365) | (0.349) | (0.396) | (0.350) | (0.370) | (0.365) |
| alien | 1.261** | 0.183 | 1.101* | 0.785 | 0.930* | 0.166 | 1.153* | 0.868 |
|  | (0.466) | (0.449) | (0.492) | (0.499) | (0.465) | (0.445) | (0.487) | (0.504) |
| sale | -0.058 | 0.568 | 1.090** | 0.221 | 0.181 | 0.590 | 1.165** | 0.494 |
|  | (0.378) | (0.344) | (0.375) | (0.350) | (0.375) | (0.341) | (0.371) | (0.353) |
| subsidy | 0.005 | -0.001 | -0.010 | 0.000 | 0.002 | 0.001 | -0.008 | 0.000 |
|  | (0.006) | (0.005) | (0.005) | (0.006) | (0.006) | (0.005) | (0.005) | (0.006) |
| loan | -0.008 | 0.012 | 0.007 | 0.017* | -0.007 | 0.012 | 0.005 | 0.014* |
|  | (0.007) | (0.006) | (0.007) | (0.007) | (0.007) | (0.006) | (0.007) | (0.007) |
| number | 0.024*** | -0.001 | 0.001 | 0.018*** | 0.026*** | -0.001 | 0.003 | 0.018*** |
|  | (0.003) | (0.003) | (0.003) | (0.003) | (0.003) | (0.003) | (0.003) | (0.003) |
| distance | -0.039* | -0.045** | -0.053*** | -0.036* | -0.037* | -0.046** | -0.048*** | -0.039* |
|  | (0.016) | (0.015) | (0.013) | (0.015) | (0.016) | (0.014) | (0.013) | (0.015) |
| bank | -0.117* | -0.090* | -0.162*** | -0.149*** | -0.147** | -0.110** | -0.210*** | -0.188*** |
|  | (0.046) | (0.035) | (0.038) | (0.041) | (0.047) | (0.036) | (0.039) | (0.042) |
| way | 0.340* | 0.125 | 0.028 | 0.183 | 0.287* | 0.105 | 0.018 | 0.120 |
|  | (0.133) | (0.086) | (0.103) | (0.119) | (0.132) | (0.086) | (0.103) | (0.122) |
| _cons | -5.713** | 1.632 | -1.330 | -5.949*** | -3.317 | 3.366* | 0.535 | -3.812* |
|  | (1.802) | (1.513) | (1.575) | (1.495) | (1.804) | (1.536) | (1.582) | (1.571) |
| 地区控制变量 | 已控制 | 已控制 | 已控制 | 已控制 | 已控制 | 已控制 | 已控制 | 已控制 |

（续表）

| | （1）东部 invest | （2）西部 invest | （3）中部 invest | （4）东北 invest | （5）东部 invest | （6）西部 invest | （7）中部 invest | （8）东北部 invest |
|---|---|---|---|---|---|---|---|---|
| N | 656 | 681 | 663 | 676 | 656 | 681 | 663 | 676 |
| $R^2$ | 0.499 | 0.264 | 0.373 | 0.529 | 0.514 | 0.279 | 0.389 | 0.520 |

注：无括号的数字为估计系数，括号内的数字为该系数下的标准差；\*、\*\*、\*\*\*分别代表10%、5%、1%显著性。

### 5.3.5 作用机制分析

第3章的理论分析已经表明了合作社分配制度偏离影响普通成员出资行为的背后机制是分配制度偏离通过自生能力、股利信号、鼓励代理三种效应，影响普通成员的出资行为。本书通过实证方式证实上述研究假说。按照分配制度偏离影响普通成员出资的逻辑，本部分从自生能力、股利信号、股利代理三种效应构建作用机制，估计三种效应对分配制度偏离影响普通成员出资行为的中介作用效果。其中，分配制度偏离影响普通成员出资行为的研究已经得到证明，本章主要对中介效应进行检验。

从自生能力效应看，表5-10中的模型（1）至模型（3）表明合作社自生能力的中介效应。模型（1）显示分配制度偏离对合作社自生能力这一中介变量产生显著的正向影响。将合作社自生能力中介变量加入解释变量的模型（3）显示，分配制度偏离依旧对普通成员出资行为的正向影响显著，并且中介变量也同时显著。

从股利信号效应看，表5-10中的模型（4）至模型（6）表明合作社股利信号的中介效应。模型（4）显示分配制度偏离对合作社股利信号这一中介变量产生显著的正向影响。将合作社股利信号中介变量加入解释变量的模型（6）显示，分配制度偏离依旧对普通成员出资行为的正向影响显著，并且中介变量也同时显著。

从股利代理效应看，表5-10中的模型（7）至模型（9）表明合作社股利代理的中介效应。模型（7）显示分配制度偏离对合作社股利代理这一中介变量产生显著的正向影响。将合作社股利代理中介变量加入解释变量的模型（9）显示，分配制度偏离依旧对普通成员出资行为的正向影响显著，并且中介变量也同时显著。

**分配制度偏离、普通成员行为与合作社益农性**

表 5-10 分配制度偏离对普通成员出资行为的影响：基于中介效应的检验

| | (1) profit | (2) invest | (3) invest | (4) signal | (5) invest | (6) invest | (7) agent | (8) invest | (9) invest |
|---|---|---|---|---|---|---|---|---|---|
| profit | — | — | 0.543*** (0.061) | — | — | — | — | — | — |
| signal | — | — | — | — | — | 0.312** (0.111) | — | — | — |
| agent | — | — | — | — | — | — | — | — | 0.287*** (0.073) |
| dev | 0.989*** (0.063) | 1.629*** (0.203) | 1.092*** (0.209) | 0.663*** (0.035) | 1.629*** (0.203) | 1.422*** (0.215) | 0.846*** (0.054) | 1.629*** (0.203) | 1.387*** (0.211) |
| age | 0.013** (0.004) | 0.058*** (0.014) | 0.051*** (0.014) | −0.003 (0.002) | 0.058*** (0.014) | 0.059*** (0.014) | −0.000 (0.004) | 0.058*** (0.014) | 0.058*** (0.014) |
| land | 0.007*** (0.001) | 0.055*** (0.003) | 0.051*** (0.003) | −0.001* (0.001) | 0.055*** (0.003) | 0.055*** (0.003) | 0.003*** (0.001) | 0.055*** (0.003) | 0.054*** (0.003) |
| edu | 0.059*** (0.008) | −0.100*** (0.024) | −0.132*** (0.024) | 0.013*** (0.004) | −0.100*** (0.024) | −0.104*** (0.024) | 0.041*** (0.006) | −0.100*** (0.024) | −0.112*** (0.024) |
| train | −0.154 (0.096) | 0.889** (0.308) | 0.973** (0.304) | −0.072 (0.054) | 0.889** (0.308) | 0.912** (0.308) | −0.037 (0.082) | 0.889** (0.308) | 0.900** (0.307) |
| work | −0.036 (0.053) | 0.717*** (0.170) | 0.737*** (0.167) | 0.003 (0.030) | 0.717*** (0.170) | 0.716*** (0.170) | 0.039 (0.045) | 0.717*** (0.170) | 0.706*** (0.169) |

第 5 章　分配制度偏离对普通成员出资行为的影响

（续表）

| | (1) profit | (2) invest | (3) invest | (4) signal | (5) invest | (6) invest | (7) agent | (8) invest | (9) invest |
|---|---|---|---|---|---|---|---|---|---|
| party | 0.542*** | 1.668*** | 1.374*** | 0.224*** | 1.668*** | 1.598*** | 0.369*** | 1.668*** | 1.562*** |
| | (0.085) | (0.273) | (0.271) | (0.048) | (0.273) | (0.273) | (0.073) | (0.273) | (0.273) |
| social | −0.070 | −1.275*** | −1.237*** | 0.198*** | −1.275*** | −1.337*** | 0.082 | −1.275*** | −1.299*** |
| | (0.057) | (0.181) | (0.178) | (0.032) | (0.181) | (0.182) | (0.048) | (0.181) | (0.180) |
| product | −0.187** | −0.476* | −0.374 | −0.067 | −0.476* | −0.455* | −0.129* | −0.476* | −0.439 |
| | (0.071) | (0.228) | (0.225) | (0.040) | (0.228) | (0.228) | (0.061) | (0.228) | (0.227) |
| brand | 0.161** | 0.166 | 0.078 | −0.147*** | 0.166 | 0.212 | 0.037 | 0.166 | 0.155 |
| | (0.057) | (0.184) | (0.181) | (0.032) | (0.184) | (0.184) | (0.049) | (0.184) | (0.183) |
| alien | 0.209** | 0.924*** | 0.811*** | 0.096* | 0.924*** | 0.894*** | 0.173** | 0.924*** | 0.875*** |
| | (0.075) | (0.239) | (0.236) | (0.042) | (0.239) | (0.239) | (0.064) | (0.239) | (0.239) |
| sale | 0.164** | 0.335 | 0.246 | 0.217*** | 0.335 | 0.267 | 0.184*** | 0.335 | 0.282 |
| | (0.057) | (0.182) | (0.180) | (0.032) | (0.182) | (0.184) | (0.049) | (0.182) | (0.182) |
| subsidy | −0.001 | −0.001 | −0.001 | −0.001 | −0.001 | −0.001 | −0.000 | −0.001 | −0.001 |
| | (0.001) | (0.003) | (0.003) | (0.000) | (0.003) | (0.003) | (0.001) | (0.003) | (0.003) |
| loan | 0.003** | 0.005 | 0.003 | 0.002* | 0.005 | 0.005 | 0.002** | 0.005 | 0.004 |
| | (0.001) | (0.003) | (0.003) | (0.001) | (0.003) | (0.003) | (0.001) | (0.003) | (0.003) |
| number | 0.002*** | 0.010*** | 0.009*** | 0.000 | 0.010*** | 0.010*** | 0.002*** | 0.010*** | 0.009*** |
| | (0.000) | (0.002) | (0.002) | (0.000) | (0.002) | (0.002) | (0.000) | (0.002) | (0.002) |

**分配制度偏离、普通成员行为与合作社益农性**

（续表）

| | (1) profit | (2) invest | (3) invest | (4) signal | (5) invest | (6) invest | (7) agent | (8) invest | (9) invest |
|---|---|---|---|---|---|---|---|---|---|
| distance | -0.009*** | -0.045*** | -0.041*** | -0.002 | -0.045*** | -0.045*** | -0.007*** | -0.045*** | -0.043*** |
| | (0.002) | (0.007) | (0.007) | (0.001) | (0.007) | (0.007) | (0.002) | (0.007) | (0.007) |
| bank | -0.072*** | -0.138*** | -0.098*** | -0.031*** | -0.138*** | -0.128*** | -0.050*** | -0.138*** | -0.123*** |
| | (0.006) | (0.020) | (0.020) | (0.003) | (0.020) | (0.020) | (0.005) | (0.020) | (0.020) |
| way | -0.185*** | 0.148** | 0.248*** | -0.067*** | 0.148** | 0.169*** | -0.150*** | 0.148** | 0.191*** |
| | (0.017) | (0.054) | (0.054) | (0.009) | (0.054) | (0.054) | (0.014) | (0.054) | (0.055) |
| _cons | 0.781** | -2.672** | -3.096*** | 0.669*** | -2.672** | -2.881*** | 4.176*** | -2.672** | -3.869*** |
| | (0.255) | (0.814) | (0.803) | (0.142) | (0.814) | (0.816) | (0.217) | (0.814) | (0.866) |
| 地区控制变量 | 已控制 | 已控制 | 已控制 | 已控制 | 已控制 | 已控制 | 已控制 | 已控制 | 已控制 |
| 中介效应/总效应 | | 32.95% | | | 12.72% | | | 14.88% | |
| N | 2 676 | 2 676 | 2 676 | 2 676 | 2 676 | 2 676 | 2 676 | 2 676 | 2 676 |
| $R^2$ | 0.386 | 0.411 | 0.428 | 0.328 | 0.411 | 0.412 | 0.353 | 0.411 | 0.414 |

注：括号外的数字为估计系数，括号内的数字为该系数下的标准差；*、**、***分别代表10%、5%、1%显著性。

第 5 章　分配制度偏离对普通成员出资行为的影响

自生能力、股利信号、股利代理三种效应的中介效应占总效应的比例分别为 32.95%、12.72% 和 14.88%。假说 2 得以证明。

## 5.4　本章小结

从已有的研究成果看，由于合作社往往不规范（邓衡山 等，2022），核心成员出资较多且具有控制权（卢新国，2009），普通成员或小农户往往并不信任核心成员（Golovina and Nilsson，2009），不认为入股合作社是有利可图的进而不愿意出资（应瑞瑶，2004），只是为了享受合作社的价格优惠（孔祥智 等，2014）。因此，先前的学者多认为分配制度偏离将会负向影响普通成员出资行为。从常识看，分配制度偏离是资本获取的更多的盈余分配比例，而交易量分配比例有所降低。因此，普通成员的应得分红受到了核心成员的"盘剥"，进而降低了普通成员对合作社出资的积极性。然而，本书却得出了与先前研究成果与常识不一致的结论。本书从《农民专业合作社法》的角度出发，探究分配制度偏离对合作社普通成员出资的影响，结合课题组对全国典型合作社的调查数据，运用回归分析模型与中介效应模型检验方法，系统考察分配制度偏离对普通成员出资行为的影响及其作用机制。

研究结果表明，一是就提高普通成员的出资而言，最优的交易量分配比例小于 60%，即偏离于《农民专业合作社法》的规定。激励相容的分配制度往往不符合《农民专业合作社法》的规定，进而能够正向影响普通成员出资行为。交易量分配比例对普通成员出资存在着倒"U"形的影响，即适宜的交易量分配比例正向影响普通成员出资效果最强，倒"U"形拐点值为 39.92%。二是分配制度偏离通过自生能力、股利代理、股利信号效应三条路径影响合作社普通成员出资。分配制度偏离会通过三种效应的间接路径，影响普通农户出资。因此，合作社层面分配制度发生偏离，会影响合作社在盈利能力和资本收益率两方面的表现，进而正向影响普通成员对合作社出资。三是分配制度偏离对普通成员出资的影响存在着地区与经营规模异质性。经营土地规模越多的农户，往往农业兼业化程度越低，那么其越倾向于向合作社出资。高规模组与低规模组样本中交易量分配比例变量的倒"U"形拐点值为 38.72% 和 34.83%。东部和东北部地区则相较于中西部地区资本积累更多，其越倾向于向合作社出资。东部、中部、西部、东北部地区样本中交易量分配比例变量的倒"U"形拐点值为 37.94%、45.46%、40.32% 和 33.76%。

# 第6章 分配制度偏离对普通成员生产合作行为的影响

## 6.1 引言

自《农民专业合作社法》颁布以来，我国合作社如雨后春笋般蓬勃发展。我国合作社蓬勃发展，服务能力持续增强，合作内容不断丰富，发展质量进一步提高。如图6-1所示。伴随着合作社数量的增加，入社农户比例不断提高，由2004年的3.5%提高到2015年的42%①。到了2021年，全国辐射带动全国近一半的农户②。尽管自2015年后合作社数量增加了71.6万家，增长了46.8%，但农户参与比例增长却不足8%，可见全国层面上农户参与率已经进入瓶颈期。从农业农村部提供的数据看，尽管我国合作社总数呈现出逐年增长的态势，但合作社成员总数与社均成员数量却呈现出先增后降的倒"U"形趋势。从2017—2019年的数据看，成员总数与社均成员数量分别维持在6 700万~7 200万户、35~38户之间，已经逐步趋于稳定。合作社是农户为实现一定共同目标结合在一起组成的自我服务组织，成员参与对于合作社的可持续发展至关重要（Sexton，1988；罗玉峰 等，2015；蔡荣，2017），加拿大萨斯喀彻温省的小麦合作社也正是因为成员参与不足而消亡（蔡荣，2017）。当前，我国合作社处于初级发展阶段，而我国大多数合作社由乡村能人、村干部、企业、基层农技组织等主体领办（苑鹏，2008；孙亚范，2008；赵泉民，2010；曲承乐、任大鹏，2018），2011—2019年以上四类主体领办的合作社比例始终

---

① 农业部：全国农民合作社发展部际联席会议第四次全体会议召开［ED/OL］http：//www.xinhuanet.com/politics/2016-03/21/c_128819262.htm

② 农业农村部：农业现代化辉煌五年系列宣传之二十一：农民合作社实现规范提升［DB/OL］http：//www.jhs.moa.gov.cn/ghgl/202106/t20210617_6369793.htm

## 第6章 分配制度偏离对普通成员生产合作行为的影响

维持在90%以上①，核心成员与普通成员之间资源禀赋的差异容易导致"大农吃小农"的问题，进而挫伤普通成员参与的积极性（仝志辉、温铁军，2009）。目前，农户参与程度低是困扰我国合作社发展的主要问题（孙亚范 等，2009；蔡荣 等，2017）。因此，要想使得推动我国合作社质量提升，就必须要鼓励农户参与合作社的生产合作。

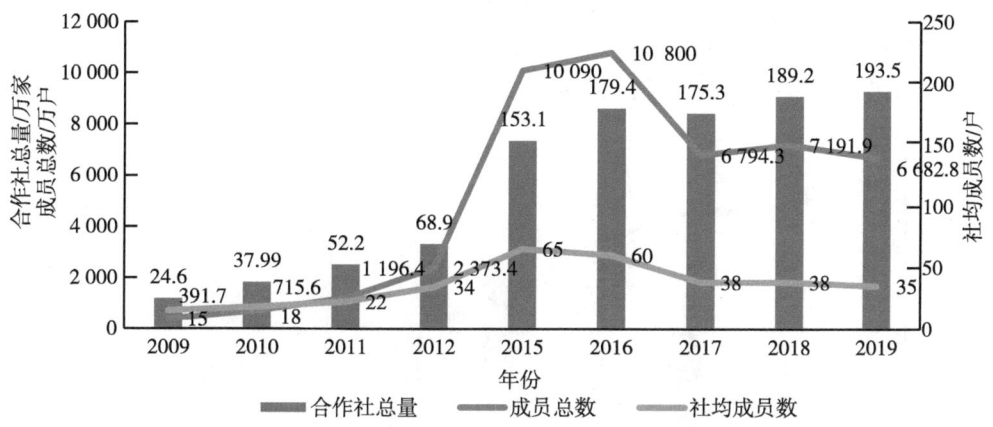

图 6-1　2009—2019 年全国合作社与成员数量情况
（数据来源：历年《农村经营管理统计年报》）

当前合作社分配制度普遍偏离《农民专业合作社法》的规定已经成为学界不争的事实（应瑞瑶，2002，2017；周春芳，2010；孙亚范，2011；吴金红，2015；娄锋 等，2016；王图展，2016；苑鹏，2018）。按交易额分配超过60%的合作社比例从2014年的16.29%下降到12.89%，甚至交易额返还盈余的合作社比例也由2011年的22.03%下降到2019年的17.49%。两类合作社比例非但未能突破25%，还呈现出"双降"的趋势，显然相悖于《农民专业合作社法》的要求，如图6-2与图6-3所示。尽管2017各级各部门开展合作社质量提升行动，但并未逆转这一下降趋势。普通成员是合作社生存发展的基础，其制度安排是吸引农户参与合作社的关键要素（王鹏、霍学喜，2012）。在市场经济的条件下，农户作为生产经营主体具有充分的选择权，能够根据所处的环境状况选择是否参与合作社的行为（胡定寰 等，2006）。合作社也应当尊重农户的选择权，并

---
① 资料来源：根据农业农村部历年《农村经营管理统计年报》数据计算。

### 分配制度偏离、普通成员行为与合作社益农性

且尽可能地满足农户的利益诉求（朱红根 等，2008）。那么，在分配制度普遍偏离的大背景下，究竟这种"不规范"的制度是否符合普通成员的利益诉求，进而影响农户参与合作社的行为？Fulton（1999）曾指出，成员同质性较强时，成员越倾向于同合作社进行合作。那么，在我国合作社成员异质性较强的大背景下（张晓山，2009；周应恒 等，2016；陈义媛，2016），分配制度偏离一定会抑制普通成员生产合作吗？是否一定会遭遇"大农吃小农"的困境（温铁军，2013）？是否会出现"大农帮助小农"的帕累托改进（Wanyama，2008）？

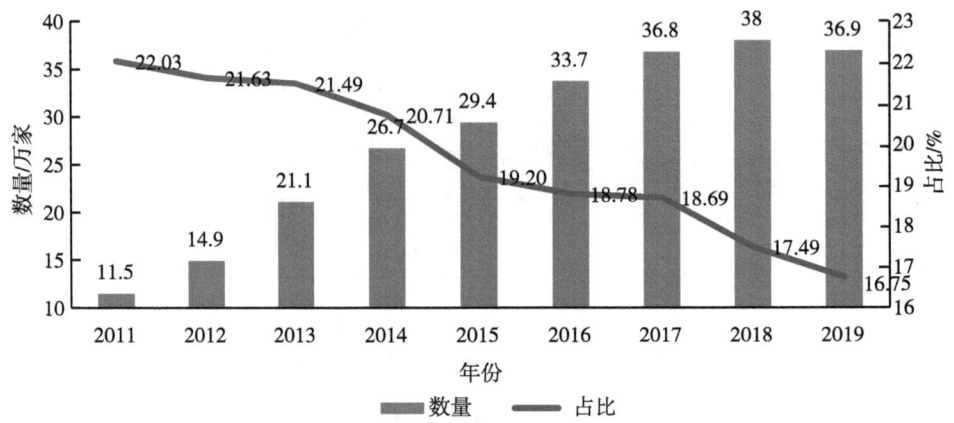

**图 6-2　按交易额返还盈余的合作社情况**
（数据来源：历年《农村经营管理统计年报》）

尽管学界对包括分配制度在内的合作社本质规定性问题展开了广泛而深入的研究，并对大多数合作社并不符合《农民专业合作社法》的要求这一点达成了共识，但对其优劣性问题依旧未能找到答案。尤其是，当前分配制度偏离的具体情景下，这种偏离对普通成员生产合作行为的影响究竟是利还是弊，尚未有学者就该问题展开研究。此外，尽管大量学者就成员行为的影响因素展开了广泛而深入的研究，也有不少学者指出合作社的制度安排是影响成员行为的重要因素（孙亚范和余海鹏，2009；王鹏和霍学喜，2012），但分配制度偏离如何影响普通成员的生产合作行为？依旧没有学者就这一关键性问题展开研究。部分学者认为核心成员与普通成员是一种"大农吃小农"的关系（仝志辉和温铁军，2009；温铁军，2013），是否真的像这些学者所说，核心成员就一定损害了普通成员的利

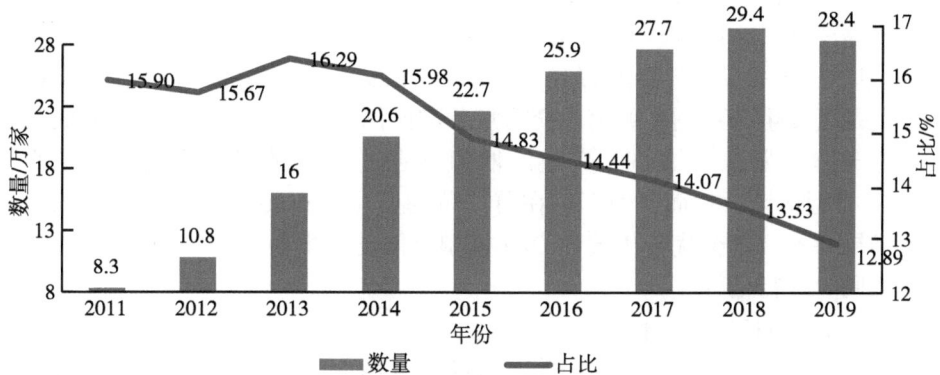

图 6-3 按交易量 60% 以上返还盈余的合作社情况
（数据来源：历年《农村经营管理统计年报》）

益，进而导致普通成员减少生产合作行为？也有学者指出普通成员能够接受和新成员的适度侵占行为，而不会采用"用脚投票"的方式离开合作社（刘同山、孔祥智，2014）。针对这一存在分歧的问题，已有的研究尚未给出明确的答案，本书将对以上两方面问题进行深入的探讨。

## 6.2 研究设计

### 6.2.1 模型构建

（1）OLS 模型

鉴于因变量是从成员层面的连续变量，为了尽可能地获得一致性估计，因此本书采用 OLS 模型进行估计，构建了以合作社分配制度偏离与交易量分配比例为核心解释变量影响普通成员生产合作行为的线性函数模型（6-1）与非线性函数模型（6-2），具体设定模式如下所示。

$$\text{Service}_i = \alpha_0 + \alpha_1 \text{Dev}_i + \sum_{i=1}^{n} \gamma_i C_i + \text{Area}_i + \varepsilon_i \quad (6-1)$$

$$\text{Service}_i = \alpha_0 + \alpha_1 \text{Trade}_i + \alpha_2 \text{Trade}_i^2 + \sum_{i=1}^{n} \gamma_i C_i + \text{Area}_i + \varepsilon_i \quad (6-2)$$

其中，被解释变量 Service 代表第 $i$ 个普通成员的生产合作行为，取值范围为 0~1。$C_i$ 和 $\gamma_i$ 分别表示影响普通成员生产合作行为的因素及其估计系数，其中本书针对核心自变量采用以下两个指标衡量：第一，分配制度偏离（是=1；否=0）；第二，按交易量分配比例，分别见于式（6-1）和式（6-2）。核心解释变量 $Dev_i$、$Trade_i$ 和 $Trade_i^2$ 分别为该合作社当期是否发生分配制度偏离、交易量分配比例及其平方。另外，普通成员生产合作行为这一核心因变量的取值存在受限的情况。因此本书选用 Tobit 模型估计。然而，由于存在着严苛的变量分布要求，Tobit 模型的估计结果并不一定会优于传统的 OLS 模型，因此本书使用 OLS 模型与 Tobit 模型同时进行估计。

（2）工具变量估计

由于普通成员生产合作行为与分配制度偏离、交易量分配比例两大核心变量之间可能存在着内生性问题。具体来讲，成员在合作社中的交易量越高，则在合作社中的话语权会相对较强，那么很有可能会增加盈余分配方案中交易量分配的比例，进而影响分配制度偏离。

鉴于此，为了尽可能地降低内生性问题，本书分别采用工具变量模型和逐步回归方法探究分配制度偏离与普通成员生产合作行为二者之间可能存在着的内生性问题。分配制度偏离与普通成员生产合作行为二者之间存在内生性的问题，可能原因有以下两个方面：第一，遗漏变量。影响普通成员生产合作行为的因素有很多，仍可能存在遗漏变量的问题，回归过程中难以穷尽所有可能影响到普通成员生产合作行为的因素，进而导致产生估计偏误。第二，互为因果。即成本生产合作可能导致交易量的话语权提高，进而可能会引起交易量分配比例提升，进而缓解分配制度偏离。基于此，针对第一种可能导致的内生性原因，本书采用逐步回归的方式，通过判断估计系数的显著性和方向性变化来判断结果的稳健性。本书针对第二种由于互为因果导致的潜在内生性问题，一方面本书选取决策方式和股权分散度分别作为分配制度偏离与交易量分配比例的工具变量，原因在于合作社的股权分散程度与决策机会影响合作社分配制度，但并不会影响普通成员生产合作行为。

（3）中介机制模型

根据前文的理论分析，分配制度偏离通过一次让利、核心成员取酬与示范社三种效应影响普通成员生产合作行为。因此，本书采用如下变量分别度量一次让利、核心成员取酬与示范社三种效应：第一，本书采用"合作社为成员提供农资或服务亩均节省费用（元）"来度量合作社一次

## 第6章 分配制度偏离对普通成员生产合作行为的影响

让利效应。具体来讲,为准确估计该指标,调研员与合作社负责人对比合作社相较于普通农户在农资、机械、灌溉、农产品统一销售等方面的节本增收情况,进而计算出合作社为普通成员提供服务的每亩节本增收情况,以变量 $Save_i$ 来表示。第二,本书采用"合作社理事会成员年取得薪酬总额(万元)"来衡量核心成员取酬效应,以变量 $Wage_i$ 来表示。第三,本书采用"合作社获得示范社荣誉的次数"来衡量示范社效应,以变量 $Example_i$ 来表示。实证方法中,本书采用中介效应模型对研究假说进行估计。具体来说,以温忠麟等(2004)在 Baron and Kenny(486)基础上建构的中介效应检验方法进行回归分析。

首先,以一次让利效应为例,模型设定如下:

$$Save_i = \alpha_i + \alpha_2 Dev_i + \sum \gamma_i C_i + Area_i + \varepsilon_i \quad (6-3)$$

$$Service_i = \alpha_i + \alpha_3 Dev_i + \sum \gamma_i C_i + Area_i + \varepsilon_i \quad (6-4)$$

$$Service_i = \alpha_i + \alpha_4 Dev_i + \alpha_5 Save_i + \sum \gamma_i C_i + Area_i + \varepsilon_i \quad (6-5)$$

其中,$Save_i$ 表示第 $i$ 个普通成员所在合作社的一次让利情况,其他变量同上文所述。

其次,核心成员取酬效应的中介效应检验模型设定如下:

$$Wage_i = \alpha_i + \alpha_2 Dev_i + \sum \gamma_i C_i + Area_i + \varepsilon_i \quad (6-6)$$

$$Service_i = \alpha_i + \alpha_3 Wage_i + \sum \gamma_i C_i + Area_i + \varepsilon_i \quad (6-7)$$

$$Service_i = \alpha_i + \alpha_4 Dev_i + \alpha_5 Wage_i + \sum \gamma_i C_i + Area_i + \varepsilon_i \quad (6-8)$$

其中,$Wage_i$ 表示第 $i$ 个普通成员所在合作社的理事会成员年取酬总额,其他变量同上文所述。

最后,示范社效应的中介效应检验模型设定如下:

$$Example_i = \alpha_i + \alpha_2 Dev_i + \sum \gamma_i C_i + Area_i + \varepsilon_i \quad (6-9)$$

$$Service_i = \alpha_i + \alpha_3 Dev_i + \sum \gamma_i C_i + Area_i + \varepsilon_i \quad (6-10)$$

$$Service_i = \alpha_i + \alpha_4 Dev_i + \alpha_5 Wage_i + \sum \gamma_i C_i + Area_i + \varepsilon_i \quad (6-11)$$

其中,$Example_i$ 表示第 $i$ 个普通成员所在合作社是否为示范社,其他变量同上文所述。

### 6.2.2 指标选取与描述性统计

一是核心解释变量。根据《农民专业合作社法》第四十四条明确规定，可分配盈余按照交易量（额）分配的比例不得低于 60%，本书将合作社按照交易量分配比例不足 60% 界定为分配制度偏离。借鉴王图展（2016）的研究，若合作社的分配制度发生了偏离，则按交易量分配比例不符合合作社法的规定，变量取值为"1"，反之则为"0"①。进一步，为研究分配制度偏离程度对普通成员生产合作行为的影响，因此本书还借鉴徐旭初（2010）、朱哲毅（2019）的研究，采用交易量分配比例来度量分配制度偏离程度。具体来讲，加入合作社完全按照出资额分配盈余，那么按交易额分配比重为 0%；如果合作社完全按照交易量分配盈余，那么按交易额分配比重为 100%。

二是核心被解释变量。借鉴黄季焜等（2010）的研究，普通成员生产合作行为指的是普通成员在合作社中的生产合作行为。具体来讲，本书所研究的生产合作行为包括农资购买、生产性服务、农产品销售三个方面，以成员层面的"成员对合作社服务支出与收入占成员农业服务支出与收入的比重（%）"指标测度。进一步，为区分三种类型的合作行为，还采用农资购买合作（徐旭初，2010）、生产性合作（赵鑫等，2021）、农产品销售合作（万凌霄等，2021）三个被解释变量进行稳健性检验。

三是中介变量。①一次让利效应。一次让利代替二次返利已经成为当前合作社的普遍现象（任大鹏等，2013）。分配制度产生偏离的合作社，核心成员往往具有控制权，倾向于通过一次让利替代二次返利的方式，来吸引普通成员参与生产合作（孔祥智，2014）。因此，本书借鉴任大鹏等（2013）的研究，采用"亩均一次返利"这一指标来衡量一次返利效应，具体指的是合作社为成员提供服务亩均节省费用，以元为单位。②核心成员取酬效应。分配制度偏离的合作社，往往核心成员具有较强的谈判实力，从合作社盈余中取酬的可能性就越多，进而降低合作社普通成员的分配比例，最终减少普通成员的生产合作行为。本书借鉴张笑寒（2020）的研究，通过"理事会成员年薪总额"来确定衡量，具体指标为合作社理事会成员年取得薪酬总额，单位为万元。③示范社效应。借鉴王真（2016）、王图展（2016）的研究，分配制度偏离的合作社，往往具有

---

① 尤其需要重点强调的是，该变量仅仅是证明从统计意义上来看，"分配制度是否偏离"这一二元虚拟变量能够显著影响普通成员行为，并不是说分配制度偏离程度越高，越能够影响普通成员行为与合作社益农性。本书还会继续用"交易额分配比例"这一连续变量去寻找最优的分配制度偏离程度。

第6章 分配制度偏离对普通成员生产合作行为的影响

更强的带动能力，其评为合作社示范社的可能性就越大，进而正向影响普通成员的生产合作行为。

四是控制变量。由于本书基于合作社层面的分配制度偏离对普通成员层面生产合作行为的影响，故在选取变量时有必要着重控制合作社和成员特征变量。首先，本书借鉴黄季焜和冀县卿（2012）、蔡荣（2012）、梁巧等（2014）与徐志刚等（2017）的研究，在成员特征层面选取年龄、土地规模、受教育程度、培训经历、工作经验、政治身份、社会网络七个变量为成员特征变量；其次，本书借鉴颜华和冯婷（2015）、王图展（2016）、韩旭东等（2020）及万博文（2022）的研究，在合作社特征层面选取标准化生产、品牌认证、非成员服务、销售方式、补贴额度、贷款情况、成员数量七个变量作为合作社特征变量。再次，本书还借鉴张洪振等（2020）与韩旭东等（2020）的研究，选取县城距离、金融环境、道路情况三个变量作为外部环境特征变量。最后，本书根据全国东中西和东北部地区的划分，以控制空间层面上的区域特征差异。

主要变量设定与描述性统计结果如表6-1所示。

## 6.3 实证分析

### 6.3.1 基准回归

分配制度偏离与交易量分配比例对普通成员生产合作行为影响的估计结果如表6-2所示。模型（1）至模型（5）展示了以分配制度偏离作为核心自变量的逐步回归估计结果。进一步，本书还将探究何种盈余分配比例最能够促进普通成员生产合作行为。因此，本书进一步将交易量分配比例作为核心自变量，并纳入交易量分配比例的一次项与二次项放入回归方程，以验证其可能存在的倒"U"形关系。表6-2中的模型（6）至模型（10）为以交易量分配比例的一次项与二次项作为核心解释变量的逐步回归估计结果。模型（1）至模型（5）展示了以分配制度偏离作为核心自变量的OLS的估计结果。模型（2）至模型（4）在模型（1）的估计后，进一步添加了地区、合作社特征以及成员特征三类变量后，估计的结果依旧是正向且显著的。模型（5）进一步控制了外部环境特征变量，结果仍然显著。可以得出结论，分配制度偏离能够正向影响普通成员的生产合作

**分配制度偏离、普通成员行为与合作社益农性**

表6-1 主要变量设定与描述性统计结果

| 变量类别 | 变量名 | | 变量说明 | Obs | Mean | Std. Dev. | Min | Max |
|---|---|---|---|---|---|---|---|---|
| 被解释变量 | 生产合作 | service | 成员对合作社服务支出占成员农业服务支出的比重 (0-1) | 2 676 | 0.149 | 0.245 | 0 | 1 |
| | 农资购买合作 | service1 | 成员对合作社农资购买支出占成员农资购买支出的比重 (0-1) | 2 676 | 0.195 | 0.275 | 0 | 1 |
| | 生产性合作 | service2 | 成员对合作社提供的生产服务支出占成员生产服务支出的比重 (0-1) | 2 676 | 0.205 | 0.281 | 0 | 1 |
| | 农产品销售合作 | service3 | 成员通过合作社集中销售农产品收入占成员销售农产品总收入的比重 (0-1) | 2 676 | 0.203 | 0.277 | 0 | 1 |
| 核心解释变量 | 分配制度偏离 | dev | 交易量分配比例是否低于60%；是=1；否=0 | 2 676 | 0.445 | 0.497 | 0 | 1 |
| | 交易量分配比例 | trade | 盈余分配按照交易量分红的比例/% | 2 676 | 55.378 | 31.600 | 0 | 100 |
| 工具变量 | 决策方式 | decision | 合作社重大事务如何决定？1. 理事长决定或理事会决定；0=其他 | 2 676 | 0.469 | 0.499 | 0 | 1 |
| | 股权分散度 | scatter | 除去前五大股东的股权比重/% | 2 676 | 53.885 | 25.564 | 0 | 89 |
| 中介变量 | 一次让利 | save | 合作社为成员提供服务亩均节省费用/（元/年） | 2 676 | 43.524 | 15.185 | 30 | 120 |
| | 核心成员取酬 | wage | 合作社理事会成员年取得薪酬总额/万元 | 2 676 | 1.294 | 3.365 | 0 | 8 |
| | 示范社 | example | 合作社评为哪级示范社？无=0；县级=1；地市级=2；省级=3；国家级=4 | 2 676 | 0.296 | 0.456 | 0 | 4 |

第6章 分配制度偏离对普通成员生产合作行为的影响

(续表)

| 变量类别 | 变量名 | | 变量说明 | Obs | Mean | Std. Dev. | Min | Max |
|---|---|---|---|---|---|---|---|---|
| 成员特征 | 年龄 | age | 实际年龄/岁 | 2 676 | 47.523 | 22.815 | 33 | 59 |
| | 土地 | land | 当年实际经营的土地规模/亩 | 2 676 | 14.864 | 20.148 | 2 | 137 |
| | 受教育程度 | edu | 实际就学年限/年 | 2 676 | 5.081 | 11.869 | 0 | 12 |
| | 培训经历 | train | 是否参加过上级政府或合作社组织的农业技术培训？是=1；否=0 | 2 676 | 0.356 | 0.560 | 0 | 1 |
| | 工作经验 | work | 外出务工=0；当兵=1；村干部=2；公职人员=3；其他=4 | 2 676 | 1.251 | 0.828 | 0 | 4 |
| | 政治身份 | party | 党员=1；非党员=0 | 2 676 | 0.349 | 0.591 | 0 | 1 |
| | 社会网络 | social | 是否有亲戚朋友为公务员或企业老板？是=1，否=0 | 2 676 | 0.575 | 0.512 | 0 | 1 |
| 控制变量 合作社特征 | 标准化生产 | product | 合作社是否要求成员进行标准化生产？是=1；否=0 | 2 676 | 0.311 | 0.463 | 0 | 1 |
| | 品牌认证 | brand | 合作社是否拥有农产品品牌认证？否=0，是=1 | 2 676 | 0.598 | 0.490 | 0 | 1 |
| | 非成员服务 | alien | 是否为非成员提供服务？提供=1；不提供=0 | 2 676 | 0.830 | 0.375 | 0 | 1 |
| | 销售方式 | sale | 合作社是否与收购单位签订农产品销售协议：否=0；口头协议=1；正式合同=2 | 2 676 | 0.441 | 0.505 | 0 | 2 |
| | 补贴额度 | subsidy | 合作社获得政府补贴额度/万元 | 2 676 | 35.838 | 36.969 | 0 | 157 |
| | 贷款情况 | loan | 合作社现有贷款额/万元 | 2 676 | 18.553 | 27.044 | 0 | 100 |
| | 成员数量 | number | 合作社现有登记在册的成员数量/户 | 2 676 | 121.759 | 55.432 | 52 | 275 |

**分配制度偏离、普通成员行为与合作社益农性**

（续表）

| 变量类别 | | 变量名 | | 变量说明 | Obs | Mean | Std. Dev. | Min | Max |
|---|---|---|---|---|---|---|---|---|---|
| 控制变量 | 外部环境特征 | 县城距离 | distance | 成员所在村与近县城或政府驻地的距离/千米 | 2 676 | 16.585 | 12.114 | 5 | 61 |
| | | 金融环境 | bank | 成员所在村距离最近的银行网点之间的距离/千米 | 2 676 | 12.306 | 5.795 | 0 | 27 |
| | | 道路情况 | way | 成员所在村的道路条件：沥青路=5；水泥路=4；砖石路=3；砂石路=2；土路=1 | 2 676 | 3.757 | 3.331 | 1 | 5 |
| | 地区特征 | 东部地区 | eastern | 是否位于东部地区？是=1；否=0 | 2 676 | 0.258 | 0.438 | 0 | 1 |
| | | 西部地区 | western | 是否位于西部地区？是=1；否=0 | 2 676 | 0.247 | 0.431 | 0 | 1 |
| | | 中部地区 | middle | 是否位于中部地区？是=1；否=0 | 2 676 | 0.238 | 0.426 | 0 | 1 |
| | | 东北地区 | northeast | 是否位于东北地区？是=1；否=0 | 2 676 | 0.257 | 0.437 | 0 | 1 |

## 第6章 分配制度偏离对普通成员生产合作行为的影响

行为。假说3初步得证。进一步，本书还将探究何种盈余分配比例最能够正向影响普通成员的生产合作行为。因此，本书进一步将交易量分配比例作为核心自变量，并纳入交易量分配比例的二次项放入回归方程，以验证其可能存在的倒"U"形关系，估计结果如模型（6）至模型（10）所示。模型（7）至模型（9）进一步添加地区、合作社特征以及成员特征三类变量后，交易量分配比例的二次项依旧显著且为正。模型（10）进一步控制了外部环境特征变量，估计结果仍然显著。这表明，交易量分配比例对普通成员生产合作行为存在着倒"U"形影响的结论是稳健的。模型（10）中交易量分配比例变量得倒"U"形拐点值为43.00%，小于《农民专业合作社法》规定的最低交易量分配比例。假说3进一步得证。

表6-2还显示了影响普通成员生产合作行为的其他因素。根据回归结果看，除地区差异外，合作社、成员与外部环境特征均对成员的生产合作行为产生影响。从成员特征看，年龄对普通成员的生产合作行为会产生显著的正向影响。相比而言，较为年长的成员往往更加依赖于农业（郜亮亮 等，2020），而年龄人会有更多的非农就业机会和创业能力，因此年龄越大的普通成员更倾向于合作社提供的农资产品。土地经营规模的系数也显著为正。原因在于，经营规模越大的普通成员，其农业专业化程度越高（杜志雄 等，2019），也越倾向于采纳合作社的农资产品与服务。受教育程度对普通成员生产合作行为具有显著的负向影响。受教育程度越高的成员，往往具有更强的人力资本（刘俊文，2017），因此更容易在非农领域实现就业创业（梁巧 等，2014），进而负向影响普通成员的生产合作行为。培训经历对生产合作行为的影响显著为正。获得过农业技术培训的成员往往是专业化农户（郜亮亮 等，2020），对合作社节本增收的情况更加敏感（徐旭初，2010），因此能够正向影响其生产合作行为。政治身份对生产合作行为的影响为正，但并不显著。原因在于拥有政治身份的成员往往对集体组织具有更强的信任（赵昶 等，2019），因此也越倾向于接受合作社这一组织提供的农资产品与服务。社会网络对生产合作行为产生了负向影响，但并不显著。原因在于，社会网络越多的成员往往具有更多的渠道来获得农资产品与服务（徐志刚 等，2017），因而会降低对合作社的生产合作行为。从合作社特征看，标准化生产对普通成员生产合作行为有正向影响，但并不显著。合作社采取标准化生产后，能够规范成员的生产行为（韩旭东 等，2020），进而获得更高的产品销售价格，进一步促进普通

成员的生产合作行为。品牌认证对普通成员增收产生了正向影响，但并不显著。品牌认证能够对合作社生产高质量的产品提供激励（杨丹和刘自敏，2017），获得更好的市场议价能力（韩旭东 等，2020），提高了普通成员的盈利空间，进而正向影响生产合作行为。非成员服务对普通成员生产合作行为具有显著的负向影响。若合作社同时为非成员农户提供服务，将会模糊合作社内成员与非成员的边界（邓衡山 等，2022），进而负向影响成员生产合作行为。合作社销售方式对普通成员生产合作行为具有正向影响，但并不显著。合作社通过订单农业能够降低市场价格波动的影响（施晟 等，2012），稳定供应链主体的收益（徐健和汪旭晖，2009），进而正向影响普通成员的生产合作行为。合作社补贴对普通成生产合作行为收产生了负向影响，但并不显著。中国合作社普遍存在"精英俘获"的情况下，对合作社提供的补贴所获得的收益大多数为成员核心成员所获得（温铁军，2013）。合作社贷款对普通成员产生了显著的负向影响。可能的原因是，合作社偿还贷款需要耗费较多的盈余，进而挤占普通成员的一次让利与二次返利，负向影响成员生产合作行为。合作社成员数量对普通成员生产合作行为产生了正向影响，但并不显著。农村社会往往是熟人社会（唐宗焜，2012），成员数量越多表明合作社的口碑越好，其具有更强的增收能力，进而正向影响成员生产合作行为。从外部环境特征看，县城距离对出资生产合作行为的影响具有正向影响，但并不显著。距离县城越远的地区，成员购买农资与农机服务的交易成本更高，市场价格也会更高，因此普通成员会倾向于接纳合作社的农资产品与农机服务。距离银行网点的成员获取金融贷款与服务的交易成本也越高（韩旭东 等，2020），因此获得贷款与增收的可能越低。而收入较低的成员往往会更加在于从合作社中得到的优惠与分红，因此能够促进普通成员生产合作行为。道路条件越好，成员与外界的交流就越顺畅，提高了成员获得高收入的概率（张洪振 等，2020），增加了成员务农的机会成本，进而正向影响普通成员接纳合作社的生产与服务。

### 6.3.2　内生性讨论

鉴于分配制度偏离与普通成员生产合作行为可能存在着因互为因果而导致的潜在内生性问题，本书选取以下两种方法进行内生性处理。一是决策方式与股权分散度两个变量分别作为分配制度偏离与交易量分配比例

第6章 分配制度偏离对普通成员生产合作行为的影响

表6-2 分配制度偏离对普通成员生产合作行为影响的基准回归

| | (1) service | (2) service | (3) service | (4) service | (5) service | (6) service | (7) service | (8) service | (9) service | (10) service |
|---|---|---|---|---|---|---|---|---|---|---|
| dev | 0.074*** (0.010) | 0.074*** (0.010) | 0.060*** (0.010) | 0.056*** (0.010) | 0.075*** (0.011) | — | — | — | — | — |
| stdtrade | — | — | — | — | — | -0.049*** (0.003) | -0.049*** (0.003) | -0.046*** (0.004) | -0.049*** (0.004) | -0.055*** (0.004) |
| $stdtrade_2$ | — | — | — | — | — | -0.076*** (0.005) | -0.076*** (0.005) | -0.072*** (0.005) | -0.072*** (0.005) | -0.070*** (0.005) |
| age | — | — | -0.001 (0.001) | -0.002* (0.001) | -0.002* (0.001) | — | — | -0.001 (0.001) | -0.001 (0.001) | -0.001 (0.001) |
| land | — | — | 0.002*** (0.000) | 0.002*** (0.000) | 0.002*** (0.000) | — | — | 0.002*** (0.000) | 0.001*** (0.000) | 0.001*** (0.000) |
| edu | — | — | -0.004*** (0.001) | -0.005*** (0.001) | -0.006*** (0.001) | — | — | -0.004*** (0.001) | -0.005*** (0.001) | -0.006*** (0.001) |
| train | — | — | 0.042** (0.015) | 0.045** (0.015) | 0.057*** (0.015) | — | — | 0.028 (0.014) | 0.025 (0.014) | 0.032* (0.015) |
| work | — | — | 0.023** (0.009) | 0.031*** (0.009) | 0.040*** (0.009) | — | — | 0.006 (0.009) | 0.001 (0.009) | 0.008 (0.010) |
| party | — | — | -0.056*** (0.013) | -0.050*** (0.012) | -0.045*** (0.012) | — | — | -0.043*** (0.012) | -0.040*** (0.012) | -0.038** (0.012) |

**分配制度偏离、普通成员行为与合作社益农性**

(续表)

| | (1) service | (2) service | (3) service | (4) service | (5) service | (6) service | (7) service | (8) service | (9) service | (10) service |
|---|---|---|---|---|---|---|---|---|---|---|
| social | — | — | 0.008 (0.010) | 0.004 (0.010) | 0.002 (0.010) | — | — | 0.021* (0.009) | 0.023* (0.010) | 0.022* (0.010) |
| product | — | — | — | 0.006 (0.011) | 0.004 (0.011) | — | — | — | 0.026* (0.011) | 0.027* (0.011) |
| brand | — | — | — | 0.027** (0.009) | 0.032*** (0.009) | — | — | — | -0.003 (0.009) | -0.001 (0.009) |
| alien | — | — | — | -0.015 (0.011) | -0.018 (0.011) | — | — | — | -0.021* (0.011) | -0.024* (0.011) |
| sale | — | — | — | 0.005 (0.010) | 0.006 (0.010) | — | — | — | 0.005 (0.010) | 0.004 (0.010) |
| subsidy | — | — | — | -0.001*** (0.000) | -0.001*** (0.000) | — | — | — | -0.000*** (0.000) | -0.000** (0.000) |
| loan | — | — | — | 0.001*** (0.000) | 0.001*** (0.000) | — | — | — | 0.001** (0.000) | 0.001** (0.000) |
| number | — | — | — | 0.000 (0.000) | 0.000 (0.000) | — | — | — | 0.000* (0.000) | 0.000* (0.000) |
| distance | — | — | — | — | 0.000 (0.000) | — | — | — | — | 0.000 (0.000) |

## 第6章 分配制度偏离对普通成员生产合作行为的影响

（续表）

| | (1) service | (2) service | (3) service | (4) service | (5) service | (6) service | (7) service | (8) service | (9) service | (10) service |
|---|---|---|---|---|---|---|---|---|---|---|
| bank | — | — | — | — | 0.005*** | — | — | — | — | 0.003** |
| | | | | | (0.001) | | | | | (0.001) |
| way | — | — | — | — | 0.004** | — | — | — | — | 0.002 |
| | | | | | (0.002) | | | | | (0.002) |
| _cons | 0.116*** | 0.108*** | 0.101** | 0.109** | 0.012 | 0.225*** | 0.218*** | 0.201*** | 0.218*** | 0.157*** |
| | (0.005) | (0.009) | (0.033) | (0.038) | (0.042) | (0.008) | (0.011) | (0.034) | (0.038) | (0.043) |
| 地区控制变量 | 未控制 | 已控制 | 已控制 | 已控制 | 已控制 | 未控制 | 已控制 | 已控制 | 已控制 | 已控制 |
| N | 2 676 | 2 676 | 2 676 | 2 676 | 2 676 | 2 676 | 2 676 | 2 676 | 2 676 | 2 676 |
| $R^2$ | 0.022 | 0.023 | 0.101 | 0.116 | 0.125 | 0.105 | 0.105 | 0.170 | 0.181 | 0.184 |

注：括号外的数字为估计系数，括号内的数字为该系数下的标准差；*、**、***分别代表10%、5%、1%显著性。

的工具变量，使用两阶段最小二乘法进行实证估计。二是本书还选取IVTobit模型进行估计，以提高稳健性。表6-3中的模型（1）至模型（5）与表6-4中的模型（1）至模型（5）分别报告了以分配制度偏离和以交易量分配比例的一次项与二次项为核心自变量的两阶段最小二乘法检验结果。上述估计中LM检验得到的P值均等于0，说明不存在识别不足的问题。进一步，Wald检验得出的F值均远大于10%显著性水平下的临界值，说明不存在弱IV的问题。因此，证明本书选取决策方式作为分配制度偏离的工具变量、交易量分配比例作为股权分散度的工具变量是合适的。

表6-3中的模型（1）至模型（10）以决策方式作为分配制度偏离的工具变量时，逐步加入控制变量的估计结果。其中，模型（1）至模型（5）报告了以两阶段最小二乘估计法的估计结果，模型（6）至模型（10）报告了以IVTobit模型的估计结果。从表6-3可以得出，模型（1）至模型（5）中两阶段最小二乘估计法下分配制度偏离变量的估计系数均大于0，通过了显著性水平检验；由于本书的被解释变量可能存在取值受限的情况，即部分农户的生产合作行为变量可能为零，因此本书模型（6）至模型（10）中以IVTobit模型下分配制度偏离变量的估计系数也均大于0，且通过了显著性水平检验。这表明，当考虑到分配制度偏离与普通成员生产合作行为二者之间互为因果关系的情况下，分配制度发生偏离的合作社，能够正向影响普通成员生产合作行为的概率这一结论是显著且稳健的。假说3进一步得证。

表6-4中的模型（1）至模型（10）分别以股权分散度作为交易量分配比例的工具变量下逐步加入控制变量的估计结果。其中，模型（1）至模型（5）报告了以两阶段最小二乘估计法的估计结果，模型（6）至模型（10）报告了以IVTobit模型的估计结果。从表6-4可以得出：模型（1）至模型（5）中两阶段最小二乘估计法下工具变量的一次项与二次项均显著，通过了显著性水平检验，说明交易量分配比例对普通成员生产合作行为的影响存在着倒"U"形关系。本书模型（6）至模型（10）中以IVTobit模型下分配制度偏离变量的估计系数也均大于0，且通过了显著性水平检验。这表明，当考虑到分配制度偏离与普通成员生产合作行为二者之间互为因果关系的情况下，合作社的交易量分配比例对普通成员生产合作行为存在着倒"U"形影响这一结论也是显著且稳健的。通过计算可知倒"U"形的拐点值均小于60%，假说3进一步得以证明。

第6章 分配制度偏离对普通成员生产合作行为的影响

表6-3 分配制度偏离对普通成员生产合作的影响——工具变量模型的估计结果

| | 2SLS | | | | | IVTobit | | | | |
|---|---|---|---|---|---|---|---|---|---|---|
| | (1) service | (2) service | (3) service | (4) service | (5) service | (6) service | (7) service | (8) service | (9) service | (10) service |
| dev | 0.094*** (0.011) | 0.094*** (0.011) | 0.078*** (0.012) | 0.075*** (0.012) | 0.098*** (0.013) | 0.131*** (0.022) | 0.130*** (0.022) | 0.101*** (0.024) | 0.097*** (0.025) | 0.130*** (0.027) |
| age | — | — | −0.001 (0.001) | −0.002** (0.001) | −0.002* (0.001) | — | — | −0.004** (0.001) | −0.005** (0.001) | −0.005*** (0.001) |
| land | — | — | 0.002*** (0.000) | 0.002*** (0.000) | 0.002*** (0.000) | — | — | 0.004*** (0.000) | 0.004*** (0.000) | 0.004*** (0.000) |
| edu | — | — | −0.004** (0.001) | −0.004** (0.001) | −0.006*** (0.001) | — | — | −0.004* (0.002) | −0.006** (0.002) | −0.008** (0.002) |
| train | — | — | 0.041** (0.016) | 0.044** (0.016) | 0.058*** (0.016) | — | — | 0.092** (0.030) | 0.091** (0.030) | 0.107*** (0.031) |
| work | — | — | 0.022** (0.008) | 0.030*** (0.009) | 0.040*** (0.009) | — | — | 0.000 (0.015) | 0.003 (0.017) | 0.018 (0.017) |
| party | — | — | −0.061*** (0.014) | −0.055*** (0.014) | −0.050*** (0.014) | — | — | −0.091*** (0.027) | −0.083** (0.027) | −0.079** (0.028) |
| social | — | — | 0.008 (0.009) | 0.004 (0.009) | 0.002 (0.009) | — | — | 0.029 (0.019) | 0.030 (0.019) | 0.025 (0.019) |

**分配制度偏离、普通成员行为与合作社益农性**

(续表)

|  | 2SLS | | | | | IVTobit | | | | |
|---|---|---|---|---|---|---|---|---|---|---|
|  | (1) service | (2) service | (3) service | (4) service | (5) service | (6) service | (7) service | (8) service | (9) service | (10) service |
| product | — | — | — | 0.006 | 0.004 | — | — | — | 0.039 | 0.044 |
|  |  |  |  | (0.012) | (0.012) |  |  |  | (0.023) | (0.023) |
| brand | — | — | — | 0.025** | 0.030** | — | — | — | 0.021 | 0.028 |
|  |  |  |  | (0.010) | (0.010) |  |  |  | (0.019) | (0.019) |
| alien | — | — | — | -0.017 | -0.020 | — | — | — | -0.054* | -0.059* |
|  |  |  |  | (0.012) | (0.012) |  |  |  | (0.025) | (0.025) |
| sale | — | — | — | 0.006 | 0.008 | — | — | — | 0.005 | 0.002 |
|  |  |  |  | (0.009) | (0.010) |  |  |  | (0.019) | (0.019) |
| subsidy | — | — | — | -0.001*** | -0.001*** | — | — | — | -0.001*** | -0.001*** |
|  |  |  |  | (0.000) | (0.000) |  |  |  | (0.000) | (0.000) |
| loan | — | — | — | 0.001*** | 0.001*** | — | — | — | 0.001** | 0.001** |
|  |  |  |  | (0.000) | (0.000) |  |  |  | (0.000) | (0.000) |
| number | — | — | — | 0.000 | 0.000 | — | — | — | 0.001** | 0.001*** |
|  |  |  |  | (0.000) | (0.000) |  |  |  | (0.000) | (0.000) |
| distance | — | — | — | — | 0.000 | — | — | — | — | 0.000 |
|  |  |  |  |  | (0.000) |  |  |  |  | (0.001) |

# 第6章 分配制度偏离对普通成员生产合作行为的影响

（续表）

|  | 2SLS | | | | | IVTobit | | | | |
|---|---|---|---|---|---|---|---|---|---|---|
|  | (1) service | (2) service | (3) service | (4) service | (5) service | (6) service | (7) service | (8) service | (9) service | (10) service |
| bank | — | — | — | — | 0.006*** (0.001) | — | — | — | — | 0.009*** (0.002) |
| way | — | — | — | — | 0.005 (0.003) | — | — | — | — | 0.004 (0.005) |
| _cons | 0.108*** (0.007) | 0.099*** (0.011) | 0.092** (0.033) | 0.104** (0.038) | -0.009 (0.043) | -0.099*** (0.015) | -0.127*** (0.022) | -0.097 (0.067) | -0.081 (0.076) | -0.240** (0.086) |
| 地区控制变量 | 未控制 | 未控制 | 未控制 | 未控制 | 未控制 | 未控制 | 未控制 | 未控制 | 未控制 | 未控制 |
| N | 2 676 | 2 676 | 2 676 | 2 676 | 2 676 | 2 676 | 2 676 | 2 676 | 2 676 | 2 676 |
| $R^2$ | 0.021 | 0.021 | 0.100 | 0.115 | 0.123 | — | — | — | — | — |

注：括号外的数字为估计系数，括号内的数字为该系数下的标准差；*、**、*** 分别代表10%、5%、1%显著性。

**表6-4 交易量分配比例对普通成员生产合作的影响——工具变量模型的估计结果**

|  | 2SLS | | | | | IVTobit | | | | |
|---|---|---|---|---|---|---|---|---|---|---|
|  | (1) service | (2) service | (3) service | (4) service | (5) service | (6) service | (7) service | (8) service | (9) service | (10) service |
| stdtrade | -0.053*** (0.005) | -0.053*** (0.005) | -0.050*** (0.005) | -0.053*** (0.005) | -0.060*** (0.006) | — | — | — | — | — |

分配制度偏离、普通成员行为与合作社益农性

（续表）

| | 2SLS | | | | | | IVTobit | | | |
|---|---|---|---|---|---|---|---|---|---|---|
| | (1) service | (2) service | (3) service | (4) service | (5) service | (6) service | (7) service | (8) service | (9) service | (10) service |
| stdtrade$_2$ | -0.077*** (0.005) | -0.077*** (0.005) | -0.073*** (0.005) | -0.074*** (0.005) | -0.071*** (0.005) | — | — | — | — | — |
| trade | — | — | — | — | — | 0.018*** (0.001) | 0.018*** (0.001) | 0.017*** (0.001) | 0.018*** (0.002) | 0.018*** (0.002) |
| trade$_2$ | — | — | — | — | — | -0.000*** (0.000) | -0.000*** (0.000) | -0.000*** (0.000) | -0.000*** (0.000) | -0.000*** (0.000) |
| age | — | — | -0.001 (0.001) | -0.001 (0.001) | -0.001 (0.001) | — | — | -0.003* (0.001) | -0.003* (0.001) | -0.003* (0.001) |
| land | — | — | 0.002*** (0.000) | 0.001*** (0.000) | 0.001*** (0.000) | — | — | 0.004*** (0.000) | 0.003*** (0.000) | 0.003*** (0.000) |
| edu | — | — | -0.004*** (0.001) | -0.005*** (0.001) | -0.006*** (0.001) | — | — | -0.003 (0.002) | -0.006** (0.002) | -0.006* (0.002) |
| train | — | — | 0.027 (0.015) | 0.024 (0.015) | 0.032* (0.016) | — | — | 0.060* (0.030) | 0.038 (0.030) | 0.042 (0.031) |
| work | — | — | 0.005 (0.008) | 0.000 (0.009) | 0.008 (0.009) | — | — | -0.046** (0.016) | -0.080*** (0.018) | -0.070*** (0.019) |

第 6 章　分配制度偏离对普通成员生产合作行为的影响

（续表）

|  | 2SLS | | | | | IVTobit | | | | |
|---|---|---|---|---|---|---|---|---|---|---|
|  | (1) service | (2) service | (3) service | (4) service | (5) service | (6) service | (7) service | (8) service | (9) service | (10) service |
| party | — | — | -0.046*** | -0.042** | -0.039** | — | — | -0.070** | -0.064* | -0.065* |
|  |  |  | (0.013) | (0.013) | (0.014) |  |  | (0.026) | (0.027) | (0.027) |
| social | — | — | 0.022* | 0.024** | 0.023* | — | — | 0.061** | 0.081*** | 0.079*** |
|  |  |  | (0.009) | (0.009) | (0.009) |  |  | (0.019) | (0.019) | (0.019) |
| product | — | — | — | 0.027* | 0.028* | — | — | — | 0.127*** | 0.130*** |
|  |  |  |  | (0.012) | (0.012) |  |  |  | (0.024) | (0.024) |
| brand | — | — | — | -0.005 | -0.002 | — | — | — | -0.057** | -0.054** |
|  |  |  |  | (0.009) | (0.010) |  |  |  | (0.020) | (0.020) |
| alien | — | — | — | -0.022 | -0.025* | — | — | — | -0.076** | -0.081*** |
|  |  |  |  | (0.012) | (0.012) |  |  |  | (0.024) | (0.025) |
| sale | — | — | — | 0.005 | 0.004 | — | — | — | 0.026 | 0.022 |
|  |  |  |  | (0.009) | (0.009) |  |  |  | (0.019) | (0.019) |
| subsidy | — | — | — | -0.000*** | -0.000** | — | — | — | -0.001 | -0.000 |
|  |  |  |  | (0.000) | (0.000) |  |  |  | (0.000) | (0.000) |
| loan | — | — | — | 0.001** | 0.001*** | — | — | — | 0.001 | 0.001* |
|  |  |  |  | (0.000) | (0.000) |  |  |  | (0.000) | (0.000) |

**分配制度偏离、普通成员行为与合作社益农性**

(续表)

|  | 2SLS | | | | | | IVTobit | | | |
|---|---|---|---|---|---|---|---|---|---|---|
|  | (1) service | (2) service | (3) service | (4) service | (5) service | (6) service | (7) service | (8) service | (9) service | (10) service |
| number | — | — | — | 0.000* (0.000) | 0.000* (0.000) | — | — | — | 0.001*** (0.000) | 0.001*** (0.000) |
| distance | — | — | — | — | 0.000 (0.000) | — | — | — | — | 0.001 (0.001) |
| bank | — | — | — | — | 0.004*** (0.001) | — | — | — | — | 0.004* (0.002) |
| way | — | — | — | — | 0.003 (0.003) | — | — | — | — | -0.001 (0.005) |
| _cons | 0.226*** (0.007) | 0.219*** (0.010) | 0.200*** (0.032) | 0.219*** (0.037) | 0.151*** (0.042) | -0.259*** (0.033) | -0.288*** (0.037) | -0.249*** (0.069) | -0.217** (0.079) | -0.269** (0.084) |
| 地区控制变量 | 未控制 | 已控制 | 已控制 | 已控制 | 已控制 | 未控制 | 已控制 | 已控制 | 已控制 | 已控制 |
| N | 2 676 | 2 676 | 2 676 | 2 676 | 2 676 | 2 676 | 2 676 | 2 676 | 2 676 | 2 676 |
| $R^2$ | 0.105 | 0.105 | 0.170 | 0.181 | 0.184 | — | — | — | — | — |

注：括号外的数字为估计系数，括号内的数字为该系数下的标准差；*、**、***分别代表10%、5%、1%显著性。

·170·

第6章 分配制度偏离对普通成员生产合作行为的影响

### 6.3.3 稳健性检验

为提高稳健性，本书分别通过更换模型与变量的方法进行估计。首先，由于本书的被解释变量普通成员生产合作行为这一变量的取值存在受限的情况，因此本书选取 Tobit 模型进行检验。其次，本书还采用替换变量的方法，将普通成员股权额这一变量作为因变量来进行估计。最后，本书还采用删除部分样本的方法，将普通成员出资额为 0 的样本删除，再进行稳健型检验。

（1）更换模型

普通成员生产合作行为的取值存在因变量受限的情况，即有相当一部分普通成员生产合作行为变量的取值为 0。因此，本书选择用 Tobit 模型进行进一步估计。表 6-5 中的模型（1）至模型（5）和模型（6）至模型（10）均是采用逐步加入控制变量的方式进行估计。表 6-5 的估计结果与表 6-2 相一致，分配制度偏离、交易量分配比例的一次项与二次项变量分别在模型（1）至模型（5）和模型（6）至模型（10）的估计系数均为正，且均通过了 1% 水平下显著性检验，表明分配制度偏离对于普通成员的生产合作行为具有显著的正向影响，且交易量分配比例与普通成员生产合作行为之间存在着倒"U"形关系这一结论是稳健的，且倒"U"形的拐点值小于 60%。假说 3 得到了进一步验证。

（2）更换被解释变量

为进一步提高估计结果的稳健性，本书采用农资购买合作、生产性合作、农产品销售合作三个变量替换被解释变量进行稳健性检验，如表 6-6、表 6-7 和表 6-8 所示。上述模型均是采用逐步加入控制变量的方式进行估计。表 6-6、表 6-7、表 6-8 的估计结果与表 6-2 相一致，分配制度偏离、交易量分配比例的一次项与二次项变量分别在模型（1）至模型（5）和模型（6）至模型（10）的估计系数均为正，且均通过了 1% 水平下显著性检验，对采购、生产与销售合作同样适用，表明分配制度偏离对于普通成员生产合作行为具有显著的正向影响，且交易量分配比例与普通成员生产合作行为之间存在着倒"U"形关系这一结论是稳健的，且倒"U"形的拐点值小于 60%。假说 3 得到了进一步验证。

（3）删除部分样本

在上面两种稳健性检验方法的基础上，本书还尝试剔除普通成员生产

**表 6-5 分配制度偏离对普通成员生产合作行为的稳健性检验——Tobit 模型的估计结果**

| | (1) service | (2) service | (3) service | (4) service | (5) service | (6) service | (7) service | (8) service | (9) service | (10) service |
|---|---|---|---|---|---|---|---|---|---|---|
| dev | 0.074*** (0.009) | 0.074*** (0.009) | 0.060*** (0.010) | 0.056*** (0.010) | 0.075*** (0.011) | — | — | — | — | — |
| stdtrade | — | — | — | — | — | -0.049*** (0.005) | -0.049*** (0.005) | -0.046*** (0.005) | -0.049*** (0.005) | -0.055*** (0.005) |
| stdtrade$_2$ | — | — | — | — | — | -0.076*** (0.005) | -0.076*** (0.005) | -0.072*** (0.005) | -0.072*** (0.005) | -0.070*** (0.005) |
| age | — | — | -0.001* (0.001) | -0.002* (0.001) | -0.002** (0.001) | — | — | -0.001 (0.001) | -0.001 (0.001) | -0.001 (0.001) |
| land | — | — | 0.002*** (0.000) | 0.002*** (0.000) | 0.002*** (0.000) | — | — | 0.002*** (0.000) | 0.001*** (0.000) | 0.001*** (0.000) |
| edu | — | — | -0.004*** (0.001) | -0.005*** (0.001) | -0.006*** (0.001) | — | — | -0.004*** (0.001) | -0.005*** (0.001) | -0.006*** (0.001) |
| train | — | — | 0.042** (0.016) | 0.045** (0.016) | 0.057*** (0.016) | — | — | 0.028 (0.015) | 0.025 (0.015) | 0.032* (0.016) |
| work | — | — | 0.023** (0.008) | 0.031*** (0.009) | 0.040*** (0.009) | — | — | 0.006 (0.008) | 0.001 (0.009) | 0.008 (0.009) |
| party | — | — | -0.056*** (0.014) | -0.050*** (0.014) | -0.045*** (0.014) | — | — | -0.043*** (0.013) | -0.040*** (0.013) | -0.038*** (0.014) |

第6章 分配制度偏离对普通成员生产合作行为的影响

（续表）

| | (1) service | (2) service | (3) service | (4) service | (5) service | (6) service | (7) service | (8) service | (9) service | (10) service |
|---|---|---|---|---|---|---|---|---|---|---|
| social | — | — | 0.008 (0.009) | 0.004 (0.009) | 0.002 (0.009) | — | — | 0.021* (0.009) | 0.023* (0.009) | 0.022* (0.009) |
| product | — | — | — | 0.006 (0.012) | 0.004 (0.012) | — | — | — | 0.026* (0.012) | 0.027* (0.012) |
| brand | — | — | — | 0.027** (0.010) | 0.032*** (0.010) | — | — | — | −0.003 (0.009) | −0.001 (0.009) |
| alien | — | — | — | −0.015 (0.012) | −0.018 (0.012) | — | — | — | −0.021 (0.012) | −0.024* (0.012) |
| sale | — | — | — | 0.005 (0.009) | 0.006 (0.010) | — | — | — | 0.005 (0.009) | 0.004 (0.009) |
| subsidy | — | — | — | −0.001*** (0.000) | −0.001*** (0.000) | — | — | — | −0.000*** (0.000) | −0.000** (0.000) |
| loan | — | — | — | 0.001*** (0.000) | 0.001*** (0.000) | — | — | — | 0.001** (0.000) | 0.001*** (0.000) |
| number | — | — | — | 0.000 (0.000) | 0.000 (0.000) | — | — | — | 0.000* (0.000) | 0.000* (0.000) |
| distance | — | — | — | — | 0.000 (0.000) | — | — | — | — | 0.000 (0.000) |

**分配制度偏离、普通成员行为与合作社益农性**

(续表)

| | (1) service | (2) service | (3) service | (4) service | (5) service | (6) service | (7) service | (8) service | (9) service | (10) service |
|---|---|---|---|---|---|---|---|---|---|---|
| bank | — | — | — | — | 0.005*** | — | — | — | — | 0.003** |
| | | | | | (0.001) | | | | | (0.001) |
| way | — | — | — | — | 0.004 | — | — | — | — | 0.002 |
| | | | | | (0.003) | | | | | (0.003) |
| _cons | 0.116*** | 0.108*** | 0.101** | 0.109** | 0.012 | 0.225*** | 0.218*** | 0.201*** | 0.218*** | 0.157*** |
| | (0.006) | (0.010) | (0.033) | (0.038) | (0.042) | (0.007) | (0.010) | (0.032) | (0.037) | (0.042) |
| 地区控制变量 | 未控制 | 已控制 | 已控制 | 已控制 | 已控制 | 未控制 | 已控制 | 已控制 | 已控制 | 已控制 |
| N | 2676 | 2676 | 2676 | 2676 | 2676 | 2676 | 2676 | 2676 | 2676 | 2676 |

注：括号外的数字为估计系数，括号内的数字为该系数下的标准差；*、**、***分别代表10%、5%、1%显著性。

**表6-6 分配制度偏离对普通成员生产合作行为的稳健性检验——更换农资购买合作行为作被解释变量的估计结果**

| | (1) service1 | (2) service1 | (3) service1 | (4) service1 | (5) service1 | (6) service1 | (7) service1 | (8) service1 | (9) service1 | (10) service1 |
|---|---|---|---|---|---|---|---|---|---|---|
| dev | 0.096*** | 0.095*** | 0.070*** | 0.064*** | 0.089*** | — | — | — | — | — |
| | (0.011) | (0.011) | (0.011) | (0.011) | (0.013) | | | | | |
| stdtrade | — | — | — | — | — | −0.068*** | −0.068*** | −0.064*** | −0.067*** | −0.075*** |
| | | | | | | (0.004) | (0.004) | (0.004) | (0.004) | (0.005) |
| stdtrade$_2$ | — | — | — | — | — | −0.101*** | −0.101*** | −0.102*** | −0.103*** | −0.100*** |
| | | | | | | (0.005) | (0.005) | (0.005) | (0.005) | (0.005) |

# 第6章 分配制度偏离对普通成员生产合作行为的影响

（续表）

| | (1) service1 | (2) service1 | (3) service1 | (4) service1 | (5) service1 | (6) service1 | (7) service1 | (8) service1 | (9) service1 | (10) service1 |
|---|---|---|---|---|---|---|---|---|---|---|
| age | — | — | -0.002** | -0.002** | -0.003** | — | — | -0.002* | -0.002* | -0.002* |
| | — | — | (0.001) | (0.001) | (0.001) | — | — | (0.001) | (0.001) | (0.001) |
| land | — | — | 0.002*** | 0.002*** | 0.002*** | — | — | 0.002*** | 0.001*** | 0.001*** |
| | — | — | (0.000) | (0.000) | (0.000) | — | — | (0.000) | (0.000) | (0.000) |
| edu | — | — | 0.003* | 0.002* | 0.000 | — | — | 0.003** | 0.002* | 0.001 |
| | — | — | (0.001) | (0.001) | (0.001) | — | — | (0.001) | (0.001) | (0.001) |
| train | — | — | 0.039* | 0.045* | 0.057** | — | — | 0.019 | 0.016 | 0.022 |
| | — | — | (0.018) | (0.018) | (0.018) | — | — | (0.016) | (0.016) | (0.017) |
| work | — | — | 0.018 | 0.031** | 0.043*** | — | — | -0.008 | -0.012 | -0.003 |
| | — | — | (0.009) | (0.010) | (0.010) | — | — | (0.009) | (0.010) | (0.010) |
| party | — | — | -0.037* | -0.030* | -0.023 | — | — | -0.023 | -0.019 | -0.014 |
| | — | — | (0.016) | (0.015) | (0.015) | — | — | (0.014) | (0.014) | (0.014) |
| social | — | — | 0.015 | 0.010 | 0.009 | — | — | 0.034*** | 0.038*** | 0.038*** |
| | — | — | (0.010) | (0.011) | (0.011) | — | — | (0.010) | (0.010) | (0.011) |
| product | — | — | — | 0.025 | 0.022 | — | — | — | 0.022 | 0.022 |
| | — | — | — | (0.013) | (0.013) | — | — | — | (0.012) | (0.012) |
| brand | — | — | — | 0.033** | 0.038*** | — | — | — | -0.011 | -0.008 |
| | — | — | — | (0.010) | (0.010) | — | — | — | (0.010) | (0.010) |

**分配制度偏离、普通成员行为与合作社益农性**

（续表）

| | (1) service1 | (2) service1 | (3) service1 | (4) service1 | (5) service1 | (6) service1 | (7) service1 | (8) service1 | (9) service1 | (10) service1 |
|---|---|---|---|---|---|---|---|---|---|---|
| alien | — | — | — | -0.001 (0.013) | -0.007 (0.013) | — | — | — | -0.011 (0.012) | -0.017 (0.012) |
| sale | — | — | — | 0.004 (0.011) | 0.009 (0.011) | — | — | — | 0.009 (0.011) | 0.005 (0.011) |
| subsidy | — | — | — | -0.001*** (0.000) | -0.001*** (0.000) | — | — | — | -0.001*** (0.000) | -0.000** (0.000) |
| loan | — | — | — | 0.001** (0.000) | 0.001** (0.000) | — | — | — | 0.000* (0.000) | 0.001* (0.000) |
| number | — | — | — | 0.000 (0.000) | 0.000 (0.000) | — | — | — | 0.000 (0.000) | 0.000 (0.000) |
| distance | — | — | — | — | 0.001 (0.000) | — | — | — | — | 0.001* (0.000) |
| bank | — | — | — | — | 0.007*** (0.001) | — | — | — | — | 0.004*** (0.001) |
| way | — | — | — | — | 0.006 (0.003) | — | — | — | — | 0.003 (0.002) |
| _cons | 0.152*** (0.006) | 0.139*** (0.011) | 0.136*** (0.039) | 0.137** (0.044) | 0.008 (0.048) | 0.296*** (0.009) | 0.284*** (0.012) | 0.271*** (0.037) | 0.288*** (0.042) | 0.203*** (0.047) |

第6章 分配制度偏离对普通成员生产合作行为的影响

(续表)

| | (1) | (2) | (3) | (4) | (5) | (6) | (7) | (8) | (9) | (10) |
|---|---|---|---|---|---|---|---|---|---|---|
| | service1 | service1 | service1 | service1 | service1 | service1 | service1 | service1 | service1 | service1 |
| 地区控制变量 | 未控制 | 已控制 | 已控制 | 已控制 | 已控制 | 未控制 | 已控制 | 已控制 | 已控制 | 已控制 |
| N | 2 676 | 2 676 | 2 676 | 2 676 | 2 676 | 2 676 | 2 676 | 2 676 | 2 676 | 2 676 |
| $R^2$ | 0.030 | 0.031 | 0.108 | 0.124 | 0.135 | 0.152 | 0.153 | 0.225 | 0.232 | 0.237 |

注：括号外的数字为估计系数，括号内的数字为该系数下的标准差；*、**、***分别代表10%、5%、1%显著性。

**表6-7 分配制度偏离对普通成员生产性合作行为的稳健性检验——更换生产性合作行为作被解释变量的估计结果**

| | (1) | (2) | (3) | (4) | (5) | (6) | (7) | (8) | (9) | (10) |
|---|---|---|---|---|---|---|---|---|---|---|
| | service2 | service2 | service2 | service2 | service2 | service2 | service2 | service2 | service2 | service2 |
| dev | 0.095*** | 0.094*** | 0.068*** | 0.062*** | 0.087*** | — | — | — | — | — |
| | (0.011) | (0.011) | (0.011) | (0.011) | (0.013) | | | | | |
| stdtrade | — | — | — | — | — | −0.069*** | −0.069*** | −0.064*** | −0.068*** | −0.076*** |
| | | | | | | (0.004) | (0.004) | (0.004) | (0.004) | (0.005) |
| stdtrade$_2$ | — | — | — | — | — | −0.100*** | −0.100*** | −0.101*** | −0.103*** | −0.100*** |
| | | | | | | (0.005) | (0.005) | (0.005) | (0.005) | (0.006) |
| age | — | — | −0.002** | −0.003** | −0.003** | — | — | −0.002* | −0.002* | −0.002* |
| | | | (0.001) | (0.001) | (0.001) | | | (0.001) | (0.001) | (0.001) |
| land | — | — | 0.002*** | 0.002*** | 0.002*** | — | — | 0.002*** | 0.001*** | 0.001*** |
| | | | (0.000) | (0.000) | (0.000) | | | (0.000) | (0.000) | (0.000) |

**分配制度偏离、普通成员行为与合作社益农性**

（续表）

| | (1) service2 | (2) service2 | (3) service2 | (4) service2 | (5) service2 | (6) service2 | (7) service2 | (8) service2 | (9) service2 | (10) service2 |
|---|---|---|---|---|---|---|---|---|---|---|
| edu | — | — | 0.003* | 0.002* | 0.000 | — | — | 0.003** | 0.002* | 0.001 |
|  |  |  | (0.001) | (0.001) | (0.001) |  |  | (0.001) | (0.001) | (0.001) |
| train | — | — | 0.038* | 0.043* | 0.055** | — | — | 0.018 | 0.014 | 0.020 |
|  |  |  | (0.018) | (0.018) | (0.019) |  |  | (0.016) | (0.016) | (0.017) |
| work | — | — | 0.013 | 0.024* | 0.036*** | — | — | −0.012 | −0.019 | −0.010 |
|  |  |  | (0.010) | (0.010) | (0.010) |  |  | (0.009) | (0.010) | (0.010) |
| party | — | — | −0.029 | −0.021 | −0.014 | — | — | −0.016 | −0.011 | −0.007 |
|  |  |  | (0.016) | (0.015) | (0.016) |  |  | (0.014) | (0.014) | (0.014) |
| social | — | — | 0.015 | 0.010 | 0.010 | — | — | 0.034*** | 0.038*** | 0.039*** |
|  |  |  | (0.011) | (0.011) | (0.011) |  |  | (0.010) | (0.011) | (0.011) |
| product | — | — | — | 0.015 | 0.013 | — | — | — | 0.032* | 0.033** |
|  |  |  |  | (0.013) | (0.013) |  |  |  | (0.012) | (0.012) |
| brand | — | — | — | 0.033** | 0.039*** | — | — | — | −0.011 | −0.007 |
|  |  |  |  | (0.010) | (0.010) |  |  |  | (0.010) | (0.010) |
| alien | — | — | — | −0.004 | −0.010 | — | — | — | −0.014 | −0.020 |
|  |  |  |  | (0.013) | (0.013) |  |  |  | (0.012) | (0.012) |
| sale | — | — | — | 0.003 | 0.008 | — | — | — | 0.010 | 0.006 |
|  |  |  |  | (0.011) | (0.011) |  |  |  | (0.011) | (0.011) |

## 第6章 分配制度偏离对普通成员生产合作行为的影响

（续表）

| | (1) service2 | (2) service2 | (3) service2 | (4) service2 | (5) service2 | (6) service2 | (7) service2 | (8) service2 | (9) service2 | (10) service2 |
|---|---|---|---|---|---|---|---|---|---|---|
| subsidy | — | — | — | −0.001*** | −0.001*** | — | — | — | −0.001*** | −0.000** |
| | | | | (0.000) | (0.000) | | | | (0.000) | (0.000) |
| loan | — | — | — | 0.001** | 0.001** | — | — | — | 0.000* | 0.000* |
| | | | | (0.000) | (0.000) | | | | (0.000) | (0.000) |
| number | — | — | — | 0.000 | 0.000 | — | — | — | 0.000 | 0.000 |
| | | | | (0.000) | (0.000) | | | | (0.000) | (0.000) |
| distance | — | — | — | — | 0.001 | — | — | — | — | 0.001* |
| | | | | | (0.000) | | | | | (0.000) |
| bank | — | — | — | — | 0.007*** | — | — | — | — | 0.004*** |
| | | | | | (0.001) | | | | | (0.001) |
| way | — | — | — | — | 0.005 | — | — | — | — | 0.003 |
| | | | | | (0.003) | | | | | (0.002) |
| _cons | 0.162*** | 0.149*** | 0.155*** | 0.157*** | 0.028 | 0.305*** | 0.293*** | 0.288*** | 0.308*** | 0.220*** |
| | (0.006) | (0.011) | (0.039) | (0.045) | (0.049) | (0.009) | (0.012) | (0.038) | (0.043) | (0.048) |
| 地区控制变量 | 未控制 | 已控制 | 已控制 | 已控制 | 已控制 | 未控制 | 已控制 | 已控制 | 已控制 | 已控制 |
| N | 2 676 | 2 676 | 2 676 | 2 676 | 2 676 | 2 676 | 2 676 | 2 676 | 2 676 | 2 676 |
| R² | 0.028 | 0.030 | 0.112 | 0.127 | 0.138 | 0.144 | 0.145 | 0.224 | 0.232 | 0.237 |

注：括号外的数字为估计系数，括号内的数字为该系数下的标准差；*、**、*** 分别代表10%、5%、1%显著性。

**分配制度偏离、普通成员行为与合作社益农性**

表6-8 分配制度偏离对普通成员生产合作行为的稳健性检验——更换农产品销售合作行为作被解释变量的估计结果

| | (1) service3 | (2) service3 | (3) service3 | (4) service3 | (5) service3 | (6) service3 | (7) service3 | (8) service3 | (9) service3 | (10) service3 |
|---|---|---|---|---|---|---|---|---|---|---|
| dev | 0.087*** (0.011) | 0.087*** (0.011) | 0.061*** (0.011) | 0.056*** (0.011) | 0.082*** (0.013) | — | — | — | — | — |
| stdtrade | — | — | — | — | — | -0.064*** (0.004) | -0.063*** (0.004) | -0.060*** (0.004) | -0.064*** (0.004) | -0.072*** (0.005) |
| stdtrade$_2$ | — | — | — | — | — | -0.099*** (0.005) | -0.099*** (0.005) | -0.101*** (0.005) | -0.102*** (0.005) | -0.099*** (0.005) |
| age | — | — | -0.003** (0.001) | -0.003** (0.001) | -0.003*** (0.001) | — | — | -0.002* (0.001) | -0.002** (0.001) | -0.002** (0.001) |
| land | — | — | 0.002*** (0.000) | 0.002*** (0.000) | 0.002*** (0.000) | — | — | 0.002*** (0.000) | 0.001*** (0.000) | 0.002*** (0.000) |
| edu | — | — | 0.003* (0.001) | 0.003* (0.001) | 0.001 (0.001) | — | — | 0.003*** (0.001) | 0.002* (0.001) | 0.002 (0.001) |
| train | — | — | 0.044* (0.019) | 0.049** (0.018) | 0.061** (0.019) | — | — | 0.024 (0.017) | 0.021 (0.016) | 0.026 (0.017) |
| work | — | — | 0.007 (0.009) | 0.019 (0.010) | 0.031** (0.010) | — | — | -0.018 (0.009) | -0.025* (0.010) | -0.015 (0.010) |
| party | — | — | -0.032* (0.016) | -0.025 (0.015) | -0.018 (0.016) | — | — | -0.019 (0.014) | -0.014 (0.014) | -0.011 (0.014) |

# 第6章 分配制度偏离对普通成员生产合作行为的影响

（续表）

| | (1) service3 | (2) service3 | (3) service3 | (4) service3 | (5) service3 | (6) service3 | (7) service3 | (8) service3 | (9) service3 | (10) service3 |
|---|---|---|---|---|---|---|---|---|---|---|
| social | — | — | 0.017 (0.010) | 0.013 (0.011) | 0.012 (0.011) | — | — | 0.036*** (0.010) | 0.041*** (0.010) | 0.041*** (0.011) |
| product | — | — | — | 0.014 (0.013) | 0.011 (0.013) | — | — | — | 0.032** (0.012) | 0.034** (0.012) |
| brand | — | — | — | 0.034*** (0.010) | 0.040*** (0.010) | — | — | — | -0.010 (0.010) | -0.006 (0.010) |
| alien | — | — | — | -0.006 (0.013) | -0.012 (0.013) | — | — | — | -0.016 (0.012) | -0.022 (0.012) |
| sale | — | — | — | 0.003 (0.011) | 0.008 (0.011) | — | — | — | 0.010 (0.011) | 0.006 (0.011) |
| subsidy | — | — | — | -0.001*** (0.000) | -0.001*** (0.000) | — | — | — | -0.001*** (0.000) | -0.000** (0.000) |
| loan | — | — | — | 0.001** (0.000) | 0.001** (0.000) | — | — | — | 0.000* (0.000) | 0.000* (0.000) |
| number | — | — | — | 0.000 (0.000) | 0.000 (0.000) | — | — | — | 0.000 (0.000) | 0.000* (0.000) |
| distance | — | — | — | — | 0.001 (0.000) | — | — | — | — | 0.001* (0.000) |

· 181 ·

**分配制度偏离、普通成员行为与合作社益农性**

(续表)

表6-9 分配制度偏离对普通成员生产合作行为的稳健性检验——删除部分样本的估计结果

| | (1) service3 | (2) service3 | (3) service3 | (4) service3 | (5) service3 | (6) service3 | (7) service3 | (8) service3 | (9) service3 | (10) service3 |
|---|---|---|---|---|---|---|---|---|---|---|
| bank | — | — | — | — | 0.007*** | — | — | — | — | 0.005*** |
| | | | | | (0.001) | | | | | (0.001) |
| way | — | — | — | — | 0.005 | — | — | — | — | 0.002 |
| | | | | | (0.003) | | | | | (0.002) |
| _cons | 0.164*** | 0.151*** | 0.165*** | 0.168*** | 0.034 | 0.301*** | 0.289*** | 0.298*** | 0.317*** | 0.226*** |
| | (0.006) | (0.011) | (0.039) | (0.044) | (0.048) | (0.009) | (0.012) | (0.037) | (0.042) | (0.047) |
| 地区控制变量 | 未控制 | 已控制 | 已控制 | 已控制 | 已控制 | 未控制 | 已控制 | 已控制 | 已控制 | 已控制 |
| N | 2 676 | 2 676 | 2 676 | 2 676 | 2 676 | 2 676 | 2 676 | 2 676 | 2 676 | 2 676 |
| $R^2$ | 0.024 | 0.026 | 0.123 | 0.138 | 0.151 | 0.139 | 0.140 | 0.235 | 0.244 | 0.250 |

注：括号外的数字为估计系数，括号内的数字为该系数下的标准差；*、**、*** 分别代表10%、5%、1%显著性。

| | (1) service | (2) service | (3) service | (4) service | (5) service | (6) service | (7) service | (8) service | (9) service | (10) service |
|---|---|---|---|---|---|---|---|---|---|---|
| dev | 0.153*** | 0.155*** | 0.133*** | 0.116*** | 0.144*** | — | — | — | — | — |
| | (0.015) | (0.015) | (0.013) | (0.013) | (0.014) | | | | | |
| stdtrade | — | — | — | — | — | −0.103*** | −0.104*** | −0.100*** | −0.102*** | −0.110*** |
| | | | | | | (0.006) | (0.006) | (0.005) | (0.005) | (0.005) |

## 第6章 分配制度偏离对普通成员生产合作行为的影响

(续表)

| | (1) service | (2) service | (3) service | (4) service | (5) service | (6) service | (7) service | (8) service | (9) service | (10) service |
|---|---|---|---|---|---|---|---|---|---|---|
| stdtrade$_2$ | — | — | — | — | — | -0.169*** (0.006) | -0.170*** (0.006) | -0.158*** (0.005) | -0.160*** (0.005) | -0.158*** (0.005) |
| age | — | — | 0.001 (0.001) | 0.001 (0.001) | 0.001 (0.001) | — | — | 0.002*** (0.001) | 0.002** (0.001) | 0.003*** (0.001) |
| land | — | — | 0.001* (0.000) | 0.001** (0.000) | 0.001** (0.000) | — | — | 0.001*** (0.000) | 0.001*** (0.000) | 0.001*** (0.000) |
| edu | — | — | -0.005*** (0.001) | -0.004** (0.001) | -0.008*** (0.001) | — | — | -0.004*** (0.001) | -0.005*** (0.001) | -0.008*** (0.001) |
| train | — | — | 0.035 (0.018) | 0.051*** (0.018) | 0.079*** (0.018) | — | — | 0.027* (0.013) | 0.025 (0.013) | 0.043*** (0.014) |
| work | — | — | 0.092*** (0.010) | 0.110*** (0.010) | 0.118*** (0.010) | — | — | 0.035*** (0.007) | 0.029*** (0.008) | 0.031*** (0.008) |
| party | — | — | -0.064*** (0.016) | -0.068*** (0.016) | -0.064*** (0.016) | — | — | -0.035*** (0.012) | -0.036*** (0.012) | -0.032** (0.012) |
| social | — | — | -0.025* (0.013) | -0.043*** (0.012) | -0.044*** (0.012) | — | — | -0.000 (0.009) | 0.001 (0.009) | 0.003 (0.009) |
| product | — | — | — | 0.050*** (0.014) | 0.050*** (0.014) | — | — | — | 0.036*** (0.011) | 0.033** (0.011) |

**分配制度偏离、普通成员行为与合作社益农性**

(续表)

| | (1) service | (2) service | (3) service | (4) service | (5) service | (6) service | (7) service | (8) service | (9) service | (10) service |
|---|---|---|---|---|---|---|---|---|---|---|
| brand | — | — | — | 0.086*** (0.013) | 0.092*** (0.013) | — | — | — | 0.012 (0.010) | 0.015 (0.010) |
| alien | — | — | — | 0.012 (0.015) | 0.014 (0.015) | — | — | — | -0.012 (0.012) | -0.010 (0.012) |
| sale | — | — | — | 0.020 (0.013) | 0.020 (0.013) | — | — | — | 0.008 (0.010) | 0.009 (0.010) |
| subsidy | — | — | — | -0.001*** (0.000) | -0.001** (0.000) | — | — | — | -0.000 (0.000) | -0.000 (0.000) |
| loan | — | — | — | 0.001*** (0.000) | 0.001*** (0.000) | — | — | — | 0.001*** (0.000) | 0.001*** (0.000) |
| number | — | — | — | -0.000** (0.000) | -0.000* (0.000) | — | — | — | -0.000 (0.000) | -0.000 (0.000) |
| distance | — | — | — | — | 0.001 (0.000) | — | — | — | — | 0.001 (0.000) |
| bank | — | — | — | — | 0.006*** (0.001) | — | — | — | — | 0.002 (0.001) |
| way | — | — | — | — | 0.013*** (0.003) | — | — | — | — | 0.011*** (0.002) |

## 第6章 分配制度偏离对普通成员生产合作行为的影响

（续表）

| | (1) service | (2) service | (3) service | (4) service | (5) service | (6) service | (7) service | (8) service | (9) service | (10) service |
|---|---|---|---|---|---|---|---|---|---|---|
| _cons | 0.249*** | 0.263*** | 0.170*** | 0.164*** | 0.033 | 0.499*** | 0.506*** | 0.361*** | 0.374*** | 0.317*** |
| | (0.010) | (0.016) | (0.044) | (0.049) | (0.054) | (0.008) | (0.013) | (0.033) | (0.037) | (0.042) |
| 地区控制变量 | 未控制 | 已控制 | 已控制 | 已控制 | 已控制 | 未控制 | 已控制 | 已控制 | 已控制 | 已控制 |
| N | 1 258 | 1 258 | 1 258 | 1 258 | 1 258 | 1 258 | 1 258 | 1 258 | 1 258 | 1 258 |
| $R^2$ | 0.078 | 0.081 | 0.373 | 0.422 | 0.440 | 0.449 | 0.453 | 0.665 | 0.674 | 0.682 |

注：括号外的数字为估计系数，括号内的数字为该系数下的标准差；*、**、*** 分别代表10%、5%、1%显著性。

合作行为取值为零的样本后再进行估计。表6-9汇报了分配制度偏离影响普通成员生产合作行为的估计结果。其中，模型（1）至模型（5）和模型（6）至模型（10）同样采用逐步回归的方法进行估计。表6-9的估计结果与表6-2相一致，表明分配制度偏离对于普通成员生产合作行为具有显著的正向影响。交易量分配比例与普通成员生产合作行为之间存在着倒"U"形关系这一结论是稳健的，且倒"U"形的拐点值小于60%。假说3得到了进一步验证。

### 6.3.4 异质性分析

基准回归中，无论是OLS模型、Tobit模型，还是考虑两阶段最小二乘估计法和IVTobit模型的结果均表明，分配制度偏离与普通成员生产合作行为二者之间呈现显著且较为稳健正向关系。合作社成员也存在着较强的异质性，主要包括经营规模和区域的异质性。基于此，本书分别从经营规模和区域两个维度进行异质性分析。本书通过成员问卷中土地经营规模的平均值进行分组，分为高规模组和低规模组，实证估计分配制度偏离对于不同规模普通成员生产合作行为的影响。另外，本书还将全国样本划分为东中西东北部四大地区，具体分析区域异质性。

合作社普通成员的经营规模存在着异质性。在经营规模有差异的情况下，合作社分配制度偏离对普通成员生产合作行为的影响是否存在差异？表6-10汇报了在不同经营规模情景下的估计结果。在表6-10中，高规模组普通成员在模型（1）至模型（2）的估计系数均为正，且均通过了1%水平下显著性水平检验，说明分配制度发生偏离的合作社，能够正向影响经营规模较高普通成员的生产合作行为。可能的原因是，土地经营规模较大的成员往往是专业农户（邵亮亮 等，2020），是利润导向型的农业生产经营者（赵昶 等，2021），因此更倾向于接纳合作社提供的农业生产资料与服务。从模型（3）至模型（4）的估计结果看，以交易量分配比例的一次项与二次项为核心解释变量，高规模组样本中交易量分配比例变量的倒"U"形拐点值为44.07%，而低规模组样本中交易量分配比例变量的倒"U"形拐点值为41.40%。由于土地经营规模较大的普通成员能够提供较多的交易量，因而具有较强的谈判实力（周振和孔祥智，2017），进而能够获得更高的交易量分配比例。

第6章 分配制度偏离对普通成员生产合作行为的影响

表6-10 分配制度偏离对普通成员生产合作行为影响的规模异质性分析

|  | （1）<br>高规模<br>service | （2）<br>低规模<br>service | （3）<br>高规模<br>service | （4）<br>低规模<br>service |
| --- | --- | --- | --- | --- |
| dev | 0.150*** | 0.026* | — | — |
|  | (0.019) | (0.011) | — | — |
| stdtrade | — | — | -0.063*** | -0.047*** |
|  | — | — | (0.011) | (0.006) |
| stdtrade$_2$ | — | — | -0.088*** | -0.053*** |
|  | — | — | (0.010) | (0.005) |
| age | -0.002 | -0.002* | -0.001 | -0.001 |
|  | (0.001) | (0.001) | (0.001) | (0.001) |
| edu | -0.006** | -0.009*** | -0.006** | -0.007*** |
|  | (0.002) | (0.002) | (0.002) | (0.002) |
| train | 0.044 | 0.085*** | 0.036 | 0.043* |
|  | (0.024) | (0.022) | (0.026) | (0.020) |
| work | 0.055*** | 0.001 | 0.009 | -0.008 |
|  | (0.013) | (0.014) | (0.014) | (0.013) |
| party | -0.090*** | 0.008 | -0.071** | 0.005 |
|  | (0.022) | (0.019) | (0.023) | (0.017) |
| social | 0.012 | -0.005 | 0.021 | 0.010 |
|  | (0.016) | (0.011) | (0.017) | (0.010) |
| product | 0.023 | 0.024 | 0.023 | 0.041** |
|  | (0.020) | (0.014) | (0.021) | (0.013) |
| brand | 0.055** | 0.019 | 0.012 | -0.009 |
|  | (0.017) | (0.010) | (0.019) | (0.010) |
| alien | -0.029 | -0.005 | -0.044 | -0.007 |
|  | (0.022) | (0.014) | (0.023) | (0.013) |
| sale | 0.009 | 0.001 | 0.002 | 0.012 |
|  | (0.017) | (0.010) | (0.017) | (0.010) |
| subsidy | -0.001 | -0.000** | -0.001* | -0.000 |
|  | (0.000) | (0.000) | (0.000) | (0.000) |

**分配制度偏离、普通成员行为与合作社益农性**

（续表）

|  | （1）<br>高规模<br>service | （2）<br>低规模<br>service | （3）<br>高规模<br>service | （4）<br>低规模<br>service |
| :---: | :---: | :---: | :---: | :---: |
| loan | 0.001*** | 0.000 | 0.001** | 0.000 |
|  | (0.000) | (0.000) | (0.000) | (0.000) |
| number | -0.000 | 0.000*** | -0.000 | 0.000*** |
|  | (0.000) | (0.000) | (0.000) | (0.000) |
| distance | 0.000 | -0.001 | 0.001 | -0.001 |
|  | (0.001) | (0.000) | (0.001) | (0.000) |
| bank | 0.009*** | 0.001 | 0.005** | 0.001 |
|  | (0.002) | (0.001) | (0.002) | (0.001) |
| way | 0.005 | 0.008* | 0.001 | 0.003 |
|  | (0.004) | (0.004) | (0.005) | (0.003) |
| _cons | 0.090 | 0.108* | 0.309*** | 0.181*** |
|  | (0.072) | (0.050) | (0.079) | (0.047) |
| 地区控制变量 | 已控制 | 已控制 | 已控制 | 已控制 |
| N | 1 152 | 1 524 | 1 058 | 1 618 |
| $R^2$ | 0.166 | 0.072 | 0.201 | 0.142 |

注：括号外的数字为估计系数，括号内的数字为该系数下的标准差；*、**、***分别代表10%、5%、1%显著性。

普通成员除了在同一区域之间存在着经营规模的差异，也存在着不同区域之间的差异。那么，不同经济发展水平的区域，分配制度偏离对普通成员生产合作行为的影响是否存在差异？表6-11汇报了在不同区域情景的估计结果。在表6-11中，不同区域的普通成员在模型（1）至模型（4）的估计系数均为正，且均通过了1%水平下显著性水平检验，说明分配制度发生偏离的合作社能够正向影响普通成员生产合作行为这一结论适用于全国四大不同地区。从模型（1）至模型（4）中核心解释变量估计系数的比较看，东部和西部地区的系数明显高于中部和东北部地区，说明东部与西部地区普通成员的增进合作效应要强于中部与东北部地区。可能的原因在于，东部地区经济发展程度较高，农户务农的机会成本较高，因此更倾向于采纳合作社的农资产品与农业服务；而西部地区人口净流出严重，大量外出务工无暇返乡务农，因此也更倾向于采纳合作社的产品与服

## 第6章 分配制度偏离对普通成员生产合作行为的影响

务。从模型（5）至模型（8）的估计结果，交易量分配比例的一次项和二次项在模型中均显著。通过计算可得，东部、中部、西部、东北部地区交易量分配比例变量的倒"U"形拐点值分别为36.75%、46.54%、40.70%和44.23%。东部地区的最优交易量分配比例明显低于其他地区。由于东部地区经济发展程度极高，股份分红的理念深入人心，因此交易量分配比例偏低。

表6-11 分配制度偏离对普通成员生产合作行为影响的地区异质性分析

| | (1) 东部 | (2) 西部 | (3) 中部 | (4) 东北部 | (5) 东部 | (6) 西部 | (7) 中部 | (8) 东北部 |
|---|---|---|---|---|---|---|---|---|
| | service | service | service | service | service | service | service | service |
| dev | 0.125*** | 0.099*** | 0.034 | 0.060** | — | — | — | — |
| | (0.023) | (0.021) | (0.021) | (0.020) | — | — | — | — |
| stdtrade | — | — | — | — | -0.070*** | -0.068*** | -0.033** | -0.053*** |
| | — | — | — | — | (0.012) | (0.011) | (0.011) | (0.010) |
| stdtrade$_2$ | — | — | — | — | -0.059*** | -0.073*** | -0.059*** | -0.075*** |
| | — | — | — | — | (0.011) | (0.010) | (0.010) | (0.010) |
| age | -0.004** | -0.001 | -0.002 | -0.001 | -0.003* | -0.000 | -0.001 | -0.001 |
| | (0.001) | (0.001) | (0.001) | (0.001) | (0.001) | (0.001) | (0.001) | (0.001) |
| land | 0.001* | 0.002*** | 0.003*** | 0.001*** | 0.001** | 0.002*** | 0.002*** | 0.001*** |
| | (0.000) | (0.000) | (0.000) | (0.000) | (0.000) | (0.000) | (0.000) | (0.000) |
| edu | -0.010*** | -0.005* | -0.005 | -0.004 | -0.009*** | -0.005 | -0.004 | -0.003 |
| | (0.003) | (0.002) | (0.003) | (0.003) | (0.003) | (0.002) | (0.002) | (0.003) |
| train | 0.043 | 0.057 | 0.064* | 0.071* | 0.028 | 0.027 | 0.041 | 0.051 |
| | (0.034) | (0.032) | (0.033) | (0.031) | (0.034) | (0.032) | (0.032) | (0.030) |
| work | 0.049** | 0.033 | 0.053** | 0.023 | 0.021 | 0.004 | 0.025 | -0.015 |
| | (0.017) | (0.018) | (0.019) | (0.017) | (0.018) | (0.018) | (0.019) | (0.017) |
| party | -0.032 | -0.049 | -0.043 | -0.086** | -0.022 | -0.036 | -0.035 | -0.083** |
| | (0.033) | (0.025) | (0.029) | (0.029) | (0.032) | (0.024) | (0.028) | (0.028) |
| social | 0.016 | -0.007 | 0.009 | -0.011 | 0.036 | 0.018 | 0.022 | 0.006 |
| | (0.020) | (0.017) | (0.020) | (0.019) | (0.020) | (0.017) | (0.020) | (0.018) |

**分配制度偏离、普通成员行为与合作社益农性**

(续表)

|  | (1)<br>东部 | (2)<br>西部 | (3)<br>中部 | (4)<br>东北部 | (5)<br>东部 | (6)<br>西部 | (7)<br>中部 | (8)<br>东北部 |
|---|---|---|---|---|---|---|---|---|
|  | service | service | service | service | service | service | service | service |
| product | 0.019 | 0.008 | 0.017 | 0.021 | 0.052* | 0.033 | 0.004 | 0.023 |
|  | (0.025) | (0.023) | (0.024) | (0.024) | (0.025) | (0.022) | (0.024) | (0.024) |
| brand | 0.050** | 0.024 | -0.008 | 0.060** | 0.014 | -0.001 | -0.033 | 0.021 |
|  | (0.019) | (0.019) | (0.020) | (0.019) | (0.019) | (0.019) | (0.020) | (0.018) |
| alien | -0.035 | -0.008 | 0.012 | -0.043 | -0.055* | -0.011 | 0.014 | -0.043 |
|  | (0.023) | (0.025) | (0.027) | (0.027) | (0.023) | (0.024) | (0.027) | (0.026) |
| sale | 0.029 | 0.009 | 0.008 | 0.014 | 0.017 | 0.012 | 0.012 | 0.001 |
|  | (0.019) | (0.019) | (0.021) | (0.019) | (0.018) | (0.018) | (0.020) | (0.018) |
| subsidy | -0.000 | -0.001* | -0.000 | -0.000 | -0.001* | -0.000 | -0.000 | -0.000 |
|  | (0.000) | (0.000) | (0.000) | (0.000) | (0.000) | (0.000) | (0.000) | (0.000) |
| loan | 0.001 | 0.000 | 0.000 | 0.001*** | 0.001 | 0.000 | 0.000 | 0.001** |
|  | (0.000) | (0.000) | (0.000) | (0.000) | (0.000) | (0.000) | (0.000) | (0.000) |
| number | -0.000* | 0.000** | 0.000 | 0.000 | -0.000 | 0.000* | 0.000 | 0.000* |
|  | (0.000) | (0.000) | (0.000) | (0.000) | (0.000) | (0.000) | (0.000) | (0.000) |
| distance | 0.000 | -0.001 | -0.001 | 0.001 | 0.000 | -0.001 | -0.001 | 0.001 |
|  | (0.001) | (0.001) | (0.001) | (0.001) | (0.001) | (0.001) | (0.001) | (0.001) |
| bank | 0.006** | 0.005* | 0.004 | 0.005* | 0.005* | 0.003 | 0.001 | 0.004 |
|  | (0.002) | (0.002) | (0.002) | (0.002) | (0.002) | (0.002) | (0.002) | (0.002) |
| way | 0.011 | 0.001 | 0.001 | -0.001 | 0.009 | -0.001 | 0.001 | -0.005 |
|  | (0.007) | (0.005) | (0.006) | (0.006) | (0.007) | (0.005) | (0.006) | (0.006) |
| _cons | 0.138 | -0.054 | 0.022 | 0.010 | 0.258** | 0.103 | 0.131 | 0.183* |
|  | (0.089) | (0.084) | (0.087) | (0.080) | (0.089) | (0.083) | (0.086) | (0.080) |
| N | 656 | 681 | 663 | 676 | 690 | 660 | 638 | 688 |
| $R^2$ | 0.135 | 0.201 | 0.169 | 0.124 | 0.174 | 0.259 | 0.209 | 0.201 |

注：括号外的数字为估计系数，括号内的数字为该系数下的标准差；*、**、***分别代表10%、5%、1%显著性。

## 6.3.5 作用机制分析

第3章的理论分析已经表明了合作社分配制度偏离影响普通成员生产合作行为的背后机制是分配制度偏离会通过一次让利、核心成员取酬、示范社三种效应发挥作用,进而影响普通成员的生产合作行为。按照分配制度偏离影响普通成员生产合作行为的逻辑,本部分从一次让利、核心成员取酬、示范社三种效应构建作用机制,估计三种效应对分配偏离影响普通成员生产合作行为的中介作用效果。其中,分配制度偏离影响普通成员生产合作行为的研究已经得到证明,本部分主要对中介效应进行检验。

从一次让利效应看,表6-12模型（1）至模型（3）表明合作社一次让利的中介效应。模型（1）显示分配制度偏离对合作社一次让利这一中介变量产生显著的正向影响。进一步,将合作社一次让利中介变量加入解释变量的模型（6）显示,分配制度偏离依旧对普通成员生产合作行为的正向影响显著,并且中介变量也同时显著。从核心成员取酬效应看,模型（4）至模型（6）表明合作社核心成员取酬的中介效应。模型（4）显示分配制度偏离对合作社核心成员取酬这一中介变量产生显著的正向影响。进一步,将合作社核心成员取酬中介变量加入解释变量的模型（6）显示,分配制度偏离依旧对普通成员生产合作行为的正向影响显著,并且中介变量也同时显著。从示范社效应看,模型（7）至模型（9）表明示范社的中介效应。模型（7）显示分配制度偏离对示范社这一中介变量产生显著的正向影响。进一步,将合作社示范社中介变量加入解释变量的模型（6）显示,分配制度偏离依旧对普通成员生产合作行为的正向影响显著,并且中介变量也同时显著。进一步,一次让利、核心成员取酬与示范社三个变量的中介效应占总效应的比例分别为36.90%、18.79%和28.60%。假说3得以证明。

## 6.4 本章小结

从已有的研究成果看,合作社存在发展欠规范或不合意现象（刘老石,2010;郑丹 等,2011）,法定治理结构流于形式（崔宝玉 等,2008;楼栋 等,2010）,财务管理制度不健全（樊红敏,2011;王国敏 等,2012）,存在着"大农吃小农"的严重问题（仝志辉和温铁军,2009;温

**分配制度偏离、普通成员行为与合作社益农性**

表6-12 分配制度偏离对普通成员生产合作行为的影响：基于中介效应的检验

| | (1) save | (2) service | (3) service | (4) wage | (5) service | (6) service | (7) example | (8) service | (9) service |
|---|---|---|---|---|---|---|---|---|---|
| save | — | — | 0.008*** | — | — | — | — | — | — |
| | | | (0.000) | | | | | | |
| wage | — | — | — | — | — | 0.023*** | — | — | — |
| | | | | | | (0.001) | | | |
| example | — | — | — | — | — | — | — | — | 0.256*** |
| | | | | | | | | | (0.006) |
| dev | 3.617*** | 0.075*** | 0.047*** | 0.602*** | 0.075*** | 0.061*** | 0.083** | 0.075*** | 0.053*** |
| | (0.595) | (0.011) | (0.010) | (0.139) | (0.011) | (0.010) | (0.027) | (0.011) | (0.008) |
| age | 0.011 | −0.002** | −0.002** | −0.030** | −0.002** | −0.001 | −0.003 | −0.002** | −0.001* |
| | (0.040) | (0.001) | (0.001) | (0.009) | (0.001) | (0.001) | (0.002) | (0.001) | (0.001) |
| land | 0.062*** | 0.002*** | 0.001*** | 0.014*** | 0.002*** | 0.001*** | 0.003*** | 0.002*** | 0.001*** |
| | (0.009) | (0.000) | (0.000) | (0.002) | (0.000) | (0.000) | (0.000) | (0.000) | (0.000) |
| edu | 0.579*** | −0.006*** | −0.011*** | 0.037* | −0.006*** | −0.007*** | −0.005 | −0.006*** | −0.005*** |
| | (0.071) | (0.001) | (0.001) | (0.017) | (0.001) | (0.001) | (0.003) | (0.001) | (0.001) |
| train | −3.202*** | 0.057*** | 0.081*** | 0.560** | 0.057*** | 0.043*** | 0.115** | 0.057*** | 0.027* |
| | (0.904) | (0.016) | (0.015) | (0.211) | (0.016) | (0.015) | (0.041) | (0.016) | (0.012) |
| work | 0.541 | 0.040*** | 0.036*** | −0.263* | 0.040*** | 0.046*** | 0.106*** | 0.040*** | 0.013 |
| | (0.498) | (0.009) | (0.008) | (0.116) | (0.009) | (0.008) | (0.023) | (0.009) | (0.007) |

第6章 分配制度偏离对普通成员生产合作行为的影响

（续表）

| | (1) save | (2) service | (3) service | (4) wage | (5) service | (6) service | (7) example | (8) service | (9) service |
|---|---|---|---|---|---|---|---|---|---|
| party | 2.398** | -0.045** | -0.064*** | -0.243 | -0.045** | -0.040** | -0.137*** | -0.045** | -0.011 |
| | (0.800) | (0.014) | (0.013) | (0.187) | (0.014) | (0.014) | (0.036) | (0.014) | (0.011) |
| social | 0.454 | 0.002 | -0.002 | 0.085 | 0.002 | -0.000 | -0.009 | 0.002 | 0.004 |
| | (0.531) | (0.009) | (0.009) | (0.124) | (0.009) | (0.009) | (0.024) | (0.009) | (0.007) |
| product | -1.575* | -0.004 | 0.008 | 0.394* | -0.004 | -0.014 | -0.028 | -0.004 | 0.003 |
| | (0.669) | (0.012) | (0.011) | (0.156) | (0.012) | (0.011) | (0.030) | (0.012) | (0.009) |
| brand | -0.084 | 0.032** | 0.032*** | 0.074 | 0.032** | 0.030** | 0.051* | 0.032** | 0.019* |
| | (0.539) | (0.010) | (0.009) | (0.126) | (0.010) | (0.009) | (0.024) | (0.010) | (0.007) |
| alien | 0.442 | -0.018 | -0.021 | -0.123 | -0.018 | -0.015 | -0.037 | -0.018 | -0.008 |
| | (0.701) | (0.013) | (0.011) | (0.164) | (0.013) | (0.012) | (0.032) | (0.013) | (0.010) |
| sale | 0.007 | 0.006 | 0.007 | 0.006 | 0.006 | 0.007 | 0.009 | 0.006 | 0.004 |
| | (0.535) | (0.010) | (0.009) | (0.125) | (0.010) | (0.009) | (0.024) | (0.010) | (0.007) |
| subsidy | -0.015 | -0.001*** | -0.000*** | -0.003 | -0.001*** | -0.000*** | -0.001* | -0.001*** | -0.000** |
| | (0.008) | (0.000) | (0.000) | (0.002) | (0.000) | (0.000) | (0.000) | (0.000) | (0.000) |
| loan | 0.002 | 0.001*** | 0.001*** | 0.003 | 0.001*** | 0.001*** | 0.001*** | 0.001*** | 0.000* |
| | (0.010) | (0.000) | (0.000) | (0.002) | (0.000) | (0.000) | (0.000) | (0.000) | (0.000) |
| number | -0.004 | 0.000 | 0.000* | 0.002 | 0.000 | 0.000 | 0.000 | 0.000 | 0.000 |
| | (0.005) | (0.000) | (0.000) | (0.001) | (0.000) | (0.000) | (0.000) | (0.000) | (0.000) |

**分配制度偏离、普通成员行为与合作社益农性**

(续表)

| | (1) save | (2) service | (3) service | (4) wage | (5) service | (6) service | (7) example | (8) service | (9) service |
|---|---|---|---|---|---|---|---|---|---|
| distance | 0.058** | 0.000 | -0.000 | 0.009 | 0.000 | -0.000 | 0.000 | 0.000 | 0.000 |
| | (0.022) | (0.000) | (0.000) | (0.005) | (0.000) | (0.000) | (0.001) | (0.001) | (0.001) |
| bank | 0.017 | 0.005*** | 0.005*** | 0.034* | 0.005*** | 0.004*** | 0.012*** | 0.005*** | 0.002** |
| | (0.059) | (0.001) | (0.001) | (0.014) | (0.001) | (0.001) | (0.003) | (0.001) | (0.001) |
| way | 0.323* | 0.004 | 0.002 | 0.100** | 0.004 | 0.002 | 0.009 | 0.004 | 0.002 |
| | (0.157) | (0.003) | (0.003) | (0.037) | (0.003) | (0.003) | (0.007) | (0.003) | (0.002) |
| _cons | 34.472*** | 0.012 | -0.251*** | 0.483 | 0.012 | 0.001 | -0.112 | 0.012 | 0.041 |
| | (2.388) | (0.043) | (0.040) | (0.558) | (0.043) | (0.041) | (0.108) | (0.043) | (0.032) |
| 地区控制变量 | 已控制 | 已控制 | 已控制 | 已控制 | 已控制 | 已控制 | 已控制 | 已控制 | 已控制 |
| 中介效应/总效应 | | 36.90% | | | 18.79% | | | 28.60% | |
| N | 2 676 | 2 676 | 2 676 | 2 676 | 2 676 | 2 676 | 2 676 | 2 676 | 2 676 |
| $R^2$ | 0.281 | 0.125 | 0.285 | 0.202 | 0.125 | 0.207 | 0.062 | 0.125 | 0.495 |

注：无括号的数字为估计系数，括号内的数字为该系数下的标准差；*、**、***分别代表10%、5%、1%显著性。

## 第 6 章 分配制度偏离对普通成员生产合作行为的影响

铁军，2013），甚至少数核心成员独大专权（张晓山，2009；潘劲，2011），以致于普通成员无法从合作社中获益（刘老石，2010；邓衡山等，2016），严重制约了合作社的健康发展（邓衡山等，2022）。从常识看，分配制度偏离是资本获取的更多的盈余分配比例，而交易量分配比例有所降低。普通成员的应得分红受到了核心成员的"盘剥"，使得普通成员参与合作社生产合作产生的交易量不再那么有利可图，最终降低普通成员对合作社的生产合作行为。然而，本章却得到了与已有研究与常识不一致的结论。本章从《农民专业合作社法》的角度出发，探究分配制度偏离对合作社普通成员生产合作行为的影响，结合课题组对全国典型合作社的调查数据，运用回归分析模型与中介效应模型检验方法，系统考察分配制度偏离对普通成员生产合作行为的影响及其作用机制。研究结果表明，一是就提高普通成员的生产合作行为而言，最优的交易量分配比例小于60%，即偏离于《农民专业合作社法》的规定。分配制度偏离《农民专业合作社法》规定的合作社，往往更接近于激励相容的制度安排，更能够正向影响普通成员的生产合作行为。进一步，交易量分配比例对普通成员生产合作存在着倒"U"形的影响，即适宜的交易量分配比例正向影响普通成员生产合作效果最强。二是分配制度偏离通过一次让利、核心成员取酬、示范社三种效应影响合作社普通成员生产合作行为。其中，一次效应和核心成员取酬效应能分别调动普通成员参与生产合作行为与核心成员提供生产合作服务的积极性，进而正向影响普通成员生产合作行为；示范社效应能够为普通成员提供较为信任的信号，克服信息不对称问题，进而正向影响普通成员生产合作行为。三是分配制度偏离对普通成员生产合作行为的影响存在着地区与经营规模异质性。经营土地规模越多的农户，往往农业兼业化程度越低，那么其越倾向于通过合作社获得产品与服务，进而正向影响普通成员的生产合作行为。相较于东北部和中部地区，东部和西部地区普通成员生产积极性更强。

# 第 7 章　分配制度偏离对普通成员生活满意度的影响

## 7.1　引言

中国政府高度重视合作社发展。自 2004 年以来，历年中央一号文件都对合作社发展做出一系列部署。合作社是一种集经济与社会功能于一体的农民合作组织（张晓山，2014；苑鹏，2015）。2007 年 7 月，我国实施了《农民专业合作社法》，强调合作社的"专业性"，注重发挥其经济功能（赵昶 等，2019），而一定程度上忽视了其社会功能（刘同山，2017）。实际上，合作社作为一种扎根与农村社会的草根组织（唐宗焜，2007），拥有一套"人人为我、我为人人"的行为准则（刘同山，2017），具有营利性组织和自治共同体双重属性（梁巧和黄祖辉，2011）。幸福是现代社会的永恒追求，也是共同富裕的重要体现。2021 年中央一号文件明确指出，"到 2025 年，农民获得感、幸福感明显提高。"可见，我国政府将提升农民幸福感作为乡村振兴的重要工作。纵观合作社发展史，社会功能向来是合作社的重要使命。19 世纪上半叶，发挥社会功能是合作社运动的重要目标。1824 年，合作社运动先驱欧文所尝试建立的"新和谐公社"，其目标则是"让更多人获得幸福"。但 1860 年罗虚代尔公平先锋社转变为合作社企业后，其社会功能逐步得到边缘化（Kaswan，2014）。

在当前我国农村社会快速转型，农村社会功能较为稀缺的背景下，模仿美国经济导向的合作社模式无视中国村庄、也不符合中国实际（黄宗智，2017）。第一，随着城镇化的逐步推进，我国农村人口不断流向城市，传统的农村社会网络得到破坏（刘同山，2017），农民的获得感与幸福感受到影响。第二，集体功能不断弱化，农户日益被碎片化与原子化

（赵泉民和井世洁，2016），逐渐被社会系统所"割裂"。第三，在脱贫攻坚与乡村振兴战略的持续推动下，我国农村居民人居可支配收入 17 131 元，脱贫攻坚全面完成。当人们满足基本生存的需要后，便萌发了社交、尊重、自我实现的高层次需求，进而实现对幸福的追求。当前，我国已经解决温饱问题、大部分农民进入小康生活、脱贫攻坚全面完成，而对秉承"小富即安"生活理念的农民来讲，追求经济目标的同时，还有对于幸福的渴望和希冀（廖永松，2014）。第四，我国有 2.3 亿农户，7 亿多农民，人均耕地面积不足 3 亩（1 亩 ≈ 667 米$^2$，15 亩 = 1 公顷），兼业化程度不断提高，大部分收入来源于非农产业，因此合作社的经济功能将越来越小。相反，注重发挥合作社的社会功能更应该得到重视（刘同山，2017），也将发挥更为重要的作用（唐宗焜，2007）。

合作社是小农户与现代农业发展有机衔接的重要载体，由 2007 年的 2.64 万家增加到 2021 年 7 月底的 224.7 万家。尽管合作社呈现出蓬勃发展的势头，但仍有不少学者对其广为诟病。邓衡山等（2014）认为，我国绝大多数合作社均不具备"所有者和惠顾者同一"的本质特性，因此不是真正的合作社。也有不少学者认为我国合作社存在着普遍的异化与不规范的现象（苑鹏，2013），"精英俘获"与"大农吃小农"问题严重（仝志辉和温铁军，2009；崔宝玉 等，2012）、盈余返还制度不符合法律要求（任大鹏 等，2013）。从分配制度上看，《农民专业合作社法》第四条指出盈余主要按照成员与农民专业合作社的交易量（额）比例返还，第四十四条又规定可分配盈余按交易量（额）返还的比例不得低于 60%。可见，《农民专业合作社法》对合作社的分配做出了明确的要求，但无论是来自全国的数据还是学界的微观调研结果，却与《农民专业合作社法》的要求大相径庭。尽管 2011—2019 年我国合作社按照交易量返还盈余与按交易量分配超过 60% 的合作社在数量上是增长的，但其比例却始终低于 22%，且自 2011 年以来两类指标整体呈现出"双降"的趋势①。2017 年，各级各部门开展合作社质量提升行动，取得了显著的成效，但似乎并没有逆转这一下降的趋势。微观调研的结果也显示大部分合作社以按股分配为主（应瑞瑶，2002，2017；周春芳，2010；孙亚范，2011；吴金红，2015；娄锋 等，2016；王图展，

---

① 根据农业农村部公布的历年《农村经营管理统计年报》数据整理。

2016；苑鹏，2018）。

农民符合理性经济人假设，不管农民自发成立合作社还是加入合作社都是以追求自身福利的最大化为目标（Zagoria，1979；Schultz，1999）。在市场经济的条件下，农户作为生产经营主体具有充分的选择权，能够根据所处的环境状况选择是否参与合作社的行为（胡定寰 等，2006）。合作社也应当尊重农户的选择权，并且尽可能地满足农户的利益诉求（朱红根 等，2008）。尽管已有的研究已经指出，合作社能够为农户带来福利效应，提升其生活满意度（刘同山，2017），但却并没有注意到我国合作社成员异质性往往较强（黄胜忠 等，2014），普通成员往往处于劣势地位（温铁军，2013），决策与分配制度往往与《农民专业合作社法》的要求相悖（陈义媛，2017）。那么，核心成员往往占据着更多的利益（颜华 等，2015），"精英俘获"问题严重（任大鹏 等，2012），处于劣势地位的普通成员，其生活满意度还会提高吗？在这种特别的背景下，作为合作社中"弱势群体"的普通成员，是否其一定受到了"剥削"，导致其生活满意度降低？孔子在《论语·季氏》第十六篇中指出："不患寡而患不均，不患贫而患不安"。那么，在这种"不规范"的分配制度下，是否一定是"不均"导致"不安"，出现"小农吃小农"的困境（温铁军，2013），降低普通成员的幸福感？会不会出现"大农帮小农"的帕累托改进（Wanyama，2008），进而提高普通成员的幸福感？尚未有学者就这一关键性问题给出答案。

合作社以"民办、民管、民受益"为基本办社宗旨，其本质是集经济与社会功能于一体的农民合作组织，它既具有经济属性，也具有社会属性（唐宗焜，2007；张晓山，2014；苑鹏，2015），增强了农户的信任感（孙艳华，2014），促进成员间的沟通与交流（Parnell，2001；Bruni et al.，2019），提高成员社会融入感（Majee and Hoyt，2011），解决了部分农村社会中存在的矛盾，提升了基层治理水平（潘劲，2014），提升农户对基层政治参与的积极性（韩国明和赵静，2017），有效缓解了农民的焦虑感（赵泉民和井世洁，2016）。但也有部分学者认为合作社并不一定会有利于普通成员（张晓山，苑鹏，2009），也并不能提高成员间的信任感（潘劲，2011），无法保障普通成员的民主权利（任大鹏 等，2012；任大鹏和李蔚，2017），普通成员很难从合作社中受益（胡联，2014；Hu et al.，2017）。显然，就已有的研究看，合

# 第 7 章 分配制度偏离对普通成员生活满意度的影响

作社能够发挥社会功能显然没有达成一致的结论。究其本质，可能是由于以往的研究尚未关注到合作社的分配制度普遍偏离《农民专业合作社法》的要求这一关键性问题。

## 7.2 研究设计

### 7.2.1 模型构建

（1）OLS 模型

本书首先采用 OLS 模型作为基准模型进行估计，构建了以合作社分配制度偏离为核心解释变量影响普通成员生活满意度的线性函数模型（7-1）与非线性函数模型（7-2），具体设定模式如下所示。

$$Happi_i = \alpha_0 + \alpha_1 Dev_i + \sum \gamma_i C_i + Area_i + \varepsilon_i \quad (7-1)$$

$$Happi_i = \alpha_0 + \alpha_1 Trade_i + \alpha_2 Trade_i^2 + \sum \gamma_i C_i + Area_i + \varepsilon_i \quad (7-2)$$

其中，被解释变量 $Happi_i$ 代表第 $i$ 个普通成员的生活满意度。$C_i$ 和 $\gamma_i$ 分别表示影响普通成员生活满意度的因素及其估计系数，其中本书针对核心自变量采用以下两个指标衡量：第一，盈余分配制度偏离（是 = 1；否 = 0）；第二，按交易量分配比例，分别见于式（7-1）和式（7-2）。核心解释变量 $Dev_i$、$Trade_i$ 和 $Trade_i^2$ 分别为该合作社当期是否发生分配制度偏离、交易量分配比例及其平方。另外，普通成员生活满意度这一变量的取值存在受限的情况，因此本书选取 Tobit 模型进行实证估计。然而，由于存在着对变量分布较高的要求，Tobit 模型不见得一定优于传统线性模型，因此本书使用 Tobit 模型进行稳健性检验。

（2）有序 Probit 模型

鉴于因变量是从成员层面的离散变量，为了尽可能地获得一致性估计，因此本书首先采用有序 Probit 模型进行估计。"成员生活满意度"变量为取值 1～5 的整数，是离散且有序的数值，因此本部分采用有序 Probit 模型进行估计。该模型是 Probit 模型的扩展，适用于被解释变量时排序变量的情况。建立模型如下：

$$Happi_i = G(\alpha_{p1} Dev_i + \lambda_{p1} X_i + \beta_0 + \varepsilon_{pi}) \quad (7-3)$$

$$Happi_i = G(\alpha_{p2} Trade_i + \beta_{p2} Trade_i^2 + \lambda_{p2} X_i + \beta_0 + \varepsilon_{pi}) \quad (7-4)$$

式（7-3）和式（7-4）中，$Happi_i$ 是第 $i$ 个普通成员的生活满意度效果；$Dev_i$ 表示第 $i$ 个普通成员所在合作社的分配制度是否发生偏离；$Trade_i$ 表示第 $i$ 个普通成员所在合作社的交易量分配比例，$Trade_i^2$ 是经营规模的平方项，三者是模型的关键解释变量；向量 $X_i$ 代表影响农户生活满意度的其他因素，包括成员特征、合作社特征以及地区变量等；$\alpha_{p1}$ 和 $\beta_{p1}$ 是待估系数，$\varepsilon_{pi}$ 是随机扰动项。$G(\cdot)$ 为非线性函数，具体形式为：

$$G(Happi_i^*) = \begin{cases} 1, & Happi_i^* < \mu_1 \\ 2, & \mu_1 < Happi_i^* < \mu_2 \\ \vdots \\ J, & Happi_i^* > \mu_{J-1} \end{cases} \quad (7-5)$$

其中，$Happi_i^*$ 是 $Happi_i$ 背后存在的不可观测变量，即潜变量，满足下式：

$$Happi_i^* = \alpha_{p1} Dev_i + \lambda_{p1} X_i + \beta_0 + \varepsilon_{pi} \quad (7-6)$$

$$Happi_i^* = \alpha_{p2} Trade_i + \beta_{p2} Trade_i^2 + \lambda_{p2} X_i + \beta_0 + \varepsilon_{pi} \quad (7-7)$$

（3）工具变量模型

由于普通成员生活满意度与分配制度偏离、交易量分配比例两大核心变量之间可能存在着内生性问题。具体来讲，普通成员生活满意度越高，对合作社分配制度偏离的容忍程度就越强，进而导致按照交易量分配的比例降低，最终导致分配制度偏离。

鉴于此，为了尽可能地降低内生性问题，本书分别采用工具变量模型和逐步回归方法探究分配制度偏离与普通成员生活满意度二者之间可能存在着的内生性问题。分配制度偏离与普通成员生活满意度二者之间存在内生性的问题，可能原因有以下两个方面。第一，遗漏变量。影响普通成员生活满意度的因素有很多，因此回归过程中难以穷尽所有可能影响其生活满意度的因素；第二，互为因果。即普通成员生活满意度越高，对合作社分配制度偏离的容忍程度就越强，进而导致按照交易量分配的比例可能越低，最终导致分配制度偏离。基于此，针对第一种可能导致的内生性原因，本书采用逐步回归的方式，通过判断估计系数的显著性和方向性变化来判断结果的稳健性。本书针对第二种由于互为因果导致的潜在内生性问题，选取决策方式和股权分散度分别作为分配制度偏离与交易量分配比例的工具变量，原因在于合作社的股权分散程度与决策机制会影响合作社分

## 第 7 章 分配制度偏离对普通成员生活满意度的影响

配制度,但并不会影响普通成员生活满意度。

(4) 机制分析

根据前文的理论分析,分配制度偏离通过分配公平、程序公平、互动公平三种效应影响普通成员生活满意度。因此,本书采用如下变量分别度量分配公平、程序公平、互动公平三种效应:第一,本书采用"您是否觉得与其他成员相比,您取得的分红是公平的?是=1、否=0"来度量普通成员分配公平感知,以变量 $Assign_i$ 来表示。第二,本书采用"您觉得能够您能够影响盈余分配制度决策的程度有多大?完全不能=1、不能=2、一般=3、能=4、完全能=5"来衡量,以变量 $Order_i$ 来表示。第三,本书采用"您觉得核心成员会在多大程度上关心您的意见?完全不能=1、不能=2、一般=3、能=4、完全能=5"这一变量来衡量普通成员互动公平,以变量 $Act_i$ 来表示。实证方法中,本书采用中介效应模型对研究假说进行估计。具体来说,以温忠麟等(2004)在 Baron and Kenny(1986)基础上建构的中介效应检验方法进行回归分析。

首先,以分配公平感知为例,模型设定如下:

$$Assign_i = \alpha_i + \alpha_2 Dev_i + \sum \gamma_i C_i + Area_i + \varepsilon_i \quad (7-8)$$

$$Happi_i = \alpha_i + \alpha_3 Dev_i + \sum \gamma_i C_i + Area_i + \varepsilon_i \quad (7-9)$$

$$Happi_i = \alpha_i + \alpha_4 Dev_i + \alpha_5 Assign_i + \sum \gamma_i C_i + Area_i + \varepsilon_i \quad (7-10)$$

其中 $Assign_i$ 表示第 $i$ 个普通成员对合作社的分配公平感知,其他变量同上文所述。

其次,程序公平感知的中介效应检验模型设定如下:

$$Order_i = \alpha_i + \alpha_2 Dev_i + \sum \gamma_i C_i + Area_i + \varepsilon_i \quad (7-11)$$

$$Happi_i = \alpha_i + \alpha_3 Dev_i + \sum \gamma_i C_i + Area_i + \varepsilon_i \quad (7-12)$$

$$Happi_i = \alpha_i + \alpha_4 Dev_i + \alpha_5 Order_i + \sum \gamma_i C_i + Area_i + \varepsilon_i \quad (7-13)$$

其中,$Order_{ii}$ 表示第 $i$ 个普通成员对合作社的程序公平感知,其他变量同上文所述。

最后,互动公平感知的中介效应检验模型设定如下:

$$Act_i = \alpha_i + \alpha_2 Dev_i + \sum \gamma_i C_i + Area_i + \varepsilon_i \quad (7-14)$$

$$Happi_i = \alpha_i + \alpha_3 Dev_i + \sum \gamma_i C_i + Area_i + \varepsilon_i \quad (7-15)$$

$$\text{Happi}_i = \alpha_i + \alpha_4 \text{Dev}_i + \alpha_5 \text{Act}_i + \sum \gamma_i C_i + \text{Area}_i + \varepsilon_i \quad (7\text{-}16)$$

其中，$\text{Act}_i$ 表示第 $i$ 个普通成员对合作社的互动公平感知，其他变量同上文所述。

### 7.2.2 指标选取与描述性统计

一是核心解释变量。根据《农民专业合作社法》第四十四条的规定，可分配盈余按交易量（额）返还的比例不得低于 60%，本书将合作社按照交易量分配比例不足 60% 界定为分配制度偏离。借鉴王图展（2016）的研究，若合作社的分配制度发生了偏离，则按交易量分配比例不符合合作社法的规定，变量取值为"1"，反之则为"0"。为研究分配制度偏离程度对普通成员生活满意度的影响，因此本书还借鉴徐旭初（2010）、朱哲毅（2019）的研究，采用交易量分配比例来度量分配制度偏离程度。具体来讲，加入合作社完全按照出资额分配盈余，那么按交易额分配比重为 0%；如果合作社完全按照交易量分配盈余，那么按交易额分配比重为 100%。

二是核心被解释变量。合作社是一种集经济与社会功能于一体的合作经济组织。传统中国社会是典型的熟人社会，人们的生活和社会行为深深嵌入在社会关系网络中（Lin and Bian，1991），而合作社是农村社会关系网络的重要组织载体[①]，必然会对普通成员生活满意度产生重要影响。白描（2017）、刘同山和苑鹏（2020）的研究，以普通成员生活满意度这一指标来衡量其幸福感。普通成员的生活满意度指标通过李克特五级量表度量，其中，很不满意=1、不太满意=2、一般=3、比较满意=4、很满意=5。此外，本书还借鉴孙亚范（2012）与张兰（2020）的研究，采用普通成员对合作社满意度这一变量进行稳健性检验。

三是中介变量。首先是分配公平感知，根据 Mooman（1991）的研究，本书以成员问卷中"与对合作社同等贡献程度的成员相比，您是否感觉盈余分配是公平合理的？"这一问题来衡量。分配制度发生偏离的合作社，是一种能够实现帕累托改进的激励相容制度，能够通过提高普通成

---

[①] 《农业现代化辉煌五年系列宣传之二十一：农民合作社实现规范提升》中提到，目前我国合作社辐射带动全国近一半的农户。可见，合作社已经成为我国农村地区的重要组织载体，深刻影响着农户的生产和生活。

## 第 7 章　分配制度偏离对普通成员生活满意度的影响

员的公平感知，进而正向影响其生活满意度。其次是程序公平感知，根据 Leventhal et al.（1980）、Tyler（1990）的研究，本书以成员问卷中的"您认为您在合作社制定分配制度时是否具有发言权？"这一变量来衡量。分配制度发生偏离的合作社，是通过异质性成员反复博弈实现的分配方案，更能够考虑到普通成员的利益诉求，通过提高程序公平感知，进而正向影响其生活满意度。最后是互动公平感知，根据（Masterson et al., 2000）的研究，本书以成员问卷中的"您认为合作社理事会成员是否与您就盈余分配问题进行了充分的互动？"这一变量来衡量。分配制度发生偏离的合作社，往往核心成员与普通成员进行了充分的沟通与协调，提高互动公平，进而正向影响普通成员生活满意度。

四是控制变量。由于本书基于合作社层面的分配制度偏离对普通成员生活满意度的影响，故在选取变量时有必要着重控制合作社和成员特征变量。首先，本书借鉴黄季焜和冀县卿（2012）、蔡荣（2012）、梁巧等（2014）与徐志刚等（2017）的研究，在成员特征层面选取年龄、土地规模、受教育程度、培训经历、工作经验、政治身份、社会网络七个变量为成员特征变量；其次，本书借鉴颜华和冯婷（2015）、王图展（2016）、韩旭东等（2020）及万博文（2022）的研究，在合作社特征层面选取标准化生产、品牌认证、非成员服务、销售方式、补贴额度、贷款情况、成员数量七个变量作为合作社特征变量。再次，本书还借鉴张洪振等（2020）与韩旭东等（2020）的研究，选取县城距离、金融环境、道路情况三个变量作为外部环境特征变量。最后，本书根据全国东部、中部、西部和东北部地区的划分，以控制区域特征。

主要变量设定和描述性统计结果如表 7-1 所示。

## 7.3　实证分析

### 7.3.1　基准回归

分配制度偏离与交易量分配比例对普通成员生活满意度影响的估计结果如表 7-2 所示。模型（1）至模型（5）展示了以分配制度偏离作为核心自变量的逐步回归估计结果。进一步，本书还将探究何种盈余分配比例

**分配制度偏离、普通成员行为与合作社益农性**

表7-1 主要变量设定与描述性统计结果

| 变量类型 | 变量名 | | 变量说明 | Obs | Mean | Std. Dev. | Min | Max |
|---|---|---|---|---|---|---|---|---|
| 被解释变量 | 生活满意度 | happi | 生活满意程度：很不满意=1；不太满意=2；一般=3；比较满意=4；很满意=5 | 2 676 | 3.699 | 3.722 | 1 | 5 |
| | 合作社满意度 | happi1 | 对合作社的满意程度：很不满意=1；不太满意=2；一般=3；比较满意=4；很满意=5 | 2 676 | 3.365 | 2.238 | 1 | 5 |
| 核心解释变量 | 分配制度偏离 | dev | 交易量分配比例是否低于60%：是=1；否=0 | 2 676 | 0.445 | 0.497 | 0 | 1 |
| | 交易量分配比例 | trade | 盈余分配按照交易量分红的比例/% | 2 676 | 55.378 | 31.600 | 0 | 100 |
| 工具变量 | 决策方式 | decision | 合作社重大事务如何决定 1.理事长决定或理事会决定；0=其他 | 2 676 | 0.469 | 0.499 | 0 | 1 |
| | 股权分散度 | scatter | 除去前五大股东的股权比重/% | 2 676 | 53.885 | 25.564 | 0 | 89 |
| 中介变量 | 分配公平感知 | assign | 您是否觉得与其他成员相比，您取得的分红是公平的？非常不公平=1；不公平=2；一般=3；公平=4；非常公平=5 | 2 676 | 2.368 | 1.530 | 1 | 5 |
| | 程度公平感知 | order | 您觉得能够您能够影响盈余分配制度决策的程度有多大完全不能=1；不能=2；一般=3；能=4；完全能=5 | 2 676 | 2.450 | 1.363 | 1 | 5 |
| | 互动公平感知 | act | 您觉得核心成员会在多大程度上关心您的意见完全不会=1；不会=2；一般=3；会=4；完全会=5 | 2 676 | 2.565 | 1.346 | 1 | 5 |

# 第 7 章 分配制度偏离对普通成员生活满意度的影响

（续表）

| 变量类型 | 变量名 | | 变量说明 | Obs | Mean | Std. Dev. | Min | Max |
|---|---|---|---|---|---|---|---|---|
| 控制变量 | 成员特征 | 年龄 age | 成员实际年龄/岁 | 2 676 | 47.523 | 22.815 | 33 | 59 |
| | | 土地 land | 当年实际经营的土地规模/亩 | 2 676 | 14.864 | 20.148 | 2 | 137 |
| | | 受教育程度 edu | 实际就学年限/年 | 2 676 | 5.081 | 11.869 | 0 | 12 |
| | | 培训经历 train | 是否参加过上级政府或合作社组织的农业技术培训？是=1；否=0 | 2 676 | 0.356 | 0.560 | 0 | 1 |
| | | 工作经验 work | 外出务工=0；当兵=1；村干部=2；公职人员=3；其他=4 | 2 676 | 1.251 | 0.828 | 0 | 4 |
| | | 政治身份 party | 党员=1；非党员=0 | 2 676 | 0.349 | 0.591 | 0 | 1 |
| | | 社会网络 social | 是否有亲戚朋友为公务员或企业老板？是=1，否=0 | 2 676 | 0.575 | 0.512 | 0 | 1 |
| | 合作社特征 | 标准化生产 product | 合作社是否要求成员进行标准化生产 是=1；否=0 | 2 676 | 0.311 | 0.463 | 0 | 1 |
| | | 品牌认证 brand | 合作社是否拥有农产品品牌认证 否=0；是=1 | 2 676 | 0.598 | 0.490 | 0 | 1 |
| | | 非成员服务 alien | 是否为非成员提供服务 提供=1；不提供=0 | 2 676 | 0.830 | 0.375 | 0 | 1 |
| | | 销售方式 sale | 合作社是否与收购单位签订农产品销售协议：否=0；口头协议=1；正式合同=2 | 2 676 | 0.441 | 0.505 | 0 | 2 |
| | | 补贴额度 subsidy | 合作社获得政府补贴额度/万元 | 2 676 | 35.838 | 36.969 | 0 | 157 |
| | | 贷款情况 loan | 合作社现有贷款额/万元 | 2 676 | 18.553 | 27.044 | 0 | 100 |
| | | 成员数量 number | 合作社现有登记注册的成员数量/户 | 2 676 | 121.759 | 55.432 | 52 | 275 |

**分配制度偏离、普通成员行为与合作社益农性**

(续表)

| 变量类型 | | 变量名 | | 变量说明 | Obs | Mean | Std. Dev. | Min | Max |
|---|---|---|---|---|---|---|---|---|---|
| 控制变量 | 外部环境特征 | 县城距离 | distance | 成员所在村与最近县城政府驻地的距离/千米 | 2 676 | 16.585 | 12.114 | 5 | 61 |
| | | 金融环境 | bank | 成员所在村距离最近的银行网点之间的距离/千米 | 2 676 | 12.306 | 5.795 | 0 | 27 |
| | | 道路情况 | way | 成员所在村的道路条件：沥青路=5；水泥路=4；砖石路=3；砂石路=2；土路=1 | 2 676 | 3.757 | 3.331 | 1 | 5 |
| | 地区特征 | 东部地区 | eastern | 是否位于东部地区？是=1；否=0 | 2 676 | 0.258 | 0.438 | 0 | 1 |
| | | 西部地区 | western | 是否位于西部地区？是=1；否=0 | 2 676 | 0.247 | 0.431 | 0 | 1 |
| | | 中部地区 | middle | 是否位于中部地区？是=1；否=0 | 2 676 | 0.238 | 0.426 | 0 | 1 |
| | | 东北地区 | northeast | 是否位于东北地区？是=1；否=0 | 2 676 | 0.257 | 0.437 | 0 | 1 |

## 第7章　分配制度偏离对普通成员生活满意度的影响

最能够促进普通成员的生活满意度。因此，本书进一步将交易量分配比例作为核心自变量，并纳入交易量分配比例的一次项与二次项放入回归方程，以验证其可能存在的倒"U"形关系。表7-2中的模型（6）至模型（10）为以交易量分配比例的一次项与二次项作为核心解释变量的逐步回归估计结果。模型（1）至模型（5）展示了以分配制度偏离作为核心自变量的OLS的估计结果。模型（2）至模型（4）进一步加入地区、合作社特征和成员特征三类变量后，估计结果依旧显著为正。模型（5）进一步控制了外部环境特征变量，结果仍然显著。可以得出结论，分配制度偏离能够正向影响普通成员的生活满意度。假说4得到了初步验证。进一步，本书还将探究何种盈余分配比例最能够提高普通成员的生活满意度。因此，本书进一步将交易量分配比例作为核心自变量，并纳入交易量分配比例的二次项放入回归方程，以验证其可能存在的倒"U"形影响，估计结果如模型（6）至模型（10）所示。模型（7）至模型（9）进一步添加了地区、合作社特征和成员特征三类变量后，估计结果表明，交易量分配比例的一次项与二次项均显著，模型（10）进一步控制了外部环境变量，估计结果仍然显著。模型（10）中交易量分配比例变量的倒"U"形拐点值为44.16%，假说4得到了进一步验证。

表7-2还显示了影响普通成员生活满意度的其他因素。根据回归结果看，除地区差异外，合作社、成员与外部环境特征均对普通成员的生活满意度产生影响。从成员特征看，普通成员的年龄对其生活满意度产生正向影响，但并不显著。相比而言，随着年龄增长，个体对生活的主观评价有改善的趋势（白描和吴国宝，2017）。土地经营规模对普通成员生活满意度的影响为正且显著。原因在于，经营规模越大的普通成员，其参与合作社业务钟所获得的收益就越高。进一步，收入与生活生活水平的提高会带来生活满意度的提升（白描和吴国宝，2017）。受教育程度对普通成员生活满意度会产生显著的负向影响。受教育程度高的成员往往具有较高收入（时鹏，2021），其参与合作社的增收情况对其并不敏感。反而，受教育程度低的成员会重视从合作社中获得的利益，进而增强生活满意度。培训经历对成员生活满意度具有显著的正向影响。获得过农业技术培训的成员往往具有更强的农业生产技能（徐旭初，2010），在节本增收方面具有更多的经验（郎明亮，2021），使其更有社会认同感，因此能够提高其生活满意度（赵昶 等，2019）。政治身份对收入产生了正向影响，但并不显

## 表 7-2 分配制度偏离对普通成员生活满意度影响的基准回归

| | (1) happi | (2) happi | (3) happi | (4) happi | (5) happi | (6) happi | (7) happi | (8) happi | (9) happi | (10) happi |
|---|---|---|---|---|---|---|---|---|---|---|
| dev | 0.750*** (0.047) | 0.752*** (0.047) | 0.468*** (0.050) | 0.467*** (0.049) | 0.588*** (0.054) | — | — | — | — | — |
| stdtrade | — | — | — | — | — | -0.476*** (0.018) | -0.477*** (0.018) | -0.377*** (0.018) | -0.422*** (0.018) | -0.448*** (0.021) |
| stdtrade$_2$ | — | — | — | — | — | -0.651*** (0.020) | -0.651*** (0.020) | -0.599*** (0.020) | -0.638*** (0.020) | -0.631*** (0.020) |
| age | — | — | 0.009* (0.004) | 0.007* (0.004) | 0.006 (0.003) | — | — | 0.013*** (0.003) | 0.011*** (0.003) | 0.011*** (0.003) |
| land | — | — | 0.005*** (0.001) | 0.005*** (0.001) | 0.005*** (0.001) | — | — | 0.004*** (0.001) | 0.004*** (0.001) | 0.004*** (0.001) |
| edu | — | — | -0.003 (0.005) | -0.006 (0.005) | -0.013* (0.006) | — | — | -0.001 (0.004) | -0.008* (0.004) | -0.007 (0.005) |
| train | — | — | 0.506*** (0.077) | 0.520*** (0.077) | 0.559*** (0.078) | — | — | 0.392*** (0.064) | 0.346*** (0.065) | 0.334*** (0.066) |
| work | — | — | 0.194*** (0.037) | 0.239*** (0.040) | 0.300*** (0.041) | — | — | 0.047 (0.034) | -0.026 (0.037) | 0.007 (0.038) |
| party | — | — | 0.052 (0.067) | 0.096 (0.068) | 0.125 (0.067) | — | — | 0.150** (0.057) | 0.181** (0.059) | 0.193** (0.059) |

第7章 分配制度偏离对普通成员生活满意度的影响

（续表）

| | (1) happi | (2) happi | (3) happi | (4) happi | (5) happi | (6) happi | (7) happi | (8) happi | (9) happi | (10) happi |
|---|---|---|---|---|---|---|---|---|---|---|
| social | — | — | 0.082 (0.043) | 0.100* (0.043) | 0.099* (0.043) | — | — | 0.031 (0.039) | 0.071 (0.039) | 0.081* (0.039) |
| product | — | — | — | 0.059 (0.055) | 0.043 (0.055) | — | — | — | 0.227*** (0.047) | 0.238*** (0.047) |
| brand | — | — | — | 0.042 (0.043) | 0.069 (0.044) | — | — | — | -0.225*** (0.039) | -0.216*** (0.039) |
| alien | — | — | — | -0.111 (0.058) | -0.151* (0.059) | — | — | — | -0.166** (0.052) | -0.204*** (0.053) |
| sale | — | — | — | 0.074 (0.045) | 0.104* (0.045) | — | — | — | 0.012 (0.039) | -0.016 (0.040) |
| subsidy | — | — | — | -0.004*** (0.001) | -0.002*** (0.001) | — | — | — | -0.001* (0.001) | -0.001 (0.001) |
| loan | — | — | — | 0.002** (0.001) | 0.003** (0.001) | — | — | — | 0.001* (0.001) | 0.002* (0.001) |
| number | — | — | — | 0.000 (0.000) | 0.000 (0.000) | — | — | — | 0.001* (0.000) | 0.001* (0.000) |
| distance | — | — | — | — | -0.006** (0.002) | — | — | — | — | -0.007*** (0.002) |

**分配制度偏离、普通成员行为与合作社益农性**

(续表)

| | (1) happi | (2) happi | (3) happi | (4) happi | (5) happi | (6) happi | (7) happi | (8) happi | (9) happi | (10) happi |
|---|---|---|---|---|---|---|---|---|---|---|
| bank | — | — | — | — | -0.033*** | — | — | — | — | -0.014** |
| | | | | | (0.005) | | | | | (0.004) |
| way | — | — | — | — | 0.014 | — | — | — | — | -0.007 |
| | | | | | (0.012) | | | | | (0.010) |
| _cons | 1.965*** | 1.892*** | 1.123*** | 1.325*** | 0.677*** | 2.949*** | 2.888*** | 1.948*** | 2.282*** | 1.977*** |
| | (0.025) | (0.045) | (0.155) | (0.182) | (0.208) | (0.031) | (0.045) | (0.134) | (0.158) | (0.180) |
| 地区控制变量 | 未控制 | 已控制 | 已控制 | 已控制 | 已控制 | 未控制 | 已控制 | 已控制 | 已控制 | 已控制 |
| N | 2 676 | 2 676 | 2 676 | 2 676 | 2 676 | 2 676 | 2 676 | 2 676 | 2 676 | 2 676 |
| $R^2$ | 0.093 | 0.095 | 0.202 | 0.213 | 0.229 | 0.334 | 0.335 | 0.398 | 0.416 | 0.423 |

注：括号外的数字为估计系数，括号内的数字为该系数下的标准差；*、**、***分别代表10%、5%、1%显著性。

## 第7章 分配制度偏离对普通成员生活满意度的影响

著。原因在于拥有政治身份的成员往往具有较强的沟通能力,因此主观福祉更强(童庆蒙,2018)。社会网络对普通成员生活满意度产生了显著的负向影响。农民拥有广泛的社会关系或者村里建有正式的社会组织(白描和吴国宝,2017),均有助于其获得更多社会认同感和改善生活现状的机会(于井远和王金秀,2020),从而达到更高的主观福祉水平。从合作社特征看,标准化生产对普通成员生活满意度有正向影响,但并不显著。合作社采取标准化生产后,能够规范成员的生产行为(韩旭东 等,2020),提供更为优质的农产品,进而获得更高的销售价格(徐旭初,2010),提升普通成员加入合作社的获得感,进而提高其生活满意度。品牌认证对普通成员生活满意度产生了正向影响,但并不显著。品牌认证能够对合作社生产高质量的产品提供激励(杨丹和刘自敏,2017),获得更好的市场议价能力(韩旭东 等,2020),提升普通成员加入合作社的获得感,进而提高其生活满意度。非成员服务对普通成员生活满意度有显著的负向影响。若合作社同时为非成员农户提供服务,会模糊成员与非成员之间的界限(邓衡山 等,2022),降低成员作为合作社一员的获得感,进而负向影响生活满意度。合作社销售方式对普通成员生活满意度具有显著的正向影响。合作社通过订单农业能够降低市场价格波动的影响(施晟 等,2012),稳定供应链主体的收益(徐健和汪旭晖,2009),进而提高普通成员的生活满意度。合作社补贴对普通成员生活满意度产生了显著的负向影响。中国合作社普遍存在"精英俘获"的情况下,对合作社提供的补贴所获得的收益大多数为成员核心成员所获得(温铁军,2013),使得普通成员产生了不公平感,进而负向影响其生活满意度。合作社贷款对普通成员生活满意度产生了显著的正向影响。可能的原因是,贷款越多说明合作社的信誉越强,开展市场经营越顺畅(万博文,2022),从而能够获得更好的绩效与成员认可,进而正向影响普通成员的生活满意度。合作社成员数量对普通生活满意度产生了正向影响,但并不显著。农村社会往往是熟人社会(唐宗焜,2012),成员数量越多表明合作社的口碑越好、盈利能力越强,其提高普通成员生活满意度的效果也越强。

### 7.3.2 内生性讨论

鉴于分配制度偏离与普通成员生活满意度之间可能存在着因互为因果而导致的潜在内生性问题,本书选取以下两种方法进行内生性处理。一方面，决策方式与股权分散度两个变量分别作为分配制度偏离与交易量分配比例的工具变量，使用两阶段最小二乘法进行实证估计。进一步，本书还选取IVTobit模型进行估计，以提高稳健性。表7-3中的模型（1）至模型（5）与表7-4中模型（1）至模型（5）中通过LM检验得到了P值均等于0，说明不存在识别不足问题。Wald检验得到的F值均远大于10%显著性水平下的临界值，说明工具变量估计过程中不存在弱IV的问题。因此，证明本书选取决策方式作为分配制度偏离的工具变量、交易量分配比例作为股权分散度的工具变量是合适的。

表7-3中的模型（1）至模型（10）分别以决策方式作为分配制度偏离的工具变量时，逐步加入控制变量的估计结果。其中，模型（1）至模型（5）报告了以两阶段最小二乘估计法的估计结果，模型（6）至模型（10）报告了以IVTobit模型的估计结果。从表7-3可以得出，模型（1）至模型（5）中两阶段最小二乘估计法下分配制度偏离变量的估计系数均大于0，通过了显著性水平检验；另外，因此本书还在模型（6）至模型（10）中以IVTobit模型进行估计，结果显示分配制度偏离变量的估计系数也均大于0，且通过了显著性水平检验。这表明，当考虑到分配制度偏离与普通成员生活满意度二者之间互为因果关系的情况下，分配制度发生偏离的合作社，能够正向影响普通成员生活满意度的概率这一结论是显著且稳健的。假说4得到了进一步验证。

表7-4中的模型（1）至模型（10）分别以股权分散度作为交易量分配比例的工具变量下逐步加入控制变量的估计结果。其中，模型（1）至模型（5）报告了以两阶段最小二乘估计法的估计结果，模型（6）至模型（10）报告了以IVTobit模型的估计结果。从表7-4可以得出：模型（1）至模型（5）中两阶段最小二乘估计法下工具变量的一次项与二次项均显著，通过了显著性水平检验，说明交易量分配比例对普通成员生活满意度的影响存在着倒"U"形关系。本书模型（6）至模型（10）中以IVTobit模型下分配制度偏离变量的估计系数也均大于0，且通过了显著性水平检验。这表明，当考虑到分配制度偏离与普通成员生活满意度二者之间互为因果关系的情况下，合作社的交易量分配比例对普通成员生活满意度存在着倒"U"形影响这一结论是显著且稳健的，倒"U"形的拐点值均小于60%，假说4进一步得以证明。

第7章 分配制度偏离对普通成员生活满意度的影响

表7-3 分配制度偏离对普通成员生活满意度的影响——工具变量模型的估计结果

| | 2SLS | | | | | | | IVTobit | | |
|---|---|---|---|---|---|---|---|---|---|---|
| | (1) happi | (2) happi | (3) happi | (4) happi | (5) happi | (6) happi | (7) happi | (8) happi | (9) happi | (10) happi |
| dev | 0.793*** | 0.796*** | 0.523*** | 0.523*** | 0.656*** | 1.166*** | 1.168*** | 0.711*** | 0.703*** | 0.917*** |
| | (0.054) | (0.054) | (0.057) | (0.057) | (0.063) | (0.090) | (0.090) | (0.094) | (0.094) | (0.103) |
| age | — | — | 0.009** | 0.008* | 0.006 | — | — | 0.011 | 0.009 | 0.007 |
| | | | (0.003) | (0.003) | (0.003) | | | (0.006) | (0.006) | (0.006) |
| land | — | — | 0.005*** | 0.005*** | 0.005*** | — | — | 0.008*** | 0.008*** | 0.009*** |
| | | | (0.001) | (0.001) | (0.001) | | | (0.001) | (0.001) | (0.001) |
| edu | — | — | −0.002 | −0.006 | −0.013* | — | — | −0.011 | −0.017* | −0.028** |
| | | | (0.005) | (0.005) | (0.006) | | | (0.008) | (0.008) | (0.010) |
| train | — | — | 0.504*** | 0.518*** | 0.562*** | — | — | 0.819*** | 0.837*** | 0.911*** |
| | | | (0.074) | (0.074) | (0.075) | | | (0.118) | (0.118) | (0.120) |
| work | — | — | 0.191*** | 0.235*** | 0.300*** | — | — | 0.233*** | 0.301*** | 0.406*** |
| | | | (0.038) | (0.041) | (0.041) | | | (0.060) | (0.066) | (0.066) |
| party | — | — | 0.036 | 0.080 | 0.111 | — | — | 0.060 | 0.145 | 0.189 |
| | | | (0.066) | (0.066) | (0.067) | | | (0.104) | (0.106) | (0.107) |
| social | — | — | 0.080 | 0.098* | 0.097* | — | — | 0.189** | 0.218** | 0.228** |
| | | | (0.043) | (0.044) | (0.044) | | | (0.071) | (0.071) | (0.072) |

· 213 ·

**分配制度偏离、普通成员行为与合作社益农性**

(续表)

| | 2SLS | | | | | IVTobit | | | | |
|---|---|---|---|---|---|---|---|---|---|---|
| | (1) happi | (2) happi | (3) happi | (4) happi | (5) happi | (6) happi | (7) happi | (8) happi | (9) happi | (10) happi |
| product | — | — | — | 0.058 (0.056) | 0.041 (0.056) | — | — | — | 0.070 (0.091) | 0.049 (0.090) |
| brand | — | — | — | 0.037 (0.045) | 0.065 (0.045) | — | — | — | 0.064 (0.074) | 0.109 (0.074) |
| alien | — | — | — | -0.116* (0.058) | -0.158** (0.058) | — | — | — | -0.196* (0.096) | -0.266** (0.096) |
| sale | — | — | — | 0.076 (0.044) | 0.108* (0.044) | — | — | — | 0.148* (0.073) | 0.200** (0.073) |
| subsidy | — | — | — | -0.004*** (0.001) | -0.002*** (0.001) | — | — | — | -0.006*** (0.001) | -0.004*** (0.001) |
| loan | — | — | — | 0.002** (0.001) | 0.003** (0.001) | — | — | — | 0.003* (0.001) | 0.004** (0.001) |
| number | — | — | — | 0.000 (0.000) | 0.000 (0.000) | — | — | — | 0.000 (0.001) | 0.000 (0.001) |
| distance | — | — | — | — | -0.006** (0.002) | — | — | — | — | -0.009** (0.003) |

第7章　分配制度偏离对普通成员生活满意度的影响

（续表）

| | 2SLS | | | | | IVTobit | | | | |
|---|---|---|---|---|---|---|---|---|---|---|
| | (1) happi | (2) happi | (3) happi | (4) happi | (5) happi | (6) happi | (7) happi | (8) happi | (9) happi | (10) happi |
| bank | — | — | — | — | -0.035*** (0.005) | — | — | — | — | -0.056*** (0.008) |
| way | — | — | — | — | 0.017 (0.013) | — | — | — | — | 0.027 (0.021) |
| _cons | 1.946*** (0.033) | 1.873*** (0.050) | 1.096*** (0.155) | 1.311*** (0.177) | 0.616*** (0.201) | 1.412*** (0.057) | 1.293*** (0.086) | 0.352 (0.258) | 0.726* (0.293) | -0.406 (0.335) |
| 地区控制变量 | 未控制 | 已控制 | 已控制 | 已控制 | 已控制 | 未控制 | 已控制 | 已控制 | 已控制 | 已控制 |
| N | 2 676 | 2 676 | 2 676 | 2 676 | 2 676 | 2 676 | 2 676 | 2 676 | 2 676 | 2 676 |
| $R^2$ | 0.093 | 0.094 | 0.201 | 0.212 | 0.229 | — | — | — | — | — |

注：括号外的数字为估计系数，括号内的数字为该系数下的标准差；\*、\*\*、\*\*\*分别代表10%、5%、1%显著性。

表7-4　交易量分配比例对普通成员生活满意度的影响——工具变量模型的估计结果

| | 2SLS | | | | | IVTobit | | | | |
|---|---|---|---|---|---|---|---|---|---|---|
| | (1) happi | (2) happi | (3) happi | (4) happi | (5) happi | (6) happi | (7) happi | (8) happi | (9) happi | (10) happi |
| stdtrade | -0.531*** (0.021) | -0.532*** (0.021) | -0.407*** (0.022) | -0.450*** (0.023) | -0.487*** (0.025) | — | — | — | — | — |

**分配制度偏离、普通成员行为与合作社益农性**

(续表)

| | 2SLS | | | | | | | IVTobit | | |
|---|---|---|---|---|---|---|---|---|---|---|
| | (1) happi | (2) happi | (3) happi | (4) happi | (5) happi | (6) happi | (7) happi | (8) happi | (9) happi | (10) happi |
| stdtrade$_2$ | -0.663*** (0.020) | -0.663*** (0.020) | -0.606*** (0.020) | -0.646*** (0.021) | -0.638*** (0.021) | — | — | — | — | — |
| trade | — | — | — | — | — | 0.110*** (0.005) | 0.110*** (0.005) | 0.110*** (0.005) | 0.119*** (0.005) | 0.115*** (0.005) |
| trade$_2$ | — | — | — | — | — | -0.001*** (0.000) | -0.001*** (0.000) | -0.001*** (0.000) | -0.001*** (0.000) | -0.001*** (0.000) |
| age | — | — | 0.013*** (0.003) | 0.012*** (0.003) | 0.011*** (0.003) | — | — | 0.019*** (0.005) | 0.017*** (0.005) | 0.016*** (0.005) |
| land | — | — | 0.004*** (0.001) | 0.004*** (0.001) | 0.004*** (0.001) | — | — | 0.006*** (0.001) | 0.005*** (0.001) | 0.006*** (0.001) |
| edu | — | — | 0.000 (0.004) | -0.008 (0.004) | -0.007 (0.005) | — | — | -0.009 (0.007) | -0.025*** (0.007) | -0.020* (0.008) |
| train | — | — | 0.388*** (0.065) | 0.341*** (0.064) | 0.334*** (0.065) | — | — | 0.626*** (0.100) | 0.523*** (0.099) | 0.496*** (0.102) |
| work | — | — | 0.042 (0.033) | -0.033 (0.036) | 0.004 (0.037) | — | — | -0.081 (0.052) | -0.272*** (0.059) | -0.217*** (0.061) |

第7章 分配制度偏离对普通成员生活满意度的影响

（续表）

| | 2SLS | | | | | | IVTobit | | | |
|---|---|---|---|---|---|---|---|---|---|---|
| | (1) happi | (2) happi | (3) happi | (4) happi | (5) happi | (6) happi | (7) happi | (8) happi | (9) happi | (10) happi |
| party | — | — | 0.134* (0.056) | 0.169** (0.057) | 0.181** (0.057) | — | — | 0.242** (0.088) | 0.318*** (0.088) | 0.320*** (0.089) |
| social | — | — | 0.035 (0.038) | 0.076* (0.038) | 0.087* (0.039) | — | — | 0.026 (0.061) | 0.119 (0.061) | 0.124* (0.062) |
| product | — | — | — | 0.233*** (0.049) | 0.245*** (0.049) | — | — | — | 0.530*** (0.080) | 0.545*** (0.080) |
| brand | — | — | — | -0.235*** (0.040) | -0.227*** (0.040) | — | — | — | -0.514*** (0.067) | -0.498*** (0.067) |
| alien | — | — | — | -0.173*** (0.050) | -0.214*** (0.051) | — | — | — | 0.323*** (0.082) | 0.385*** (0.082) |
| sale | — | — | — | 0.012 (0.038) | 0.016 (0.038) | — | — | — | 0.047 (0.062) | 0.002 (0.062) |
| subsidy | — | — | — | -0.001 (0.001) | -0.001 (0.001) | — | — | — | -0.001 (0.001) | -0.000 (0.001) |
| loan | — | — | — | 0.001* (0.001) | 0.002* (0.001) | — | — | — | 0.001 (0.001) | 0.002 (0.001) |

**分配制度偏离、普通成员行为与合作社益农性**

（续表）

|  | 2SLS | | | | | | | IVTobit | | |
|---|---|---|---|---|---|---|---|---|---|---|
|  | (1) happi | (2) happi | (3) happi | (4) happi | (5) happi | (6) happi | (7) happi | (8) happi | (9) happi | (10) happi |
| number | — | — | — | 0.001* (0.000) | 0.001* (0.000) | — | — | — | 0.001** (0.001) | 0.001** (0.001) |
| distance | — | — | — | — | -0.007*** (0.002) | — | — | — | — | -0.011*** (0.003) |
| bank | — | — | — | — | -0.017*** (0.004) | — | — | — | — | -0.020** (0.007) |
| way | — | — | — | — | 0.003 (0.011) | — | — | — | — | 0.020 (0.018) |
| _cons | 2.961*** (0.028) | 2.901*** (0.043) | 1.937*** (0.136) | 2.291*** (0.154) | 1.936*** (0.176) | 0.857*** (0.102) | 0.757*** (0.116) | -0.557* (0.233) | -0.018 (0.263) | -0.336 (0.278) |
| N | 2 676 | 2 676 | 2 676 | 2 676 | 2 676 | 2 676 | 2 676 | 2 676 | 2 676 | 2 676 |
| $R^2$ | 0.332 | 0.333 | 0.397 | 0.416 | 0.423 | — | — | — | — | — |

注：括号外的数字为估计系数，括号内的数字为该系数下的标准差；*、**、*** 分别代表 10%、5%、1% 显著性。

第7章　分配制度偏离对普通成员生活满意度的影响

### 7.3.3　稳健性检验

为提高稳健性，本书通过更换模型和变量两种方法来检验。一方面，由于本书的被解释变量可能存在取值受限的情况，因此本书采用 Tobit 模型进行估计；另一方面，本书还采用替换变量的方法，使用合作社满意度这一变量作为因变量来进行稳健性检验。

（1）更换模型

普通成员生活满意度这一关键的被解释变量存在取值受限的情况，因此本书采用 Tobit 模型进行估计。表 7-5 中的模型（1）至模型（5）和模型（6）至模型（10）均是采用逐步加入控制变量的方式进行估计。表 7-5 的估计结果与表 7-2 相一致，分配制度偏离、交易量分配比例的一次项与二次项变量分别在模型（1）至模型（5）和模型（6）至模型（10）的估计系数均为正，且均通过了1%水平下显著性检验，表明分配制度偏离对于普通成员生活满意度具有显著的正向影响，且交易量分配比例与普通成员生活满意度之间存在着倒"U"形关系这一结论是稳健的，且倒"U"形的拐点值小于60%。假说4得到了进一步验证。

（2）更换被解释变量

为进一步提高估计结果的稳健性，本书采用普通成员对合作社的满意度这一主观变量作为核心被解释变量进行检验。考虑到被解释变量的取值是1~5的变量，因此本书采用有序 Probit 模型进行估计。表 7-6 汇报了以有序 Probit 模型对分配制度偏离影响合作社满意度的估计结果。模型（1）至模型（5）和模型（6）至模型（10）均是采用逐步回归的方式进行估计。表 7-6 的估计结果与表 7-2 相一致，分配制度偏离、交易量分配比例的一次项与二次项变量分别在模型（1）至模型（5）和模型（6）至模型（10）的估计系数均为正，且均通过了1%水平下显著性检验，表明分配制度偏离对于普通成员生活满意度具有显著的正向影响，且交易量分配比例与普通成员生活满意度之间存在着倒"U"形关系这一结论是稳健的，且倒"U"形的拐点值小于60%。假说4得到了进一步验证。

**分配制度偏离、普通成员行为与合作社益农性**

表 7-5 分配制度偏离对普通成员生活满意度影响的稳健性检验——Tobit 模型的估计结果

| | (1) happi | (2) happi | (3) happi | (4) happi | (5) happi | (6) happi | (7) happi | (8) happi | (9) happi | (10) happi |
|---|---|---|---|---|---|---|---|---|---|---|
| dev | 0.750*** (0.045) | 0.752*** (0.045) | 0.468*** (0.046) | 0.467*** (0.047) | 0.588*** (0.049) | — | — | — | — | — |
| stdtrade | — | — | — | — | — | -0.476*** (0.020) | -0.477*** (0.020) | -0.377*** (0.021) | -0.422*** (0.021) | -0.448*** (0.023) |
| stdtrade$_2$ | — | — | — | — | — | -0.651*** (0.020) | -0.651*** (0.020) | -0.599*** (0.020) | -0.638*** (0.021) | -0.631*** (0.021) |
| age | — | — | 0.009** (0.003) | 0.007* (0.003) | 0.006 (0.003) | — | — | 0.013*** (0.003) | 0.011*** (0.003) | 0.011*** (0.003) |
| land | — | — | 0.005*** (0.001) | 0.005*** (0.001) | 0.005*** (0.001) | — | — | 0.004*** (0.001) | 0.004*** (0.001) | 0.004*** (0.001) |
| edu | — | — | -0.003 (0.005) | -0.006 (0.005) | -0.013* (0.006) | — | — | -0.001 (0.004) | -0.008* (0.004) | -0.007 (0.005) |
| train | — | — | 0.506*** (0.074) | 0.520*** (0.074) | 0.559*** (0.075) | — | — | 0.392*** (0.065) | 0.346*** (0.064) | 0.334*** (0.065) |
| work | — | — | 0.194*** (0.037) | 0.239*** (0.041) | 0.300*** (0.041) | — | — | 0.047 (0.033) | -0.026 (0.036) | 0.007 (0.037) |
| party | — | — | 0.052 (0.065) | 0.096 (0.066) | 0.125 (0.066) | — | — | 0.150** (0.056) | 0.181** (0.056) | 0.193*** (0.057) |

· 220 ·

## 第 7 章 分配制度偏离对普通成员生活满意度的影响

（续表）

| | (1) happi | (2) happi | (3) happi | (4) happi | (5) happi | (6) happi | (7) happi | (8) happi | (9) happi | (10) happi |
|---|---|---|---|---|---|---|---|---|---|---|
| social | — | — | 0.082 (0.043) | 0.100* (0.044) | 0.099* (0.044) | — | — | 0.031 (0.038) | 0.071 (0.038) | 0.081* (0.039) |
| product | — | — | — | 0.059 (0.056) | 0.043 (0.055) | — | — | — | 0.227*** (0.049) | 0.238*** (0.049) |
| brand | — | — | — | 0.042 (0.045) | 0.069 (0.045) | — | — | — | −0.225*** (0.040) | −0.216*** (0.040) |
| alien | — | — | — | −0.111 (0.058) | −0.151** (0.058) | — | — | — | −0.166*** (0.050) | −0.204*** (0.050) |
| sale | — | — | — | 0.074 (0.044) | 0.104* (0.044) | — | — | — | 0.012 (0.038) | 0.016 (0.038) |
| subsidy | — | — | — | −0.004*** (0.001) | −0.002** (0.001) | — | — | — | −0.001* (0.001) | −0.001 (0.001) |
| loan | — | — | — | 0.002** (0.001) | 0.003** (0.001) | — | — | — | 0.001* (0.001) | 0.002* (0.001) |
| number | — | — | — | 0.000 (0.000) | 0.000 (0.000) | — | — | — | 0.001* (0.000) | 0.001* (0.000) |
| distance | — | — | — | — | 0.006** (0.002) | — | — | — | — | 0.007*** (0.002) |

（续表）

|  | (1) happi1 | (2) happi1 | (3) happi1 | (4) happi1 | (5) happi1 | (6) happi1 | (7) happi1 | (8) happi1 | (9) happi1 | (10) happi1 |
|---|---|---|---|---|---|---|---|---|---|---|
| bank | — | — | — | — | 0.033*** (0.005) | — | — | — | — | 0.014** (0.004) |
| way | — | — | — | — | 0.014 (0.013) | — | — | — | — | −0.007 (0.011) |
| _cons | 1.965*** (0.030) | 1.892*** (0.049) | 1.123*** (0.154) | 1.325*** (0.177) | 0.677*** (0.198) | 2.949*** (0.028) | 2.888*** (0.043) | 1.948*** (0.136) | 2.282*** (0.154) | 1.977*** (0.175) |
| 地区控制变量 | 未控制 | 已控制 | 已控制 | 已控制 | 已控制 | 未控制 | 已控制 | 已控制 | 已控制 | 已控制 |
| N | 2 676 | 2 676 | 2 676 | 2 676 | 2 676 | 2 676 | 2 676 | 2 676 | 2 676 | 2 676 |

注：括号外的数字为估计系数，括号内的数字为该系数下的标准差；*、**、*** 分别代表 10%、5%、1% 显著性。

**表7-6 分配制度偏离对普通成员生活满意度影响的稳健性检验——有序 Probit 模型的估计结果**

|  | (1) happi1 | (2) happi1 | (3) happi1 | (4) happi1 | (5) happi1 | (6) happi1 | (7) happi1 | (8) happi1 | (9) happi1 | (10) happi1 |
|---|---|---|---|---|---|---|---|---|---|---|
| dev | 0.614*** (0.042) | 0.615*** (0.042) | 0.379*** (0.046) | 0.374*** (0.047) | 0.493*** (0.050) | — | — | — | — | — |
| stdtrade | — | — | — | — | — | −0.513 (0.024) | −0.513*** (0.024) | −0.420*** (0.027) | −0.481*** (0.028) | −0.509*** (0.030) |
| stdtrade$_2$ | — | — | — | — | — | −0.712*** (0.025) | −0.712*** (0.025) | −0.700*** (0.026) | −0.773*** (0.028) | −0.770*** (0.028) |

第7章 分配制度偏离对普通成员生活满意度的影响

（续表）

| | (1) happi1 | (2) happi1 | (3) happi1 | (4) happi1 | (5) happi1 | (6) happi1 | (7) happi1 | (8) happi1 | (9) happi1 | (10) happi1 |
|---|---|---|---|---|---|---|---|---|---|---|
| age | — | — | 0.007* | 0.005 | 0.004 | — | — | 0.012*** | 0.011** | 0.011** |
| | | | (0.003) | (0.003) | (0.003) | | | (0.003) | (0.003) | (0.004) |
| land | — | — | 0.005*** | 0.005*** | 0.005*** | — | — | 0.005*** | 0.004*** | 0.005*** |
| | | | (0.001) | (0.001) | (0.001) | | | (0.001) | (0.001) | (0.001) |
| edu | — | — | -0.006 | -0.009* | -0.015* | — | — | -0.007 | -0.016*** | -0.013* |
| | | | (0.005) | (0.005) | (0.006) | | | (0.005) | (0.005) | (0.006) |
| train | — | — | 0.479*** | 0.493*** | 0.532*** | — | — | 0.457*** | 0.406*** | 0.385*** |
| | | | (0.071) | (0.072) | (0.074) | | | (0.072) | (0.073) | (0.075) |
| work | — | — | 0.153*** | 0.192*** | 0.251*** | — | — | -0.007 | -0.115** | -0.082 |
| | | | (0.036) | (0.040) | (0.041) | | | (0.037) | (0.042) | (0.043) |
| party | — | — | 0.058 | 0.102 | 0.127 | — | — | 0.180** | 0.228*** | 0.232*** |
| | | | (0.062) | (0.064) | (0.065) | | | (0.063) | (0.065) | (0.066) |
| social | — | — | 0.086* | 0.104* | 0.108* | — | — | 0.021 | 0.072 | 0.078 |
| | | | (0.042) | (0.043) | (0.044) | | | (0.043) | (0.044) | (0.045) |
| product | — | — | — | 0.036 | 0.023 | — | — | — | 0.317*** | 0.335*** |
| | | | | (0.055) | (0.055) | | | | (0.057) | (0.058) |
| brand | — | — | — | 0.055 | 0.080 | — | — | — | -0.273*** | -0.267*** |
| | | | | (0.045) | (0.045) | | | | (0.048) | (0.048) |

## 分配制度偏离、普通成员行为与合作社益农性

(续表)

| | (1) happi1 | (2) happi1 | (3) happi1 | (4) happi1 | (5) happi1 | (6) happi1 | (7) happi1 | (8) happi1 | (9) happi1 | (10) happi1 |
|---|---|---|---|---|---|---|---|---|---|---|
| alien | — | — | — | -0.112 (0.058) | -0.155** (0.059) | — | — | — | -0.205*** (0.060) | -0.249*** (0.061) |
| sale | — | — | — | 0.078 (0.044) | 0.108* (0.045) | — | — | — | 0.023 (0.045) | 0.006 (0.046) |
| subsidy | — | — | — | -0.003*** (0.001) | -0.002** (0.001) | — | — | — | -0.001 (0.001) | -0.001 (0.001) |
| loan | — | — | — | 0.002* (0.001) | 0.002** (0.001) | — | — | — | 0.001 (0.001) | 0.002 (0.001) |
| number | — | — | — | 0.000 (0.000) | 0.000 (0.000) | — | — | — | 0.001* (0.000) | 0.001** (0.000) |
| distance | — | — | — | — | -0.006** (0.002) | — | — | — | — | -0.008*** (0.002) |
| bank | — | — | — | — | -0.030*** (0.005) | — | — | — | — | -0.014** (0.005) |
| way | — | — | — | — | 0.011 (0.013) | — | — | — | — | -0.016 (0.014) |
| 地区控制变量 | 未控制 | 已控制 | 已控制 | 已控制 | 已控制 | 未控制 | 已控制 | 已控制 | 已控制 | 已控制 |
| N | 2 676 | 2 676 | 2 676 | 2 676 | 2 676 | 2 676 | 2 676 | 2 676 | 2 676 | 2 676 |

注：括号外的数字为估计系数，括号内的数字为该系数下的标准差；*、**、***分别代表10%、5%、1%显著性。

### 7.3.4 异质性分析

基准回归中，无论是 OLS 模型、Tobit 模型，还是考虑两阶段最小二乘估计法和 IVTobit 模型的结果均表明，分配制度偏离与普通成员生活满意度二者之间呈现显著且较为稳健正向关系。合作社普通成员也存在着较强的异质性，主要包括经营规模和区域的异质性。基于此，在这一部分异质性分析中，本书分别从经营规模和区域两个维度进行异质性分析。本书通过成员问卷中的土地经营规模的平均值进行分组，分为高面积组和低面积组，实证估计分配制度偏离对于不同规模普通成员生活满意度的影响。另外，本书还将全国样本划分为东部、中部、西部、东北部四大地区，具体分析区域异质性。

合作社普通成员的经营规模存在着异质性。在经营规模有差异的情况下，合作社分配制度偏离对普通成员生活满意度的影响是否存在差异？表7-7 汇报了在不同经营规模情景下的估计结果。在表 7-7 中，高规模组普通成员在模型（1）至模型（2）的估计系数均为正，且均通过了 1% 水平下显著性水平检验，说明分配制度发生偏离的合作社，能够正向影响经营规模较高普通成员的生活满意度。从模型（1）至模型（2）核心解释变量估计系数的比较看，说明高经营规模普通成员的福利感提升效应要强于低经营规模普通成员。可能的原因是，土地经营规模较大的成员往往是专业农户（郜亮亮 等，2020），是利润导向型的农业生产主体（赵昶 等，2021），加入合作社后能够获得更多的利益，使其生活满意度提升。另外，专业户往往具有较强的技能（杜志雄 等，2019），在合作社这一组织中会有更多的满足感（白描、吴国宝，2017），进而提高其生活满意度。从模型（1）至模型（2）的估计结果看，以交易量分配比例的一次项与二次项均显著，高规模组样本中交易量分配比例变量的倒"U"形拐点值为 43.65%，低规模组样本中交易量分配比例变量的倒"U"形拐点值为 44.17%，并未呈现出较大的差异。由于土地经营规模较大的普通成员能够提供较多的交易量，因而具有较强的谈判实力（周振、孔祥智，2017），在合作社中也具有更强的话语权，因此其生活满意度往往更高。

合作社成员除了在同区域之间存在着经营规模的差异，也存在着不同区域之间的差异。那么，不同经济发展水平的区域，分配制度偏离对成员生活满意度是否存在差异？表 7-8 汇报了在不同区域情景下的估计

**分配制度偏离、普通成员行为与合作社益农性**

结果。在表 7-8 中，不同区域的普通成员在模型（1）至模型（4）的估计系数均为正，且均通过了 1%水平下显著性水平检验，说明分配制度发生偏离的合作社能够正向影响普通成员的生活满意度这一结论适用于全国四大不同地区。从模型（1）至模型（4）核心解释变量估计系数的比较看，说明东部普通成员的满意度提升效应要强于其他地区。可能的原因是，东部地区经济发展程度较高，农户从事农业生产经营活动的机会成本更高，通过接纳合作社服务的方式使其获得更高的收入，进而提高其生活满意度。从模型（5）至模型（8）看，东、中、西、东北部地区样本中交易量分配比例变量的倒"U"形拐点值为 42.90%、44.27%、43.66%及 45.32%。从最有利于提高普通成员生活满意度的交易量分配比例看，全国四大地区并不具有明显的差异。

表 7-7 分配制度偏离对普通成员生活满意度影响的异质性分析——经营规模异质性

|  | （1）<br>高规模<br>happi | （2）<br>低规模<br>happi | （3）<br>高规模<br>happi | （4）<br>低规模<br>happi |
| --- | --- | --- | --- | --- |
| dev | 1.058 ***<br>(0.083) | 0.322 ***<br>(0.058) | — <br> — | — <br> — |
| stdtrade | — <br> — | — <br> — | -0.579 ***<br>(0.039) | -0.353 ***<br>(0.027) |
| stdtrade$_2$ | — <br> — | — <br> — | -0.780 ***<br>(0.037) | -0.498 ***<br>(0.025) |
| age | 0.017 **<br>(0.005) | -0.003<br>(0.004) | 0.022 ***<br>(0.005) | 0.002<br>(0.004) |
| edu | -0.004<br>(0.008) | -0.044 ***<br>(0.009) | -0.005<br>(0.007) | -0.027 ***<br>(0.008) |
| train | 0.413 ***<br>(0.106) | 0.792 ***<br>(0.107) | 0.296 **<br>(0.090) | 0.468 ***<br>(0.096) |
| work | 0.459 ***<br>(0.054) | -0.060<br>(0.068) | 0.044<br>(0.050) | -0.199 **<br>(0.061) |
| party | -0.060<br>(0.097) | 0.437 ***<br>(0.092) | 0.112<br>(0.082) | 0.427 ***<br>(0.082) |

## 第7章 分配制度偏离对普通成员生活满意度的影响

（续表）

|  | (1)<br>高规模<br>happi | (2)<br>低规模<br>happi | (3)<br>高规模<br>happi | (4)<br>低规模<br>happi |
| --- | --- | --- | --- | --- |
| social | 0.096<br>(0.069) | 0.210***<br>(0.056) | 0.222***<br>(0.059) | 0.056<br>(0.050) |
| product | 0.331***<br>(0.085) | 0.311***<br>(0.071) | 0.129<br>(0.075) | 0.451***<br>(0.064) |
| brand | 0.177*<br>(0.075) | 0.012<br>(0.052) | -0.264***<br>(0.067) | -0.183***<br>(0.048) |
| alien | -0.041<br>(0.094) | -0.249***<br>(0.070) | -0.147<br>(0.080) | -0.255***<br>(0.063) |
| sale | 0.119<br>(0.072) | 0.099<br>(0.053) | 0.033<br>(0.062) | 0.009<br>(0.047) |
| subsidy | -0.003**<br>(0.001) | -0.001<br>(0.001) | -0.003*<br>(0.001) | 0.000<br>(0.001) |
| loan | 0.004**<br>(0.001) | 0.001<br>(0.001) | 0.003*<br>(0.001) | 0.000<br>(0.001) |
| number | -0.002***<br>(0.001) | 0.001**<br>(0.000) | -0.001*<br>(0.001) | 0.002***<br>(0.000) |
| distance | -0.006*<br>(0.003) | -0.003<br>(0.002) | -0.009***<br>(0.002) | -0.003<br>(0.002) |
| bank | -0.054***<br>(0.008) | -0.013*<br>(0.006) | -0.024***<br>(0.007) | -0.003<br>(0.005) |
| way | 0.050*<br>(0.019) | 0.017<br>(0.018) | 0.031<br>(0.017) | -0.024<br>(0.016) |
| _cons | 0.200<br>(0.313) | 1.831***<br>(0.251) | 1.976***<br>(0.280) | 2.596***<br>(0.223) |
| 地区控制变量 | 已控制 | 已控制 | 已控制 | 已控制 |
| N | 1 058 | 1 618 | 1 058 | 1 618 |
| $R^2$ | 0.286 | 0.245 | 0.484 | 0.401 |

注：括号外的数字为估计系数，括号内的数字为该系数下的标准差；*、**、***分别代表10%、5%、1%显著性。

表 7-8　分配制度偏离对普通成员生活满意度影响的异质性分析——区域异质性

| | (1) 东部 happi | (2) 西部 happi | (3) 中部 happi | (4) 东北 happi | (5) 东部 happi | (6) 西部 happi | (7) 中部 happi | (8) 东北 happi |
|---|---|---|---|---|---|---|---|---|
| dev | 0.856*** | 0.607*** | 0.375*** | 0.583*** | — | — | — | — |
| | (0.108) | (0.098) | (0.098) | (0.094) | — | — | — | — |
| stdtrade | — | — | — | — | -0.516*** | -0.443*** | -0.412*** | -0.380*** |
| | — | — | — | — | (0.050) | (0.048) | (0.049) | (0.045) |
| $stdtrade_2$ | — | — | — | — | -0.657*** | -0.601*** | -0.609*** | -0.583*** |
| | — | — | — | — | (0.045) | (0.044) | (0.044) | (0.043) |
| age | -0.008 | 0.008 | 0.006 | 0.012* | -0.000 | 0.011 | 0.014* | 0.013* |
| | (0.007) | (0.007) | (0.007) | (0.006) | (0.006) | (0.006) | (0.006) | (0.006) |
| land | -0.000 | 0.008*** | 0.011*** | 0.007*** | 0.001 | 0.007*** | 0.009*** | 0.005*** |
| | (0.001) | (0.002) | (0.002) | (0.001) | (0.001) | (0.001) | (0.002) | (0.001) |
| edu | -0.040** | 0.005 | -0.009 | -0.014 | -0.035** | 0.008 | -0.003 | -0.010 |
| | (0.013) | (0.011) | (0.012) | (0.012) | (0.011) | (0.010) | (0.010) | (0.011) |
| train | 0.342* | 0.530*** | 0.584*** | 0.722*** | 0.141 | 0.298* | 0.408** | 0.534*** |
| | (0.162) | (0.152) | (0.150) | (0.142) | (0.142) | (0.139) | (0.136) | (0.130) |
| work | 0.317*** | 0.347*** | 0.233** | 0.259** | 0.021 | 0.076 | -0.077 | -0.039 |
| | (0.082) | (0.086) | (0.088) | (0.079) | (0.074) | (0.080) | (0.082) | (0.075) |
| party | 0.287 | 0.100 | 0.114 | -0.072 | 0.363** | 0.229* | 0.137 | -0.040 |
| | (0.156) | (0.119) | (0.132) | (0.133) | (0.135) | (0.107) | (0.119) | (0.121) |
| social | 0.015 | 0.173* | 0.029 | 0.086 | 0.186* | 0.050 | 0.081 | 0.064 |
| | (0.094) | (0.082) | (0.093) | (0.088) | (0.083) | (0.075) | (0.085) | (0.081) |
| product | 0.010 | 0.079 | 0.002 | 0.050 | 0.396*** | 0.161 | 0.201* | 0.263* |
| | (0.117) | (0.109) | (0.112) | (0.111) | (0.104) | (0.099) | (0.102) | (0.104) |
| brand | 0.144 | -0.057 | 0.033 | 0.127 | -0.165* | -0.288*** | -0.217* | -0.136 |
| | (0.090) | (0.090) | (0.093) | (0.086) | (0.082) | (0.083) | (0.086) | (0.081) |
| alien | -0.136 | -0.131 | -0.166 | -0.216 | -0.320*** | -0.165 | -0.150 | -0.249* |
| | (0.109) | (0.117) | (0.125) | (0.123) | (0.096) | (0.105) | (0.113) | (0.112) |
| sale | 0.249** | 0.029 | 0.001 | 0.088 | 0.101 | 0.024 | 0.017 | 0.034 |
| | (0.088) | (0.089) | (0.095) | (0.086) | (0.077) | (0.081) | (0.086) | (0.078) |

第7章 分配制度偏离对普通成员生活满意度的影响

（续表）

|  | (1)<br>东部<br>happi | (2)<br>西部<br>happi | (3)<br>中部<br>happi | (4)<br>东北<br>happi | (5)<br>东部<br>happi | (6)<br>西部<br>happi | (7)<br>中部<br>happi | (8)<br>东北<br>happi |
|---|---|---|---|---|---|---|---|---|
| subsidy | -0.002<br>(0.001) | -0.003*<br>(0.001) | -0.002<br>(0.001) | -0.001<br>(0.001) | -0.003*<br>(0.001) | -0.000<br>(0.001) | -0.001<br>(0.001) | 0.002<br>(0.001) |
| loan | 0.000<br>(0.002) | 0.002<br>(0.002) | 0.004*<br>(0.002) | 0.005**<br>(0.002) | 0.001<br>(0.001) | 0.002<br>(0.002) | 0.002<br>(0.002) | 0.002<br>(0.001) |
| number | -0.001<br>(0.001) | 0.002*<br>(0.001) | -0.001<br>(0.001) | 0.002*<br>(0.001) | 0.000<br>(0.001) | 0.002*<br>(0.001) | -0.000<br>(0.001) | 0.002**<br>(0.001) |
| distance | -0.007<br>(0.004) | -0.010**<br>(0.004) | -0.003<br>(0.003) | -0.012**<br>(0.004) | -0.008*<br>(0.003) | -0.009**<br>(0.003) | -0.000<br>(0.003) | -0.012***<br>(0.003) |
| bank | -0.026*<br>(0.011) | -0.032***<br>(0.009) | -0.035***<br>(0.010) | -0.032**<br>(0.010) | -0.012<br>(0.010) | -0.016<br>(0.008) | -0.012<br>(0.009) | -0.014<br>(0.009) |
| way | 0.060<br>(0.031) | -0.014<br>(0.022) | -0.017<br>(0.026) | 0.035<br>(0.029) | 0.027<br>(0.027) | -0.029<br>(0.020) | -0.017<br>(0.024) | -0.000<br>(0.027) |
| _cons | 1.628***<br>(0.420) | 0.444<br>(0.393) | 0.991*<br>(0.400) | 0.060<br>(0.369) | 2.869***<br>(0.372) | 1.824***<br>(0.363) | 2.097***<br>(0.366) | 1.662***<br>(0.349) |
| N | 656 | 681 | 663 | 676 | 656 | 681 | 663 | 676 |
| $R^2$ | 0.252 | 0.290 | 0.235 | 0.272 | 0.440 | 0.443 | 0.406 | 0.408 |

注：括号外的数字为估计系数，括号内的数字为该系数下的标准差；\*、\*\*、\*\*\*分别代表10%、5%、1%显著性。

## 7.3.5 作用机制分析

第3章的理论分析已经表明了合作社分配制度偏离影响普通成员生活满意度的背后机制是分配制度偏离会影响到普通成员的分配公平、程序公平与互动公平三方面感知，进而影响普通成员的生活满意度。按照分配制度偏离影响普通成员生活满意度的逻辑，本章从分配公平、程序公平、互动公平三方面构建作用机制，估计三种感知对分配偏离影响普通成员生活满意度的中介作用效果。其中，分配制度偏离影响普通成员生活满意度的研究已经得到证明，本章主要对中介效应进行检验。

从分配公平感知看，表7-9中的模型（1）至模型（3）表明普通成

**分配制度偏离、普通成员行为与合作社益农性**

表7-9 分配制度偏离对普通成员生活满意度的影响：基于中介效应的检验

|  | (1) assign | (2) happi | (3) happi | (4) order | (5) happi | (6) happi | (7) act | (8) happi | (9) happi |
|---|---|---|---|---|---|---|---|---|---|
| assign | — | 0.588*** (0.050) | 0.149*** (0.019) | — | 0.588*** (0.050) | — | — | 0.588*** (0.050) | — |
| order | — | — | — | — | — | 0.110*** (0.021) | — | — | — |
| act | — | — | — | — | — | — | — | — | 0.222*** (0.021) |
| dev | 1.026*** (0.049) | — | 0.435*** (0.053) | 1.027*** (0.045) | — | 0.475*** (0.054) | 0.984*** (0.045) | — | 0.369*** (0.053) |
| age | -0.006 (0.003) | 0.006 (0.003) | 0.007* (0.003) | 0.018*** (0.003) | 0.006 (0.003) | 0.004 (0.003) | 0.018*** (0.003) | 0.006 (0.003) | 0.002 (0.003) |
| land | 0.003*** (0.001) | 0.005*** (0.001) | 0.005*** (0.001) | 0.003*** (0.001) | 0.005*** (0.001) | 0.005*** (0.001) | 0.002* (0.001) | 0.005*** (0.001) | 0.005*** (0.001) |
| edu | -0.032*** (0.006) | -0.013* (0.006) | -0.008 (0.006) | 0.035*** (0.005) | -0.013* (0.006) | -0.017** (0.006) | 0.021*** (0.005) | -0.013* (0.006) | -0.017** (0.006) |
| train | 0.224** (0.075) | 0.559*** (0.075) | 0.526*** (0.075) | 0.416*** (0.068) | 0.559*** (0.075) | 0.513*** (0.075) | 0.382*** (0.068) | 0.559*** (0.075) | 0.474*** (0.074) |
| work | 0.280*** (0.041) | 0.300*** (0.042) | 0.258*** (0.041) | -0.039 (0.037) | 0.300*** (0.042) | 0.304*** (0.041) | 0.156*** (0.038) | 0.300*** (0.042) | 0.265*** (0.041) |

第7章　分配制度偏离对普通成员生活满意度的影响

（续表）

| | (1)<br>assign | (2)<br>happi | (3)<br>happi | (4)<br>order | (5)<br>happi | (6)<br>happi | (7)<br>act | (8)<br>happi | (9)<br>happi |
|---|---|---|---|---|---|---|---|---|---|
| party | 0.073<br>(0.066) | 0.125<br>(0.067) | 0.114<br>(0.066) | 0.140*<br>(0.060) | 0.125<br>(0.067) | 0.110<br>(0.066) | 0.198**<br>(0.060) | 0.125<br>(0.067) | 0.081<br>(0.065) |
| social | 0.133**<br>(0.044) | 0.099*<br>(0.044) | 0.079<br>(0.044) | 0.039<br>(0.040) | 0.099*<br>(0.044) | 0.095*<br>(0.044) | 0.187***<br>(0.040) | 0.099*<br>(0.044) | 0.057<br>(0.044) |
| product | 0.240***<br>(0.055) | 0.043<br>(0.056) | 0.007<br>(0.055) | 0.214***<br>(0.050) | 0.043<br>(0.056) | 0.019<br>(0.056) | 0.287***<br>(0.050) | 0.043<br>(0.056) | 0.021<br>(0.055) |
| brand | 0.238***<br>(0.044) | 0.069<br>(0.045) | 0.033<br>(0.045) | 0.396***<br>(0.040) | 0.069<br>(0.045) | 0.025<br>(0.045) | −0.003<br>(0.041) | 0.069<br>(0.045) | 0.069<br>(0.044) |
| alien | −0.018<br>(0.058) | −0.151*<br>(0.058) | −0.148*<br>(0.058) | −0.008<br>(0.053) | −0.151*<br>(0.058) | −0.150*<br>(0.058) | −0.240***<br>(0.053) | −0.151*<br>(0.058) | −0.097<br>(0.057) |
| sale | 0.497***<br>(0.044) | 0.104*<br>(0.045) | 0.030<br>(0.045) | 0.143***<br>(0.040) | 0.104*<br>(0.045) | 0.089**<br>(0.044) | 0.408***<br>(0.040) | 0.104*<br>(0.045) | 0.014<br>(0.045) |
| subsidy | 0.000<br>(0.001) | −0.002***<br>(0.001) | −0.003***<br>(0.001) | 0.005***<br>(0.001) | −0.002***<br>(0.001) | −0.003***<br>(0.001) | 0.001<br>(0.001) | −0.002***<br>(0.001) | −0.003***<br>(0.001) |
| loan | 0.008***<br>(0.001) | 0.003**<br>(0.001) | 0.001<br>(0.001) | 0.001<br>(0.001) | 0.003*<br>(0.001) | 0.002**<br>(0.001) | 0.002**<br>(0.001) | 0.003*<br>(0.001) | 0.002*<br>(0.001) |
| number | 0.000<br>(0.000) | 0.000<br>(0.000) | 0.000<br>(0.000) | −0.000<br>(0.000) | 0.000<br>(0.000) | 0.000<br>(0.000) | 0.000<br>(0.000) | 0.000<br>(0.000) | 0.000<br>(0.000) |

**分配制度偏离、普通成员行为与合作社益农性**

(续表)

| | (1) assign | (2) happi | (3) happi | (4) order | (5) happi | (6) happi | (7) act | (8) happi | (9) happi |
|---|---|---|---|---|---|---|---|---|---|
| distance | -0.006*** | 0.006** | 0.007*** | 0.003 | 0.006** | 0.005** | 0.000 | 0.006** | 0.006** |
| | (0.002) | (0.002) | (0.002) | (0.002) | (0.002) | (0.002) | (0.002) | (0.002) | (0.002) |
| bank | -0.077*** | 0.033*** | 0.044*** | -0.052*** | 0.033*** | 0.038*** | -0.058*** | 0.033*** | 0.046*** |
| | (0.005) | (0.005) | (0.005) | (0.004) | (0.005) | (0.005) | (0.004) | (0.005) | (0.005) |
| way | 0.060*** | 0.014 | 0.005 | -0.072*** | 0.014 | 0.022 | -0.035*** | 0.014 | 0.022 |
| | (0.013) | (0.013) | (0.013) | (0.012) | (0.013) | (0.013) | (0.012) | (0.013) | (0.013) |
| _cons | 2.644*** | 0.677*** | 0.282 | 1.330*** | 0.677*** | 0.530*** | 2.150*** | 0.677*** | 0.200 |
| | (0.197) | (0.199) | (0.203) | (0.179) | (0.199) | (0.200) | (0.180) | (0.199) | (0.200) |
| 地区控制变量 | 已控制 | 已控制 | 已控制 | 已控制 | 已控制 | 已控制 | 已控制 | 已控制 | 已控制 |
| 中介效应/总效应 | | 26.04% | | | 19.24% | | | 37.16% | |
| N | 2 676 | 2 676 | 2 676 | 2 676 | 2 676 | 2 676 | 2 676 | 2 676 | 2 676 |
| $R^2$ | 0.517 | 0.229 | 0.246 | 0.497 | 0.229 | 0.237 | 0.479 | 0.229 | 0.260 |

注：括号外的数字为估计系数，括号内的数字为该系数下的标准差；*、**、*** 分别代表10%、5%、1%显著性。

员分配公平感知的中介效应。模型（1）显示分配制度偏离对普通成员分配公平感知这一中介变量产生显著的正向影响。进一步，将分配公平感知中介变量加入解释变量的模型（3）显示，分配制度偏离依旧对普通成员生活满意度的正向影响显著，并且中介变量也同时显著。从程序公平感知看，模型（4）至模型（6）表明程序公平感知的中介效应。模型（4）显示分配制度偏离对程序公平感知这一中介变量产生显著的正向影响。进一步，将程序公平感知中介变量加入解释变量的模型（6）显示，分配制度偏离依旧对普通成员生活满意度的正向影响显著，并且中介变量也同时显著。从互动公平感知看，模型（7）至模型（9）表明互动公平感知的中介效应。模型（7）显示分配制度偏离对成动公平感知这一中介变量产生显著的正向影响。进一步，将互动公平感知中介变量加入解释变量的模型（9）显示，分配制度偏离依旧对普通成员生活满意度的正向影响显著，并且中介变量也同时显著。进一步，分配、程序和互动公平的中介效应占总效应的比例分别为 26.04%、19.24% 和 37.16%。假说 4 得到了证明。

## 7.4　本章小结

从已有的研究成果看，合作社存在着"大农吃小农"的严重问题（仝志辉和温铁军，2009；温铁军，2013），少数核心成员独大专权（张晓山，2009），而普通成员无法享受合作社的红利（邓衡山 等，2022），合作社对普通成员几乎起不到什么作用（潘劲，2011）。另外，尽管已经有部分研究注意到合作社的幸福效应问题（刘同山，2017；刘同山和苑鹏，2020），但普通成员与小农户也往往是实现收益最大化的理性主体（Schurz，1964），但也并未考虑到分配制度偏离这一关乎普通成员切身利益与公平性的关键问题。从常识看，分配制度偏离是资本获取的更多的盈余分配比例，而交易量分配比例有所降低，进而导致合作社的盈余分配产生不公平的现象，进而使得作为弱势群体的普通成员，产生不公平感，进而负向影响其生活满意度。然而，本章却得到了已有研究与常识不一致的结论。本章从《农民专业合作社法》的角度出发，探究分配制度偏离对普通成员生活满意度的影响，结合课题组对全国典型合作社的调查数据，运用回归分析模型与中介效应模型检验方法，系统考察分配制度偏离对普通成员生活满意度的影响及其作用机制。研究结果表明，一是就提高普通成员的生活满意度而言，最优的交易量分配比例小于60%，即偏离于《农民专业合作社法》的规定。分配制度偏离《农民专业合作社法》规定的合作社，往往更接近于激励相容的制度安排，进而提高普通成员的公平感知，进而提高普通成员生活满意度。进一步，交易量分配比例对普通成员生活满意度存在着倒"U"形的影响，即适宜的交易量分配比例正向影响普通成员生活满意度的作用效果最强，倒"U"形的拐点值为44.16%。二是分配制度偏离通过分配公平、程序公平、互动公平三方面感知，进而影响普通成员生活满意度。三是分配制度偏离对普通成员生活满意度的影响存在着地区与经营规模异质性。经营土地规模越多的农户，往往农业兼业化程度越低，是典型的职业农民，那么其越倾向于向合作社出资或通过合作社销售产品与获得服务，进而正向影响普通成员的生活满意度。高规模组与低规模组样本中交易量分配比例变量的倒"U"形拐点值分别为43.65%和44.17%。相较于中部地区，其他地区分配制度偏离对普通成员生活满意度的影响程度更高。东部、中部、西部、东北部地区样本中交易量分配比例变量的倒"U"形拐点值分别为42.90%、44.27%、43.66%和45.32%。

# 第8章 研究结论与政策含义

合作社是中国重要的农民合作组织，是实现小农户与现代农业发现有机衔接的重要组织载体。尽管当前合作社已经发展到 200 多万家，辐射带动全国近一半农户，但依旧受到不少学者的诟病。从合作社盈余分配制度的角度看，目前大多数合作社均没有按照《农民专业合作社法》的规定对成员交易量进行分配。尽管，我国政府采取了多种政策措施旨在提高合作社规范性、提高交易量分配比例，但依旧成效甚微，按交易量 60% 以上分配给农民的合作社比例已经呈现出下降的趋势。为此，本书对当前我国合作社普遍偏离《农民专业合作社法》规定这一现象的普遍性和必然性展开分析，为当前我国政府推进合作社高质量发展提供政策借鉴。

## 8.1 研究结论

本书围绕问题"在合作社规范化建设的背景下，为什么按照《农民专业合作社法》进行盈余分配的合作社比例依旧较低且仍然呈现出下降的趋势"这一问题开展了细致地研究。近年来，我国政府高度重视合作社规范化建设，在全国开展了合作社质量提升行动，并提出在"十四五"时期要推进合作社高质量发展。在这种合作社规范化建设的大背景下，但我国按照《农民专业合作社法》进行盈余分配的合作社比例始终较低且呈现出不断下降的趋势，由 2011 年的 15.90% 下降到 2019 年的 13.53%。可见，当前我国合作社普遍偏离《农民专业合作社法》对盈余分配制度的规定已成为不争的事实。合作社普通成员作为理性的经济人，其加入合作社、向合作社出资、从事生产合作社都是为了获取更多的收益。基于此，本书从成员行为的视角入手，将合作社普通成员的行为分为出资行为、生产合作行为两种情景。本书重点从成员行为的视角来考虑，探究了分配制度偏离通过影响普通成员行为影响合作社益农性的作用机制，进一

**分配制度偏离、普通成员行为与合作社益农性**

步厘清了分配制度偏离这一普遍的现象对合作社益农性影响深层次原因。

综合来看,本书回答了学术界和实践界对合作社领域的两大关切与争论的焦点问题:一方面,过去的学者多认为,合作社分配制度偏离是一种"异化"(应瑞瑶,2002;潘劲,2011;马彦丽 等,2013;冯小,2014;张益丰 等,2016,2020;王图展,2017;马彦丽,2018)、"漂移"(黄祖辉 等,2009;赵黎明,2014)、"不合法"(任大鹏 等,2013)、"不公平"的现象,使其不再是名副其实的合作社(邓衡山 等,2014),甚至是"披着合作社外壳"的公司(张晓山,2009;熊万胜,2009;仝志辉、温铁军,2009;杨灿君,2010;郭红东,2010),不利于合作社的健康发展(马彦丽,2013),也不利于小农户在合作社中获得利益(邓衡山 等,2016)。另一方面,过去的学者多认为,在成员异质性的情况下(黄胜忠 等,2007),合作社中存在着"精英俘获"问题(崔宝玉 等,2012、梁剑峰和李静,2015;张益丰和孙运兴,2020;罗干,2020;吕德文,2021;刘嶺 等,2022),也存在着较为严重的"大农吃小农"难题(仝志辉和温铁军,2009),小农户在合作社中必然会受到无情的盘剥(赵晓峰 等,2015)。从常识看,分配制度偏离《农民专业合作社法》的规定,表面上是一种核心成员挤占普通成员合法收益的现象。但实际上,合作社的普通成员也是理性的行为主体(Schultz,1964),其可以通过"用脚投票"来选择是否参与合作社的活动(刘同山和孔祥智,2014),因此普通成员参与合作社的出资与生产合作等行为,必然会从中受益,而不是像先前学者所言普通成员或小农户会受损。经过本书详细地理论与实证分析,证实合作社分配制度偏离对成员出资与生产合作行为、收入及生活满意度均有正向的影响。这说明,分配制度偏离是一种典型的帕累托改进,能够使得核心成员更好地为普通成员提供服务,也能够使得普通成员更乐于接受核心成员所提供的产品服务并向合作社出资,还能够同时增进核心成员和普通成员的福利。本书对合作社领域两大关切和争论的焦点问题作出回应。一方面,本书针对第一个问题的回应是:合作社分配制度偏离尽管不符合《农民专业合作社法》的规定,但核心成员与普通成员之间的关系并不是先前学者所言的非合作博弈,而是能够实现帕累托改进的合作博弈。合作社成立的初衷即是成员合作起来闯市场(张晓山,2014)。在成员异质性的情况下(黄胜忠 等,2007),核心成员带动普通成员同样属于成员合作的范畴,并不违背政府发展合作社的初衷。给予核心成员多一点

## 第8章 研究结论与政策含义

激励，使其更有积极性完善合作社服务功能，为普通成员和小农户提供产品与服务，能够实现合作社的健康发展。另一方面，本书针对第二个问题的回应是：本书通过研究分配制度偏离对普通成员行为、收入及生活满意度的影响，发现尽管分配制度发生了偏离，但普通成员的福利依旧得到了提升，说明这种"看似"盘剥的现象并不是"小农吃小农"，而是"大农帮小农"，普通成员或小农户在合作社中也并没有受损，而是受益。此外，本书还回答了实践界存在的一个重要的现实问题。即"在我国政府高度重视合作社规范化建设的大背景下，为什么按照《农民专业合作社法》进行盈余分配的合作社比例依旧较低且仍然呈现出下降的趋势"这一重要的现实问题。

详细来讲，本书通过模型推导与理论分析，归纳出了如下分配制度偏离通过影响普通成员行为进而影响合作社益农性的理论假说。

首先是分配制度偏离对普通成员增收的理论假说。根据 SCP 范式，合作社的分配制度会影响到成员的出资与生产合作行为进而影响其增收的效果。根据产业组织理论的 SCP 分析范式，合作社分配制度普遍偏离的大背景下，盈余分配制度会通过影响普通成员出资与生产合作两方面行为进而影响其收入。因此本书根据赵昶等（2019）的成果，构建了"分配制度偏离—成员行为—成员增收"的分析框架。即合作社分配制度偏离通过影响普通成员出资和生产合作行为，进而影响其收入。为进一步深化研究，本书借鉴不完全信息理论，根据供应链交易的双重加价模型，将机会成本引入中间品市场交易模型，以剖析普通成员在不同的行为下对增收的影响，进一步构建了普通成员的出资与生产合作两种行为影响其收入的分析框架。本书还根据自由主义分配公平的理论，认为只有市场的结果才是有效率的，并且反对人为干预，一味地去追求结果平等只会陷入平均主义。因此，本书认为，《农民专业合作社法》对可分配盈余60%以上需要按照交易量分配这一规定可能是不适宜的外部干预，资本与交易量在市场机制的作用下进行博弈能够实现帕累托改进，能够增加博弈双方的利益。因此，本书通过理论分析归纳出分配制度偏离《农民专业合作社法》的规定是一种激励相容的制度安排，能够正向影响成员增收。

其次是分配制度偏离对普通成员出资行为的理论假说。根据自生能力、股利信号、股利代理三大理论，本部分构建出合作社分配制度偏离与交易量分配比例通过自生能力、股利信号、股利代理三种效应影响普通成

**分配制度偏离、普通成员行为与合作社益农性**

员增收的理论分析框架。具体来讲，分配制度偏离这一"违背"《农民专业合作社法》规定的现象，首先，能够提升合作社的自生能力，提高合作社的盈利能力，使得合作社获得更多的盈余，进而正向影响普通成员出资；其次，分配制度偏离往往是更加激励相容制度安排，尽管降低了交易量的分配比例，但仍然对核心成员与普通成员实现帕累托改进，提高普通成员的分红，向外界释放较强的利好信号，进而正向影响普通成员出资。最后，分配制度偏离一方面通过给予核心成员更高的分配比例，另一方面通过实现帕累托改进进一步提高核心成员分配额，降低核心成员与普通成员之间的委托代理问题，进而正向影响普通成员出资行为。总之，本书还详细论证了合作社分配制度偏离是否为普通成员出资的最优解。根据自由主义分配公平理论，普通成员与核心成员在市场机制的作用下进行反复的博弈，最终达成一致的契约，实现盈余分配的帕累托最终状态。不仅能够提高合作社的自生能力，还能够向外界释放有利的信号，降低核心成员与普通成员之间存在的委托代理问题，进而正向影响普通成员出资行为。总之，分配制度偏离能够对普通成员生产合作行为产生正向影响，其影响机制通过自生能力、股利信号、股利代理三条路径来实现。

  再次是分配制度偏离对普通成员生产合作行为的理论假说。本章基于博弈论的分析框架，采用成员异质性情况下的纯策略静态博弈模型，分别分析了在不存在盈余分配和存在盈余分配两种情况下，在交易价格高于或低于市场价格时，合作社核心成员与普通成员分别采取的不同博弈策略，证实相较于不存在盈余分配的情况，合作社对资本和交易量进行分红，能够有效解决市场价格与交易价格不一致所带来的违约问题。进一步，本部分还构建了异质性情况下的合作博弈分析框架，从理论上证明资本与交易量分红存在着最佳的比例，能够稳定核心成员与普通成员的合作关系，正向影响普通成员的生产合作行为。进一步，本书通过分析当前中国合作社的发展情况与机制分析，得出分配制度偏离能够正向影响成员生产合作行为的假说。此外，本书还对分配制度偏离对普通成员生产合作行为的机制展开分析。本书认为，分配制度偏离通过一次让利效应、核心成员取酬、合作社示范效应三条路径来影响普通成员的生产合作行为。具体来讲，首先，由于一次让利替代二次返利，导致合作社二次分配中对交易量分配比例不足60%。普通成员往往注重短期收益而非长期收益，因此更易于接受一次返利，这无疑使得合作社的盈余分配制度偏离《农民专业合作社

## 第8章 研究结论与政策含义

法》的规定。即分配制度偏离通过一次让利效应正向影响普通成员的生产合作行为。其次,合作社核心成员取酬会加大其增加合作社交易量的积极性,会通过各种方式吸纳普通成员参与合作社交易,进而正向影响普通成员的生产合作行为。最后,各级政府开展示范社评选活动主要以规范性为目标。当合作社的分配制度发生偏离时,会降低合作社评为示范社的概率。而示范社作为一种降低信息不对称的证明工具,能够正向影响普通成员的生产合作行为。因此,合作社分配制度偏离通过示范社效应,负向影响普通成员的生产合作行为。

最后是分配制度偏离与普通成员生活满意度的理论假说。合作社的盈余分配制度并不仅是资本与交易量分配多寡的问题,还是关乎组织公平的问题。组织公平感的丧失会使组织成员减少自己的付出与合作,甚至会退出组织。合作社是中国最重要的农民合作组织。组织中成员的公平问题对维系异质性成员长久稳定合作具有重要意义。合作社不仅是一种经济组织,还是一种扎根于农村的社会组织,能够对提高农民的幸福感发挥重要作用。本部分基于组织公平理论,通过组织公平理论的分配公平、程序公平、互动公平三个维度具体分析,分配制度偏离《农民专业合作社法》的规定这一普遍的现象对普通成员生产满意度产生作用的机理。进而,本书得出假说,分配制度偏离能够正向影响成员生活满意度,其影响机制通过分配公平、程序公平、互动公平三条路径来实现。

围绕上述研究假说,本书采用课题组的合作社与成员微观数据进行探究。具体来说,本书的样本数据采集于2021年1—10月展开,选取了山东、河南、四川和吉林4省20个县作为调查区域,在各县分别抽取了10~20家粮食种植类农民合作社,在每个合作社抽取了8~10名普通成员进行问卷访谈。调查对象包括合作社和成员两个层面。本书选取了山东、河南、四川和吉林,充分考虑到东部、中部、西部和东北地区的差异,采用多种实证估计方法,开展了大量的实证分析,得到了如下研究结论。

第一,就提高普通成员的增收而言,最优的交易量分配比例小于60%,即偏离于《农民专业合作社法》的规定。交易量分配比例对普通成员增收的影响存在着倒"U"形影响,拐点值在33.86%。本书从《农民专业合作社法》的角度出发,探究分配制度偏离对合作社普通成员增收的影响,结合课题组对全国典型合作社的调查数据,运用多种实证估计方法,系统考察分配制度偏离对普通成员增收的影响及其作用机制。研究

### 分配制度偏离、普通成员行为与合作社益农性

结果表明，一是就提高普通成员的生活满意度而言，最优的交易量分配比例小于60%，即偏离于《农民专业合作社法》的规定。合作社分配制度偏离对于普通成员增收具有显著正向影响，即分配制度偏离《农民专业合作社法》规定的合作社，往往更接近于激励相容的制度安排，其为农户增收的可能性越高，且这一结论在考虑到以客观变量衡量的农户收入和心理感知变量衡量的合作社增收效果两种的情况下，在多种稳健性检验的情况下依然成立。交易量分配比例对普通成员增收存在着倒"U"形的影响，即适宜的交易量分配比例正向影响普通成员增收的作用效果最强，拐点值在33.86%。二是作用机制分析表明，分配制度偏离通过普通成员出资与成员生产合作两种行为影响其增收。其中，分配制度发生偏离的合作社，是一种帕累托改进式的激励相容制度，往往越能够正向影响普通成员出资行为，进而正向影响其增收；同样的，分配制度发生偏离的合作社，更加趋近于激励相容的制度安排，更能够正向影响普通成员的生产合作行为，进而正向影响其增收。三是分配制度偏离对普通成员增收的影响存在着地区与经营规模的差异。经营土地规模越多的农户，往往农业兼业化程度越低，是典型的职业农民，那么其越倾向于向合作社出资或通过合作社销售产品与获得服务，进而正向影响普通成员的收入。相较于中西部和东北地区，东部地区分配制度偏离对普通成员收入的影响程度更高。

第二，就提高普通成员的出资而言，最优的交易量分配比例小于60%，即偏离于《农民专业合作社法》的规定。进一步，交易量分配比例对普通成员出资的影响存在着倒"U"形影响，拐点值在37.69%。本书从《农民专业合作社法》的角度出发，探究分配制度偏离对合作社普通成员出资的影响，结合课题组对全国典型合作社的调查数据，运用多种实证估计方法，系统考察分配制度偏离对普通成员出资的影响及其作用机制。研究结果表明，一是就提高普通成员的出资而言，最优的交易量分配比例小于60%，即偏离于《农民专业合作社法》的规定。合作社分配制度偏离对于普通成员增收具有显著正向影响，即分配制度偏离《农民专业合作社法》规定的合作社，往往更接近于激励相容的制度安排，其为农户增收的可能性越高，且这一结论在考虑到普通成员新增出资额和资本存量两种情况下，在多种稳健性检验的情况下依然成立。交易量分配比例对普通成员出资存在着倒"U"形的影响，即适宜的交易量分配比例正向影响普通成员出资效果最强，拐点值在37.69%。二是分配制度偏离通过

## 第8章　研究结论与政策含义

自生能力、股利代理、股利信号效应三条路径影响合作社普通成员出资。分配制度偏离会通过三种效应的间接路径，影响普通农户出资。因此，合作社层面分配制度发生偏离，会影响合作社在盈利能力和资本收益率两方面的表现，进而正向影响普通成员对合作社出资。三是分配制度偏离对普通成员出资的影响存在着地区与经营规模异质性。经营土地规模越多的农户，往往农业兼业化程度越低，那么其越倾向于向合作社出资。东部和东北地区则相较于中西部地区资本积累更多，其越倾向于向合作社出资。

第三，就提高普通成员的生产合作而言，最优的交易量分配比例小于60%，即偏离于《农民专业合作社法》的规定。进一步，交易量分配比例对普通成员生产合作行为的影响存在着倒"U"形影响，拐点值在43.00%。本书从《农民专业合作社法》的角度出发，探究分配制度偏离对合作社普通成员生产合作行为的影响，结合课题组对全国典型合作社的调查数据，运用多种实证分析方法，系统考察分配制度偏离对普通成员生产合作行为的影响及其作用机制。研究结果表明，一是就提高普通成员的生产合作而言，最优的交易量分配比例小于60%，即偏离于《农民专业合作社法》的规定。合作社分配制度偏离对于普通成员生产合作行为具有显著正向影响，即分配制度偏离《农民专业合作社法》规定的合作社，往往更接近于激励相容的制度安排，农户参与合作社生产合作行为的可能性越高，且这一结论在考虑到以客观变量衡量的农资购买合作、生产性合作、农产品销售合作三种情况、在多种稳健性检验的情况下依然成立。交易量分配比例对普通成员生产合作存在着倒"U"形的影响，即适宜的交易量分配比例正向影响普通成员生产合作行为的效果最强，拐点值在43.00%。二是分配制度偏离通过一次让利、核心成员取酬、示范社三种效应影响合作社普通成员生产合作行为。其中，一次效应和核心成员取酬效应能分别调动普通成员参与生产合作行为和核心成员提供生产合作服务的积极性，进而正向影响普通成员生产合作行为；示范社效应能够为普通成员提供较为信任的信号，克服信息不对称问题，进而正向影响普通成员生产合作行为。三是分配制度偏离对普通成员生产合作行为的影响存在着地区与经营规模异质性。经营土地规模越多的农户，往往农业兼业化程度越低，那么其越倾向于通过合作社获得产品与服务，进而正向影响普通成员的生产合作行为。相较于中部和东北地区，东西部地区普通成员生产积极性更强。

### 分配制度偏离、普通成员行为与合作社益农性

第四,就提高普通成员的生活满意度而言,最优的交易量分配比例小于60%,即偏离于《农民专业合作社法》的规定。进一步,交易量分配比例对普通成员生产合作行为的影响存在着倒"U"形影响,拐点值在44.16%。本书从《农民专业合作社法》的角度出发,探究分配制度偏离对普通成员生活满意度的影响,结合课题组对全国典型合作社的调查数据,运用多种实证估计方法,系统考察分配制度偏离对普通成员增收的影响及其作用机制。研究结果表明,一是就提高普通成员的生活满意度而言,最优的交易量分配比例小于60%,即偏离于《农民专业合作社法》的规定。合作社分配制度偏离对于普通成员生产合作行为具有显著的正向影响,即分配制度偏离《农民专业合作社法》规定的合作社,往往更接近于激励相容的制度安排,农户参与合作社生产合作行为的可能性越高,且这一结论在考虑到以客观变量衡量的生活满意度与对合作社的满意度两种情况、在多种稳健性检验的情况下依然成立。交易量分配比例对普通成员生活满意度存在着倒"U"形的影响,即适宜的交易量分配比例正向影响普通成员生活满意度的作用效果最强,拐点值在44.16%。二是分配制度偏离通过分配公平、程序公平、互动公平三方面感知,进而影响普通成员生活满意度。三是分配制度偏离对普通成员增收的影响存在着地区与经营规模异质性。经营土地规模越多的农户,往往农业兼业化程度越低,是典型的职业农民,那么其越倾向于向合作社出资或通过合作社销售产品与获得服务,进而正向影响普通成员的收入。相较于中部地区,东西部和东北地区分配制度偏离对普通成员生活满意度的影响程度更高。

通过以上分析,本书解释了"在我国政府高度重视合作社规范化建设的大背景下,为什么按照《农民专业合作社法》进行盈余分配的合作社比例依旧较低且仍然呈现出下降的趋势"这一重要的现实问题。本书还厘清了分配制度偏离通过影响普通成员行为进而影响合作社益农性的影响机制。与以往研究不同的是,本书构建了分配制度偏离、普通成员行为和合作社益农性的理论框架,提出了相应的研究假说,并通过大量且严格的实证方法逐一验证了假说,实证测度了合作社分配制度偏离与交易量分配比例对其益农性的提升效果,证实了在合作社规范化建设的大背景下,分配制度上不符合《农民专业合作社法》要求的合作社往往是核心成员与普通成员之间达成的激励相容的制度安排,可能够实现帕累托改进。因此,本书得到合作社分配制度偏离通过正向影响普通成员行为进而正向影

响合作社益农性这一结论。

## 8.2 政策含义

合作社是小农户与现代农业发展有机衔接的重要组织载体，也是小农户实现共同富裕的重要途径。小农户融入现代农业、实现共同富裕，合作社必将发挥着重要作用。当前，在合作社规范化建设的大背景下，应注意处理好顶层设计与摸着石头过河之间的关系，本着实用主义的原则推进制度的发展与创新，破除体制机制藩篱，实现推动合作社高质量发展。根据以上研究结论，本书提出更好地提升合作社益农性的政策建议。

第一，增强《农民专业合作社法》盈余分配制度的容错空间。尽管受到经典主义学者的诟病与政府规范化行动的规制，但却并没有改变合作社分配制度普遍发生偏离的趋势。学界多数秉持经典主义观点的学者也明确指出按照《农民专业合作社法》的规定进行分配才是真正的合作社，但是就目前合作社的发展情况来看，显然大多数合作社均偏离了《农民专业合作社法》的规定。本着结果导向的思维，合作社之所以成立，是因为能够解决小农户与大市场之间的矛盾，克服小农户不利的市场地位，最终正向影响小农户增收。但研究结果发现，刻板地要求合作社遵循盈余分配制度往往使其"剑走偏锋"。偏离法律规定的分配制度往往更能够提高合作社的绩效，进而正向影响普通农户向合作社出资，也能够正向影响普通成员参与合作社的生产合作行为。因此，一是应适度放宽政策定义域。在合作社规范化建设的大背景下，应注意制度安排与现实发展状况之间的匹配性，适当放宽政策定义域，以此正向影响普通成员向合作社出资，着力建立紧密的利益联结机制。以非强制性的盈余分配制度安排，正向影响普通成员参与合作社的生产合作行为，让更多的合作社以服务的方式带动小农户增收，使其融入现代农业发展的轨道中来。避免盈余分配制度成为制约合作社发展的"魔咒"。二是以目标导向支持合作社发展。当前应以现实主义的观点，树立"大户带小户一起闯市场"的扶持理念，鼓励更多的农户向合作社出资，建立紧密的利益联结机制，以合作社为载体实现小农户与现代农业发展有机衔接。三是密切结合各地资源禀赋制定分配政策。应树立"一县一策"的合作社发展理念，我国各地的资源禀赋、农业产业类型等均不尽相同，加之在"一县一业"的乡村产业背景下，使得我国合作社发展的资源禀赋不尽相同，因此应采用差异化的政策支持措施，因地制宜地制定合作社规范化的方针政策。

第二，支持规模化农户成为合作社的主干力量。从本书的结论看，相较于经营规模较小的农户，经营规模较大的专业农户往往对合作社具有更强的出资意愿，也更乐意参与合作社的生产合作行为，其从合作社中获得的幸福感和满足感也更强。因此，应鼓励发展职业农民，并鼓励其通过实际出资、提供交易量等多种方式参与合作社。农民职业化是未来中国农业的发展方向，因此合作社应重点吸纳职业农民入社，增强合作社的整体实力。一是鼓励职业农民以实际出资的形式加入合作社。通过合作社引进更为先进的技术、购买更为优惠的生产资料，并通过合作社得到分红，以增加其收入。二是以合作社为载体培育职业农民。应在扶持合作社发展的基础上，注重对合作社中专业农户与职业农民的支持力度，还可以通过盈余分红、技术推广、技能培训等方式培育更多的职业化农民，并通过实际出资的形式加入合作社，发挥合作社这一新型经营主体的"造血"功能。三是以合作社为载体推广新型农业技术。鼓励规模农户通过合作社获取先进的生产技术和种植方法，形成以合作社为枢纽的农技农资推广体系。四是支持规模农户以合作社纽带延长农业产业链。支持将规模农户联合起来成立合作社，开展农产品初加工、冷藏仓储、烘干、订单销售等全产业链服务，将更多的利润留在合作社内部，进而正向影响合作社增效与成员增收。

第三，鼓励小农户以出资或生产合作等多种形式加入合作社。小农户是实现中国特色的农业现代化的重要载体，因此应注重对小农户的支持帮扶力度，鼓励小农户融入现代农业。一是向普通成员提供定向补贴。以财政补贴、贷款贴息的形式，为小农户以实际出资的方式加入合作社提供定向补贴，推动构建小农户与合作社紧密的利益联结机制。二是向合作社提供优惠的农资产品与农业服务。应通过供销社等渠道与政府集中采购等方式，为合作社提供更加优惠的农资与服务，鼓励合作社以生产合作的方式带动更多小农户融入现代农业发展的轨道中来。三是鼓励探索紧密利益联结机制的新实现形式。探索以土地、劳务、技术等多种要素入股合作社，构建紧密的多元化利益联结机制，最大限度发挥合作社对多类型小农户的带动作用。四是持续以农业社会化服务带动小农业。合作社是社会化服务组织的主要载体，应鼓励和支持合作社开展农业社会化服务，通过服务的形式向小农户传播新技术、新品种及新的种植方法。五是支持合作社向小农户开展技术指导与培训。2018年中央一号文件明确指出，支持合作社承担新型职业农民培训，当前我国合作社已经覆盖全国近一半农户，是培育新型职业农民的重要渠道，因此应注重通过合作社开展各类培训，培育懂农业、爱农村的新型职业农民队伍。六是支持以合作社为载体开展产品销售与服务。应通过供销社、农技推广中心等渠道向合作社提供价格低、质量好的农资产品，向合作社购买农机提供定向补贴，支持合作社开展农业社会化服务。

第四，推进区域间合作社支持政策差异化。从本书的结论看，不同地区的农户往往在出资与生产合作行为等方面具有差异。因此，应采取差异化的扶持政策，以推动全国合作社健康协调发展。一是重点强化对欠发达地区的合作社政策倾斜力度。中西部地区农户资金实力往往较为薄弱，因此应重点强化对中西部地区合作社的政策"精准"倾斜，对普通农户以实际出资的形式加入合作社给予资金补贴，完善成员账户并将政策资金量化到每一位成员身上。二是推动有条件的地区开展合作社规模化经营。西部地区往往农村人口净流出较多，应出台针对性的土地流转与入股的政策激励措施，培育职业农民，扩大合作社与专业农户的经营规模，以此增强合作社以农户间的利益联结机制。三是应给予地方政府更多的政策自主权。不同地区的合作社发展仍然存在着较大的差距。因此，应适度放宽政策灵活性，给予地方政府一定的调整区间。合作社规章制度并不拘泥于全国刻板的制度属性，适当给予省（直辖市）、地级市、县（市、区）各级主管部门一定的制度制定空间，给予我国地方政府更多的政策决定权，因地制宜地制定合作社政策，以满足全国不同资源禀赋地区的合作社发展需要，以差异化的支持措施支持合作社高质量发展。

第五，注重发挥合作社组织载体的社会功能。一是支持发展综合性合作社。注重扶持社会效益高的农民合作社，鼓励合作社提供基本公共服务，发挥合作社在文化振兴中的作用。二是支持以合作社为载体开展基本公共服务。目前，养老合作社、物业合作社等新型合作社不断涌现，是当前探索合作社发挥社会功能、提供基本公共服务的重要体现。应重点以奖励、补贴等方式支持以合作社开展各类公共服务，发挥其社会功能，提高农民的生活满意度。三是出台社会服务型合作社相关制度安排。目前，农业领域以外的合作社层出不穷，但相关的法律制度仍然较为滞后，因此应及时调整政策制度与法律条文,明确对各类新型合作社的扶持政策,支持各类社会服务型合作社发展,合作社实现由"农业"到"农业农村"的转变。四是鼓励地方开展合作社服务农村新探索。不少地方对农村服务型合作社已经有诸多因地制宜的新探索。例如,劳动力资源较为丰富的地区已经成立不少劳务合作社。中央政府在进行制度设计时,应注意给予地方政府一定的政策创新空间,允许省市县各级政府拥有一定的政策自主权,拓展合作社准许经营的范围,引导其支持社会服务型合作社发展,更好地发挥合作社的社会功能。

# 参考文献

白描，吴国宝，2017. 农民主观福祉现状及其影响因素分析——基于5省10县农户调查资料 [J]. 中国农村观察（1）：41-51，141-142.

蔡荣，2011. "合作社+农户"模式：交易费用节约与农户增收效应——基于山东省苹果种植农户问卷调查的实证分析 [J]. 中国农村经济（1）：58-65.

蔡荣，王学渊，2013. 农业合作社的集体行动困境：理论分析与实证检验 [J]. 农业经济问题，34（4）：69-75，111-112.

陈共荣，沈玉萍，刘颖，2014. 基于BSC的农民专业合作社绩效评价指标体系构建 [J]. 会计研究（2）：64-70，95.

陈燕，任晓冬，李晟之，2019. 新形势下社员对专业合作社参与程度、合作行为与意愿分析——基于贵州省五个合作社的案例分析 [J]. 农村经济（1）：139-144.

陈义媛，2017. 大户主导型合作社是合作社发展的初级形态吗？[J]. 南京农业大学学报（社会科学版），17（2）：30-41，151.

程克群，孟令杰，2011. 农民专业合作社绩效评价指标体系的构建 [J]. 经济问题探索（3）：70-75.

程志强，2008. 对我国土地信用合作社实践的思考——以宁夏平罗为例 [J]. 管理世界（11）：1-8.

崔宝玉，张忠根，李晓明，2008. 资本控制型合作社合作演进中的均衡——基于农户合作程度与退出的研究视角 [J]. 中国农村经济（9）：63-71.

道格拉斯·诺思，罗伯特·托马斯，1989. 西方世界的兴起 [M]. 厉以平，蔡磊译. 北京：华夏出版社.

邓衡山，孔丽萍，廖小静，2022. 合作社的本质规定与政策反思 [J].

中国农村观察（3）：1-17.

邓衡山，王文烂，2014.合作社的本质规定与现实检视——中国到底有没有真正的农民合作社？[J].中国农村经济（7）：15-26，38.

邓衡山，徐志刚，2016.《农民专业合作社法》需要大改吗？——兼论名实之辨的意义与是否需要发展中国特色合作社理论[J].农业经济问题，37（11）：78-85，111-112.

邓军蓉，祁春节，2011.公司领办型合作社与社员的订单安排及履约分析——以湖北省宜昌市柑橘合作社为例[J].农村经济（1）：123-126.

杜吟棠，2005.农业产业化经营和农民组织创新对农民收入的影响[J].中国农村观察（3）：9-18，80.

樊红敏，2011.新型农民专业合作经济组织内卷化及其制度逻辑——基于对河南省A县和B市的调查[J].中国农村观察（6）：12-21，45，94.

冯娟娟，霍学喜，2017.成员参与合作社治理行为及其影响因素——基于273个苹果种植户数据的实证分析[J].农业技术经济（2）：72-81.

冯开文，2006.合作社的分配制度分析[J].学海（5）：22-27.

冯小，2014.农民专业合作社制度异化的乡土逻辑——以"合作社包装下乡资本"为例[J].中国农村观察（2）：2-8，17，92.

扶玉枝，黄祖辉，2012.营销合作社分类型效率考察：理论框架与实证分析[J].中国农村观察（5）：21-31，94-95.

高海，2014.农民合作社促进集体经济实现的制度解构——黑龙江省新兴村的例证[J].农业经济问题，35（2）：88-94.

高雅，吴晨，2014.农民合作社异化及其对组织绩效的影响[J].湖南农业大学学报（社会科学版），15（3）：27-32.

郜亮亮，2020.中国种植类家庭农场的土地形成及使用特征——基于全国31省（自治区、直辖市）2014—2018年监测数据[J].管理世界，36（4）：181-195.

郭春丽，赵国杰，2010.NGO参与的农民专业合作社发展模式研究[J].西北农林科技大学学报（社会科学版），10（2）：7-11.

郭红东，陈敏，韩树春，2011.农民专业合作社正规信贷可得性及其影响因素分析——基于浙江省农民专业合作社的调查[J]. 中国农村经济（7）：25-33.

郭玮，2004. 对农民专业合作经济组织的若干看法[J]. 调研世界（1）：6-9.

郭晓鸣，廖祖君，2010. 公司领办型合作社的形成机理与制度特征——以四川省邛崃市金利猪业合作社为例[J]. 中国农村观察（5）：48-55，84.

韩国明，张恒铭，2015. 农民合作社在村庄选举中的影响效力研究——基于甘肃省15个村庄的调查[J]. 中国农业大学学报（社会科学版），32（2）：61-72.

韩国明，赵静，2017. 农民合作社社员参与村委会选举行动力测度及影响因素分析[J]. 华中农业大学学报（社会科学版）（1）：84-91，143.

韩宏稳，2016. 新生代员工为何频频离职——基于组织公平视角的实证研究[J]. 贵州财经大学学报（1）：61-69.

韩洁，薛桂霞，2007. 农民专业合作社利润分配机制研究——以浙江省临海市翼龙农产品合作社为案例[J]. 农业经济问题（S1）：148-152.

韩俊，曹杰，2009. 将农民受益作为评判农村制度建设的关键[J]. 中国合作经济（12）：34-35.

韩旭东，李德阳，王若男，等，2020. 盈余分配制度对合作社经营绩效影响的实证分析：基于新制度经济学视角[J]. 中国农村经济（4）：56-77.

何国平，刘殿国，2016. 产品差异化与农民专业合作社成员增收绩效[J]. 华南农业大学学报（社会科学版），15（5）：45-54.

何慧丽，杨光耀，2019. 农民合作社：一种典型的本土化社会企业[J]. 中国农业大学学报（社会科学版），36（3）：127-136.

何秀荣，2009. 公司农场：中国农业微观组织的未来选择[J]. 中国农村经济（11）：4-16.

洪梅香，2019. 公平抑或效率：合作社的异化及辨析——兼论土地股份合作社的发展[J]. 东岳论丛，40（5）：138-146.

胡联，2014. 贫困地区农民专业合作社与农户收入增长——基于双重

差分法的实证分析 [J]. 财经科学 (12): 117-126.

黄季焜, 邓衡山, 徐志刚, 2010. 中国农民专业合作经济组织的服务功能及其影响因素 [J]. 管理世界 (5): 75-81.

黄季焜, 冀县卿, 2012. 农地使用权确权与农户对农地的长期投资 [J]. 管理世界 (9): 76-81, 99, 187-188.

黄洁, 李荣, 2016. 如何提高合作经济组织中社员的个体工作绩效 [J]. 华中农业大学学报 (社会科学版) (3): 39-46, 133.

黄胜忠, 2013. 以地入股农民专业合作社的运行机制及产权分析 [J]. 中国农村观察 (3): 47-53, 92.

黄胜忠, 伏红勇, 2014. 成员异质性、风险分担与农民专业合作社的盈余分配 [J]. 农业经济问题, 35 (8): 57-64, 111.

黄宗智, 2015. 农业合作化路径选择的两大盲点：东亚农业合作化历史经验的启示 [J]. 开放时代 (5): 18-35, 5.

黄宗智, 2017. 中国农业发展三大模式：行政、放任与合作的利与弊 [J]. 开放时代 (1): 128-153, 7.

黄祖辉, 梁巧, 2007. 小农户参与大市场的集体行动——以浙江省箬横西瓜合作社为例的分析 [J]. 农业经济问题 (9): 66-71.

黄祖辉, 邵科, 2009. 合作社的本质规定性及其漂移 [J]. 浙江大学学报 (人文社会科学版) 预印本 (1): 10-15.

季晨, 贾甫, 徐旭初, 2017. 基于复衡性和绩效视角的农民合作社成长性探析——对生猪养殖合作社的多案例分析 [J]. 中国农村观察 (3): 72-86.

杰克·尼尔森, 杜吟棠, 2000. 农民的新一代合作社 [J]. 中国农村经济 (2): 77-79.

井深, 张兵, 2016. 非正规金融对江苏农村中小企业经营绩效的影响 [J]. 南京社会科学 (6): 143-148, 156.

孔祥智, 2016. 农业供给侧结构性改革的基本内涵与政策建议 [J]. 改革 (2): 104-115.

孔祥智, 2018. 中国农民合作经济组织的发展与创新（1978—2018）[J]. 南京农业大学学报 (社会科学版), 18 (6): 1-10, 157.

孔祥智, 2022. 农民合作社与共同富裕 [J]. 中国农民合作社 (5):

35-36.

孔祥智，蒋忱忱，2010. 成员异质性对合作社治理机制的影响分析——以四川省井研县联合水果合作社为例［J］. 农村经济（9）：8-11.

孔祥智，穆娜娜，2018. 实现小农户与现代农业发展的有机衔接［J］. 农村经济（2）：1-7.

孔祥智，魏广成，2021. 组织重构：乡村振兴的行动保障［J］. 华南师范大学学报（社会科学版）（5）：108-122，207.

来晓东，杜志雄，郜亮亮，2021. 加入合作社对粮食类家庭农场收入影响的实证分析——基于全国644家粮食类家庭农场面板数据［J］. 南京农业大学学报（社会科学版），21（1）：143-154.

郎亮明，张彤，陆迁，2021. 农业科技扶贫的多维效应：增收、扶智与扶志——基于陕西省821份农户调研数据［J］. 农业技术经济（9）：129-144.

李道和，陈江华，2014. 农民专业合作社绩效分析——基于江西省调研数据［J］. 农业技术经济（12）：65-75.

李道和，陈江华，2015. 农民专业合作社农户履约行为影响因素分析——基于江西省农户的调查［J］. 农林经济管理学报，14（2）：117-125.

李国祥，2016. 用发展新理念推进我国农业供给侧结构性改革［J］. 农村工作通讯（9）：16-17.

李琳琳，2017. 我国本土合作社的现实图景——对合作社"制度变异说"的反思与讨论［J］. 农业经济问题，38（7）：24-32，110.

李霖，王军，郭红东，2019. 产业组织模式对农户生产技术效率的影响——以河北省、浙江省蔬菜种植户为例［J］. 农业技术经济（7）：40-51.

李庆海，徐闻怡，2021. 农民合作社对棉花种植户减贫增收的影响［J］. 世界农业（10）：81-92，104，128.

李桃，2014. 经济理性、生存智慧与行为逻辑——农民专业合作社内部中小社员"搭便车"行为探究［J］. 宏观经济研究（2）：10-17.

李晓锦，刘易勤，2015. 合作社成员深化合作的意愿及其影响因素分析——基于浙江省农民专业合作社的调查数据［J］. 湖南农业大学学报（社会科学版），16（3）：26-31.

李云新，王晓璇，2017. 农民专业合作社行为扭曲现象及其解释 [J]. 农业经济问题，38（4）：14-22，110.

梁剑峰，李静，2015. "精英俘获"：农民专业合作社成长之困 [J]. 宏观经济研究（3）：58-62.

廖小静，应瑞瑶，邓衡山，徐志刚，2016. 收入效应与利益分配：农民合作效果研究——基于农民专业合作社不同角色农户受益差异的实证研究 [J]. 中国软科学（5）：30-42.

廖永松，2014. "小富即安"的农民：一个幸福经济学的视角 [J]. 中国农村经济（9）：4-16.

廖媛红，2011. 农民专业合作社的内部社会资本与绩效关系研究 [J]. 农村经济（7）：126-129.

廖媛红，2015. 农民专业合作社的社会资本与绩效之间的关系研究 [J]. 东岳论丛，36（8）：128-135.

林坚，黄胜忠，2007. 成员异质性与农民专业合作社的所有权分析 [J]. 农业经济问题（10）：12-17，110.

林坚，王宁，2002. 公平与效率：合作社组织的思想宗旨及其制度安排 [J]. 农业经济问题（9）：46-49.

林乐芬，顾庆康，2017. 农户入股农村土地股份合作社决策和绩效评价分析——基于江苏1 831份农户调查 [J]. 农业技术经济（11）：49-60.

林乐芬，顾庆康，2017. 农民专业合作社对农地经营权抵押贷款潜在需求及影响因素分析 [J]. 中国土地科学，31（7）：28-36.

林毅夫，2008. 发展与转型：思潮、战略和自生能力 [J]. 北京交通大学学报（社会科学版）（4）：1-3.

刘登高，2007. 壮大农业产业的一项组织制度 [J]. 教学与研究（1）：5-9.

刘杰，李聪，王刚毅，2020. 异质性农户技术采用行为及技术效率测度——基于黑龙江省1 208个农户的调查数据 [J]. 农村经济（8）：100-108.

刘洁，陈新华，2015. 制度结构、交易环境与农民专业合作社的绩效——基于江西省102家农民专业合作社的实证分析 [J]. 农村经济（10）：106-111.

刘洁，陈新华，2016. 经营模式、制度特征与农民专业合作社的发展——基于江西省赣州市三个典型个案的比较研究［J］. 农村经济（2）：118-123.

刘俊文，2017. 农民专业合作社对贫困农户收入及其稳定性的影响——以山东、贵州两省为例［J］. 中国农村经济（2）：44-55.

刘骏，张颖聪，艾靓，2017. 农民专业合作社的真伪之争：分歧的焦点与原因［J］. 农业经济问题，38（7）：16-23，110.

刘老石，2010. 合作社实践与本土评价标准［J］. 开放时代（12）：53-67.

刘嶺，欧璟华，洪涛，姚树洁，2022. 理事长利他精神与农民专业合作社发展——基于重庆市开州区田野调查案例的分析［J］. 中国农村经济（1）：76-92.

刘同山，2017. 农民合作社的幸福效应：基于 ESR 模型的计量分析［J］. 中国农村观察（4）：32-42.

刘同山，苑鹏，2020. 农民合作社是有效的益贫组织吗？［J］. 中国农村经济（5）：39-54.

刘文霞，杜志雄，郜亮亮，2018. 玉米收储制度改革对家庭农场加入合作社行为影响的实证研究——基于全国家庭农场监测数据［J］. 中国农村经济（4）：13-27.

刘西川，徐建奎，2017. 再论"中国到底有没有真正的农民合作社"——对《合作社的本质规定与现实检视》一文的评论［J］. 中国农村经济（7）：72-84.

刘宇翔，2012. 农民专业合作社发展中信任的影响因素分析——以陕西省为例［J］. 农业经济问题，33（9）：64-69，111.

刘宇荧，王雪姣，傅新红，2018. 农民合作社提升农户自我发展能力的效果分析——基于四川秦巴山区的实证［J］. 四川农业大学学报，36（3）：413-420.

娄锋，程士国，樊启，2016. 农民专业合作社绩效评价及绩效影响因素［J］. 北京理工大学学报（社会科学版），18（2）：79-87.

楼栋，郭红东，于雷，等，2010. 影响农民专业合作社社长对其合作社发展信心的因素分析——基于浙江省部分社长的调查［J］. 内蒙古农业大学学报(社会科学版),12(3):81-83.

楼栋,仝志辉,2010.中国农民专业合作社多元发展格局的理论解释——基于间接定价理论模型和相关案例的分析[J].开放时代(12):42-52.

卢新国,2009.农民专业合作社盈余分配现状及对策研究[J].调研世界(11):17-19,8.

吕德文,2021."空壳"合作社的形成机理及纠偏路径[J].人民论坛(7):62-64.

罗宾斯,2013.管理学[M].北京:清华大学出版社:375.

罗干,2020.决胜攻坚阶段农民合作社精准扶贫的困境和出路[J].农业经济问题(11):55-64.

罗玉峰,孙顶强,徐志刚,2015.农村"养儿防老"模式走向没落？——市场经济冲击VS道德文化维系[J].农业经济问题,36(5):22-30,110.

马超,薛电芳,毛重琳,2014.组织公平感对离职意图的影响[J].华南师范大学学报(社会科学版)(1):74-82,158.

马九杰,徐雪高,2008.市场结构与订单农业的履约分析[J].农业经济问题(3):35-41.

马彦丽,2013.论中国农民专业合作社的识别和判定[J].中国农村观察(3):65-71,92.

马彦丽,施轶坤,2012.农户加入农民专业合作社的意愿、行为及其转化——基于13个合作社340个农户的实证研究[J].农业技术经济(6):101-108.

毛飞,王旭,孔祥智,2014.农民专业合作社融资服务供给及其影响因素[J].中国软科学(7):26-39.

米新丽,2008.论农民专业合作社的盈余分配制度——兼评我国《农民专业合作社法》相关规定[J].法律科学(西北政法大学学报)(6):89-96.

农业部:全国农民合作社发展部际联席会议第四次全体会议召开[ED/OL] http://www.xinhuanet.com/politics/2016-03/21/c_128819262.htm.

农业农村部:关于政协第十三届全国委员会第四次会议第5041号

（农业水利类 473 号）提案答复的函［BD/OL］http：//www. moa. gov. cn/govpublic/zcggs/202110/t20211009_6378982. htm.

农业农村部：关于政协十三届全国委员会第二次会议第 0863 号（农业水利类 81 号）提案答复的函［BD/OL］http：//www. moa. gov. cn/gk/jyta/201909/t20190905_6327344. htm.

农业农村部：农业现代化辉煌五年系列宣传之二十一：农民合作社实现规范提升［DB/OL］http：//www. jhs. moa. gov. cn/ghgl/202106/t20210617_6369793. htm.

潘劲，2011. 中国农民专业合作社：数据背后的解读［J］. 中国农村观察（6）：2-11，94.

朋文欢，傅琳琳，2018. 贫困地区农户参与合作社的行为机理分析——来自广西富川县的经验［J］. 农业经济问题（11）：134-144.

朋文欢，黄祖辉，2017. 农民专业合作社有助于提高农户收入吗？——基于内生转换模型和合作社服务功能的考察［J］. 西北农林科技大学学报（社会科学版），17（4）：57-66.

彭莹莹，苑鹏，2014. 合作社企业家能力与合作社绩效关系的实证研究［J］. 农村经济（12）：110-115.

齐林，朱青，2013. 贵州省农民专业合作社促进农民增收实效分析［J］. 贵州社会科学（1）：105-108.

秦愚，2015. 农业合作社的资本问题——基于相关理论与实践的思考［J］. 农业经济问题，36（7）：60-72，111.

秦愚，2018. 利用新集体行动理论揭示农民合作社制度［J］. 农业经济问题（3）：33-45.

曲承乐，任大鹏，2019. 农民专业合作社利益分配困境及对策分析——惠顾返还与资本报酬有限原则本土化的思考［J］. 农业经济问题（3）：100-107.

任大鹏，李蔚，2017. 农民合作社梯次民主现象研究［J］. 西北农林科技大学学报（社会科学版），17（6）：48-54.

任大鹏，王敬培，2015. 法律与政策对合作社益贫性的引导价值［J］. 中国行政管理（5）：120-124.

任大鹏，于欣慧，2013. 论合作社惠顾返还原则的价值——对"一次让利"替代二次返利的质疑[J]. 农业经济问题, 34(2): 44-48, 110.

邵科, 徐旭初, 2008. 成员异质性对农民专业合作社治理结构的影响——基于浙江省88家合作社的分析[J]. 西北农林科技大学学报(社会科学版)(2): 5-9.

邵科, 徐旭初, 2013. 合作社社员参与: 概念、角色与行为特征[J]. 经济学家(1): 85-92.

邵科, 朱守银, 2014. 农民专业合作社发展的不良类型、成因与应对思路[J]. 农业经济与管理(1): 35-41.

施晟, 卫龙宝, 伍骏骞, 2012. "农超对接"进程中农产品供应链的合作绩效与剩余分配——基于"农户+合作社+超市"模式的分析[J]. 中国农村观察(4): 14-28, 92-93.

宋茂华, 2012. 农民专业合作社收益分配机制及影响因素分析[J]. 经济与管理, 26(9): 21-25.

宋言东, 蒋秀莲, 张雪峰, 2012. 农民专业合作社利益机制的建构——基于江苏省85个农民专业合作社的问卷调查[J]. 农村经济(10): 121-124.

苏群, 陈杰, 2014. 农民专业合作社对稻农增收效果分析——以江苏省海安县水稻合作社为例[J]. 农业技术经济(8): 93-99.

孙迪亮, 2017. 近十年来我国农民合作社发展政策的实践创新与理论思考——以"中央一号文件"为中心的考察[J]. 中国特色社会主义研究(4): 44-52.

孙迪亮, 2020. 改革开放以来党的农民合作社政策: 历史变迁与现实启示[J]. 社会主义研究(6): 87-94.

孙亚范, 余海鹏, 2012. 立法后农民专业合作社的发展状况和运行机制分析——基于江苏省的调研数据[J]. 农业经济问题, 33(2): 89-96, 112.

孙亚范, 余海鹏, 2012. 农民专业合作社成员合作意愿及影响因素分析[J]. 中国农村经济(6): 48-58, 71.

孙艳华, 晏书诚, 2018. 内部信任对社员合作意愿与参与行为的影响[J]. 湖南农业大学学报(社会科学版), 19(3): 46-52.

谭智心, 孔祥智, 2012. 不完全契约、内部监督与合作社中小社员激励——合作社内部"搭便车"行为分析及其政策含义 [J]. 中国农村经济（7）：17-28.

唐宗焜，2007. 合作社功能和社会主义市场经济 [J]. 经济研究（12）：11-23.

田艳丽，修长柏，2012. 牧民专业合作社利益分配机制的构建——生命周期视角 [J]. 农业经济问题，33（9）：70-76，111-112.

仝志辉，温铁军，2009. 资本和部门下乡与小农户经济的组织化道路——兼对专业合作社道路提出质疑 [J]. 开放时代（4）：5-26.

童庆蒙，张露，张俊飚，2018. 家庭禀赋特征对农户气候变化适应性行为的影响研究 [J]. 软科学，32（1）：136-139.

万博文，郭翔宇，2022. 信贷约束对农民合作社绩效的影响——基于黑龙江省353家农民合作社的调查 [J]. 金融与经济（2）：31-38.

万凌霄，蔡海龙，2021. 合作社参与对农户测土配方施肥技术采纳影响研究——基于标准化生产视角 [J]. 农业技术经济（3）：63-77.

王昌海，2015. 效率、公平、信任与满意度：乡村旅游合作社发展的路径选择 [J]. 中国农村经济（4）：59-71.

王国敏，翟坤周，2012. 我国农民专业合作社发展的政治经济学分析 [J]. 经济问题探索（2）：65-72.

王军，2011. 中国农民专业合作社社员机会主义行为的约束机制分析 [J]. 中国农村观察（5）：25-32，95.

王军，2015. 中国农民合作社变异的经济逻辑 [J]. 经济与管理研究，36（1）：34-39.

王军，苑鹏，马旺林，2021. 农民专业合作社示范社的示范效应分析——基于8省12县市614家农民专业合作社的比较研究 [J]. 学习与实践（1）：29-41.

王鹏，霍学喜，2012. 合作社中农民退社的方式及诱因分析——基于渤海湾优势区苹果合作社354位退社果农的追踪调查 [J]. 中国农村观察（5）：54-64，96.

王鹏，于宏，霍学喜，2015. 退社行为对农民合作组织可持续发展的影响分析——基于三个果农合作社典型案例 [J]. 农业经济问题，36（7）：88-96，112.

王图展，2017. 自生能力、外部支持与农民合作社服务功能 [J]. 农业经济问题, 38 (5): 14-27, 110.

王真, 2016. 合作社治理机制对社员增收效果的影响分析 [J]. 中国农村经济 (6): 39-50.

魏广成, 李洁琼, 2020. 增量转向提质的十字路口: 如何规范引导合作社发展 [J]. 中国农民合作社 (6): 65-66.

温涛, 王汉杰, 王小华, 2015. 发达国家农民增收经济政策的经验比较及启示 [J]. 江西财经大学学报 (6): 84-94.

温铁军, 2013. 农民专业合作社发展的困境与出路 [J]. 湖南农业大学学报 (社会科学版), 14 (4): 4-6.

温忠麟, 叶宝娟, 2014. 中介效应分析: 方法和模型发展 [J]. 心理科学进展, 22 (5): 731-745.

温忠麟, 张雷, 侯杰泰, 等, 2004. 中介效应检验程序及其应用 [J]. 心理学报 (5): 614-620.

文雷, 2016. 农民专业合作社治理机制会影响其绩效吗?——基于山东、河南、陕西三省153份问卷的实证研究 [J]. 经济社会体制比较 (6): 134-144.

吴彬, 徐旭初, 2009. 农民专业合作社的益贫性及其机制 [J]. 农村经济 (3): 115-117.

吴金红, 马丁丑, 2015. 欠发达地区农民专业合作社异化测度及实证分析——基于甘肃省示范性合作社的调研 [J]. 农业现代化研究, 36 (1): 57-61.

吴曼, 王丽丽, 赵帮宏, 等, 2021. 农户禀赋异质性与农业契约选择 [J]. 统计与决策, 37 (2): 172-176.

吴志雄, 2004. 对农产品合作社一些问题的思考 [J]. 中国农村经济 (11): 11-16.

肖轶, 尹珂, 2015. 重庆农村新型股份合作社发展现状与绩效评价——基于80个农村新型股份合作社的实证研究 [J]. 生态经济, 31 (9): 118-122.

谢建斌, 2014. 绩效薪酬、薪酬公平和员工薪酬满意度关系研究 [J]. 工业工程与管理, 19 (2): 35-39, 46.

辛贤, 2021. 实现共同富裕最大的难点在农村、根本出路在发挥农村集体所有制优势 [J]. 农村工作通讯 (18): 24-26.

邢成举，李小云，2013. 精英俘获与财政扶贫项目目标偏离的研究[J]. 中国行政管理（9）：109-113.

徐超，2017. "三权分置"下土地经营权登记制度的缺陷及完善——以信息规制为研究路径[J]. 农业经济问题，38（9）：19-27，110.

徐寿福，2015. QFII 持股与上市公司股利政策的关系研究[J]. 财经理论研究（4）：40-54.

徐旭初，2005. 农民专业合作组织立法的制度导向辨析——以《浙江省农民专业合作社条例》为例[J]. 中国农村经济（6）：19-24.

徐旭初，2012. 农民专业合作社发展辨析：一个基于国内文献的讨论[J]. 中国农村观察（5）：2-12，94.

徐旭初，吴彬，2017. 异化抑或创新？——对中国农民合作社特殊性的理论思考[J]. 中国农村经济（12）：2-17.

徐旭初，吴彬，2018. 合作社是小农户和现代农业发展有机衔接的理想载体吗？[J]. 中国农村经济（11）：80-95.

徐志刚，朱哲毅，邓衡山，等，2017. 产品溢价、产业风险与合作社统一销售——基于大小户的合作博弈分析[J]. 中国农村观察（5）：102-115.

薛凤蕊，乔光华，姜冬梅，2012. 土地合作社对农户收入影响评价[J]. 农业经济问题，33（5）：34-39.

颜华，冯婷，2015. 农民专业合作社普通成员的利益实现及其保障机制研究——基于黑龙江省 25 家种植业合作社的调查[J]. 农业经济问题，36（2）：34-40，110-111.

杨灿君，2010. 合作社中的信任建构及其对合作社发展的影响——基于浙江省 Y 市农民专业合作社的实证研究[J]. 南京农业大学学报（社会科学版），10（4）：121-127.

杨丹，刘自敏，2017. 农户专用性投资、农社关系与合作社增收效应[J]. 中国农村经济（5）：45-57.

杨丹，刘自敏，徐旭初，2015. 环境异质性、合作社交叉效率与合作关系识别[J]. 农业技术经济（3）：33-45.

杨丹，刘自敏，徐旭初，2016. 治理结构、要素投入与合作社服务绩效[J]. 财贸研究，27（2）：85-94.

杨雪梅,王征兵,刘婧,2018.信任、风险感知与合作社社员参与行为[J].农村经济(4):117-123.

伊藤顺一,包宗顺,苏群,2011.农民专业合作社的经济效果分析——以南京市西瓜合作社为例[J].中国农村观察(5):2-13,95.

应瑞瑶,2002.合作社的异化与异化的合作社——兼论中国农业合作社的定位[J].江海学刊(6):69-75.

于井远,王金秀,2020.收入不平等与农户生活满意度——来自中国社会综合调查[J].农业经济与管理(5):78-89.

袁久和,祁春节,2013.异质性农民专业合作社成员合作关系及其稳定性研究[J].财贸研究,24(3):54-60.

袁伟民,唐丽霞,2020.农民合作社资产收益扶贫:理论阐释与路径创新[J].西北农林科技大学学报(社会科学版),20(5):48-55.

苑鹏,2015.对马克思恩格斯有关合作制与集体所有制关系的再认识[J].中国农村观察(5):2-10.

曾明星,杨宗锦,2011.农民专业合作社利益分配模型研究[J].华东经济管理,25(3):68-70.

张超,吴春梅,2015.合作社公共服务满意度实证研究——基于290户中小社员的调查证据[J].经济学家(3):15-22.

张琛,黄斌,钟真,2020.农业社会化服务半径的决定机制:来自四家农民合作社的证据[J].改革(12):121-131.

张纯刚,贾莉平,齐顾波,2014.乡村公共空间:作为合作社发展的意外后果[J].南京农业大学学报(社会科学版),14(2):8-14.

张国鹏,王玉斌,2018.中国农民合作社内部交易价格机制的比较分析——基于盈余分配的视角[J].哈尔滨工业大学学报(社会科学版),20(5):133-140.

张洪振,任天驰,杨汭华,2020.大学生村官推动了村级集体经济发展吗?——基于中国第三次农业普查数据[J].中国农村观察(6):102-121.

张会萍,倪全学,杨国涛,2011.农村土地信用合作社对农户家庭收入的影响分析——基于宁夏平罗县225个农户的实证调查[J].农业技术经济（12）：94-99.

张晋华，冯开文，黄英伟，2012. 农民专业合作社对农户增收绩效的实证研究［J］. 中国农村经济（9）：4-12.

张连刚，柳娥，2015. 组织认同、内部社会资本与合作社成员满意度——基于云南省263个合作社成员的实证分析［J］. 中国农村观察（5）：39-50.

张荣，王礼力，2014. 农民专业合作社社员搭便车行为影响因素分析——以陕西省为例［J］. 农村经济（11）：125-129.

张晓山，2009. 农民专业合作社的发展趋势探析［J］. 管理世界（5）：89-96.

张晓山，2009. 中国农民专业合作社的实践与面临的挑战［J］. 农村工作通讯（10）：9-11.

张笑寒，陈毓雯，2020. 内生动力视角下农民资金互助合作社的农户收入效应［J］. 审计与经济研究，35（6）：88-94.

张益丰，陈莹钰，潘晓飞，2016. 农民合作社功能"嵌入"与村治模式改良［J］. 西北农林科技大学学报（社会科学版），16（6）：50-58.

张益丰，孙运兴，2020. "空壳"合作社的形成与合作社异化的机理及纠偏研究［J］. 农业经济问题（8）：103-114.

赵彩云，王征兵，邹润玲，2013. 农民专业合作社利益机制及其绩效实证分析——以陕西省为例［J］. 农村经济（10）：121-125.

赵昶，董翀，2019. 民主增进与社会信任提升：对农民合作社"意外性"作用的实证分析［J］. 中国农村观察（6）：45-58.

赵昶，孔祥智，仇焕广，2021. 农业经营规模扩大有助于化肥减量吗——基于全国1 274个家庭农场的计量分析［J］. 农业技术经济（4）：110-121.

赵佳荣，2010. 农民专业合作社"三重绩效"评价模式研究［J］. 农业技术经济（2）：119-127.

赵黎明，2014. 基于结构方程模型的农民专业合作社性质漂移研究——以河南省为实证［J］. 广东农业科学，41（23）：215-220.

赵泉民，井世洁，2016. 合作社组织与乡村公民共同体构建［J］. 学术论坛，39（4）：67-72.

赵晓峰, 2015. 农民专业合作社制度演变中的"会员制"困境及其超越 [J]. 农业经济问题, 36 (2): 27-33, 110.

赵晓峰, 付少平, 2015. 多元主体、庇护关系与合作社制度变迁——以府城县农民专业合作社的实践为例 [J]. 中国农村观察 (2): 2-12, 94.

赵晓峰, 何慧丽, 2012. 农村社会阶层分化对农民专业合作社发展的影响机制分析 [J]. 农业经济问题, 33 (12): 38-43, 110.

赵鑫, 张正河, 任金政, 2021. 农业生产性服务对农户收入有影响吗——基于800个行政村的倾向得分匹配模型实证分析 [J]. 农业技术经济 (1): 32-45.

郑丹, 2011. 农民专业合作社盈余分配状况探究 [J]. 中国农村经济 (4): 74-80.

郑飞虎, 徐伟, 2014. 九龙坡合作社的"二次分红": 中国农户交易的制度创新 [J]. 南开经济研究 (4): 141-152.

郑风田, 王若男, 刘爽, 等, 2021. 合作社自办企业能否更好地带动农户增收?——基于纵向外部性与不完全契约理论 [J]. 中国农村经济 (8): 80-102.

郑鹏, 李崇光, 2012. "农超对接"中合作社的盈余分配及规制——基于中西部五省市参与"农超对接"合作社的调查数据 [J]. 农业经济问题, 33 (9): 77-85, 112.

钟颖琦, 黄祖辉, 吴林海, 2016. 农户加入合作社意愿与行为的差异分析 [J]. 西北农林科技大学学报 (社会科学版), 16 (6): 66-74.

周春芳, 包宗顺, 2010. 农民专业合作社产权结构实证研究——以江苏省为例 [J]. 西北农林科技大学学报 (社会科学版), 10 (6): 14-18, 23.

周浩, 龙立荣, 2007. 公平敏感性研究述评 [J]. 心理科学进展 (4): 702-707.

周环, 1994. 当代合作社原则的异化及思考 [J]. 世界经济文汇 (4): 52-56.

周应恒, 胡凌啸, 2016. 中国农民专业合作社还能否实现"弱者的联合"?——基于中日实践的对比分析 [J]. 中国农村经济 (6):

30-38.

周宇, 赵敏娟, 康健, 2019. 社会资本对农户参与合作社决策行为的影响 [J]. 农业现代化研究, 40 (2): 226-233.

周振, 孔祥智, 2015. 盈余分配方式对农民合作社经营绩效的影响——以黑龙江省克山县仁发农机合作社为例 [J]. 中国农村观察 (5): 19-30.

朱红根, 陈昭玖, 翁贞林, 等, 2008. 稻作经营大户对专业合作社需求的影响因素分析——基于江西省 385 个农户调查数据 [J]. 农业经济问题 (12): 71-78, 112.

朱哲毅, 邓衡山, 廖小静, 2019. 资本投入、利益分配与合作社生产性集体投资 [J]. 农业经济问题 (3): 120-128.

庄晋财, 芮正云, 曾纪芬, 2014. 双重网络嵌入、创业资源获取对农民工创业能力的影响——基于赣、皖、苏 183 个农民工创业样本的实证分析 [J]. 中国农村观察 (3): 29-41.

ABEBAW D, HAILE M G, 2013. The impact of cooperatives on agricultural technology adoption: Empirical evidence from Ethiopia [J]. Food Policy, 38: 82-91.

ADAMS J. S, 1965. Inequity in Social Exchange [J]. Advances in Experimental Social Psychology, (2): 267-299.

AQUINO K, 1995. Relationships among pay inequity, perceptions of procedural justice, and organizational citizenship [J]. Employee Responsibilities and Rights Journal, 8 (1): 21-33.

ARYEE S, CHAY Y W, 2001. Workplace justice, citizenship behavior, and turnover intentions in a union context: Examining the mediating role of perceived union support and union instrumentality [J]. Journal of Applied Psychology, 86 (1): 154.

AZZAM A M, TURNER M S, 1991. Management Practices and Financial Performance of Agricultural Cooperatives: A Partial Adjustment Model [J]. Journal of Agricultural Cooperation, 6: 10.

BANERJEE B, SUBHABRATA, 2013. Corporate environmental strategies and actions [J]. Management Decision, 39 (1): 36-44.

BARON R M, KENNY D A, 1986. The moderator-mediator variable distinction in social psychological research: Conceptual, strategic, and statistical considerations [J]. Journal of Personality and Social Psychology, 51 (6): 1173.

BARRAUD-DIDIER V, HENNINGER M C, EL AKREMI A, 2012. The relationship between members' trust and participation in governance of cooperatives: The role of organizational commitment [J]. International Food and Agribusiness Management Review, 15 (1): 1-24.

BARRY B, 2005. Why social justice matters [M]. Cambridge. UK: Polity.

BECCHETTI L, CASTRIOTA S, CONZO P, 2013. Cooperative Membership as a Trust and Trustworthiness Reinforcing Device: Results from a Field Experiment in the Philippines [J]. Journal of Development Studies, 49 (3): 412-425.

BENJAMIN E O, OLA O, LANG H, et al., 2021. Public-private cooperation and agricultural development in Sub-Saharan Africa: a review of Nigerian growth enhancement scheme and e-voucher program [J]. Food Security, 13 (1): 129-140.

BENOS T, KALOGERAS N, VERHEES F J H M, et al., 2016. Cooperatives' organizational restructuring, strategic attributes, and performance: The case of agribusiness cooperatives in Greece [J]. Agribusiness, 32 (1): 127-150.

BHUYAN S, 2007. The "people" factor in cooperatives: an analysis of members' attitudes andbehavior [J]. Canadian Journal of Agricultural Economics/Revue Canadienne D'agroeconomie, 55 (3): 275-298.

BIJMAN J, MURADIAN R, CECHIN A, 2012. Agricultural cooperatives and value chain coordination: Jos Bijman, Roldan Muradian and Andrei Cechin [M] //Value Chains, Social Inclusion and Economic Development. London: Routledge: 98-117.

BIJMAN J, VERHEES F, 2011. Member or customer? Farmer commitment to supply cooperatives [C] //International conference on the Economics and Management of Networks: 1-3.

## 参考文献

BIRCHALL J, SIMMONS R, 2009. Co-operatives and poverty reduction [J]. Manchester: Coop College.

BORGEN S O, 2004. Rethinking incentive problems in cooperative organizations [J]. The Journal of Socio-Economics, 33 (4): 383-393.

BRUNI L, DE ROSA D, FERRI G, 2021. Cooperatives and happiness: Cross-country evidence on the role of relational capital [M] // A modern guide to the Economics of happiness. Edward Elgar Publishing.

CADOT J, UGAGLIA A A, 2015. Cooperative Strategy and Liquidation in the Bordeaux Wine Industry [C] // 2015 AAEA & WAEA Joint Annual Meeting, July 26-28, San Francisco, California. Agricultural and Applied Economics Association.

CARMEN MARTÍNEZ-VICTORIA M, LUZ MATÉ SÁNCHEZ-VAL M, ARCAS-LARIO N, 2016. Spatial effects on the productive structure of Spanish agri-food cooperatives [J]. Outlook on Agriculture, 45 (3): 151-157.

CECHIN A, BIJMAN J, PASCUCCI S, et al., 2013. Decomposing the member relationship in agricultural cooperatives: Implications for commitment [J]. Agribusiness, 29 (1): 39-61.

CHADDAD F R, COOK M L, 2004. Understanding new cooperative models: an ownership-control rights typology [J]. Applied Economic Perspectives and Policy, 26 (3): 348-360.

CHIBANDA M, ORTMANN G F, LYNE M C, 2009. Institutional and governance factors influencing the performance of selected smallholder agricultural cooperatives in KwaZulu-Natal [J]. Agrekon, 48 (3): 293-315.

COLQUITT J A, CONLON D E, WESSON M J, et al., 2001. Justice at the millennium: a meta-analytic review of 25 years of organizational justice research. [J]. Journal of Applied Psychology, 86 (3): 425-445.

COLQUITT J A, GREENBERG J, 2003. Organizational justice: A fair assessment of the state of the literature [M]. London: Lawrence

Erlbanm Associate Publishers 159-200.

COOK M L, ILIOPOULOS C, 1999. Beginning to inform the theory of the cooperative firm: Emergence of the new generation cooperative [J]. LTA, 4 (99): 525-535.

COOK M L, 1995. The future of US agricultural cooperatives: A neo-institutional approach [J]. American Journal of Agricultural Economics, 77 (5): 1153-1159.

CROPANZANO R, GREENBERG J, 1997. Progress in Organizational Justice: Tunneling Through the Maze [M]. New York: Wiley 317-372.

DEMSETZ H, 2002. Toward a theory of property rights II: The competition between private and collective ownership [J]. The Journal of Legal Studies, 31 (S2): S653-S672.

DENG W, HENDRIKSE G, LIANG Q, 2021. Internal social capital and the life cycle of agricultural cooperatives [J]. Journal of Evolutionary Economics, 31 (1): 301-323.

DENG W, HENDRIKSE G, 2018. Social interactions and product quality: the value of pooling in cooperative entrepreneurial networks [J]. Small Business Economics, 50 (4): 749-761.

DEUTSCH M, 1985. Distributive Justice: A Social Psychological Perspective [J]. Contemporary Sociology, 16 (2).

DONOVAN J, BLARE T, POOLE N, 2017. Stuck in a rut: emerging cocoa cooperativesin Peru and the factors that influence their performance [J]. International Journal of Agricultural Sustainability, 15 (2): 169-184.

DOUCOULIAGOS C, 1997. The comparative efficiency and productivity of labor- managed and capital-managed firms [J]. Review of Radical Political Economics, 29 (2): 45-69.

EASTERBROOK F H, 1984. Two agency-cost explanations of dividends [J]. The American Economic Review, 74 (4): 650-659.

ECKEL C C, FATAS E, WILSON R, 2010. Cooperation and status in organizations [J]. Journal of Public Economic Theory, 12 (4):

737-762.

EILERS C, HANF C H, 1999. Contracts between farmers and farmers' processing cooperatives: A principal - agent approach for the potato starch industry [C]. Vertical Relationships and Coordination in the Food System. Physica-Verlag HD: 267-284.

ERDOGAN M, MARCINKOWSKI T, Ok A, 2009. Content analysis of selected features of K-8 environmental education research studies in Turkey, 1997 - 2007 [J]. Environmental Education Research, 15 (5): 525-548.

FISCHER E, QAIM M, 2012. Linking Smallholders to Markets: Determinants and Impacts of Farmer Collective Action in Kenya [J]. World Development, 40 (6): 1255-1268.

FOLGER R G, CROPANZANO R, 1998. Organizational justice and human resource management [M]. California: Sage.

FRIEDMAN E, JOHNSON S, MITTON T, 2003. Propping and tunneling [J]. Journal of Comparative Economics, 31 (4): 732-750.

FULLER K P, GOLDSTEIN M A, 2011. Do dividends matter more in declining markets? [J]. Journal of Corporate Finance, 17 (3): 457-473.

FULTON M E, FULTON J R, STEPHEN CLARK J, et al., 1995. Cooperative growth: Is it constrained? [J]. Agribusiness, 11 (3): 245-261.

FULTON M, GIANNAKAS K, 2001. Organizational commitment in a mixed oligopoly: Agricultural cooperatives and investor-owned firms [J]. American Journal of agricultural economics, 83 (5): 1258-1265.

GEORGE W. J. HENDRIKSE, CEES P, 2001. Veerman. Marketing cooperatives and financial structure: a transaction costs economics analysis [J]. Agricultural Economics, 26 (3): 205-216.

GOLOVINA S, NILSSON J, 2009. Difficulties for the development of agricultural cooperatives in Russia: the case of the Kurgan region [J]. Journal of Rural Cooperation, 37 (886-2016-64692): 52-71.

GRAY T W, KRAENZLE C A, 1998. Member Participation in Agricultural Cooperatives: A Regression and Scale Analysis [R]. USDA, Rural Business-Cooperative Service.

GRAY T W, WISSMAN R A, KRAENZLE C A, et al., 1990. Dairy Farmers' Participation in Cooperatives [R]. USDA, ACS Research Report No. 86.

GREENBERG J, FOLGER R, 1983. Procedural justice, participation, and the fair process effect in groups and organizations [M] //Paulus PB Basic group processes. New York: Springer, 235-256.

GREENBERG J, 1987. A taxonomy of organizational justice theories [J]. Academy of Management Review, 12 (1): 9-22.

GROSSMAN S J, HART O D, 1986. The costs and benefits of ownership: A theory of vertical and lateral integration [J]. Journal of Political Economy, 94 (4): 691-719.

HAKELIUS K, HANSSON H, 2016. Measuring changes in farmers' attitudes to agricultural cooperatives: Evidence from Swedish agriculture 1993-2013 [J]. Agribusiness, 32 (4): 531-546.

HAKELIUS K, HANSSON H, 2016. Members' attitudes towards cooperatives and their perception of agency problems [J]. International Food and Agribusiness Management Review, 19 (1030-2017-2123): 23-36.

HAKELIUS K, KARANTININIS K, FENG L, 2013. The resilience of the cooperative form: cooperative beehiving by Swedish cooperatives [M] //Network Governance. Physica, Berlin, Heidelberg: 127-147.

HAKELIUS K, NILSSON J, 2020. The logic behind the internal governance of Sweden's largest agricultural cooperatives [J]. Sustainability, 12 (21): 9073.

HAKELIUS K, 2018. Understanding the board of Swedish farmer cooperatives-Cases focusing on board composition and interaction patterns [J]. Journal of Co-operative Organization and Management, 6 (2): 45-52.

HANSMANN, H, 1996. The Ownership of Enterprise [M]. Cambrige:

The Belknap Press of Harvard University Press.

HART O, MOORE J, 1990. Property Rights and the Nature of the Firm [J]. Journal of Political Economy, 98 (6): 1119-1158.

HAYEK F A, 2012. Freedom and the Economic System [M]. Chicago: University of Chicago Press.

HAYROL A M S, AHMAD F A N, KHAIRUDDIN I, et al., 2010. Agriculture project as an economic development tool to boost socio-economic level of the poor community: The case of Agropolitan project in Malaysia [J]. African Journal of Business Management, 4 (11): 2354-2361.

HENDRIKSE G, BIJMAN J, 2002. Ownership structure in agrifood chains: the marketing cooperative [J]. American Journal of Agricultural Economics, 84 (1): 104-119.

HOCHSCHILD J L, 1981. It Depends: Can Citizen Monitoring Groups Help Judges Implement Desegregation? [J]. Integrated Education, 19 (3-6): 22-31.

HOLMÉN H, 1990. State, cooperatives and development in Africa [R]. Stockholm: Nordic Africa Institute.

HOMANS, G. C, 1961. Social behavior: Its elementary forms [M]. New York: Harcourt, Brace, & World.

HU Z, ZHANG Q F, DONALDSON J A, 2017. Farmers' cooperatives in China: A typology of fraud and failure [J]. The China Journal, 78 (1): 1-24.

HUANG Z, LIANG Q, 2018. Agricultural organizations and the role of farmer cooperatives in China since 1978: past and future [J]. China Agricultural Economic Review, 10 (1): 48-64.

HUSTED B W, FOLGER R, 2004. Fairness and transaction costs: The contribution of organizational justice theory to an integrative model of economic organization [J]. Organization Science, 15 (6): 719-729.

IBITOYE S J, 2012. Survey of the performance of agricultural cooperative societies in Kogi State, Nigeria [J]. European Scientific Journal, 8 (24).

JENSEN M C, MECKLING W H, 1976. Theory of the firm: Managerial behavior, agency costs and ownership structure [J]. Journal of Financial Economics, 3 (4): 305-360.

JOHN K, WILLIAMS J, 1985. Dividends, dilution, and taxes: A signalling equilibrium [J]. The Journal of Finance, 40 (4): 1053-1070.

KASWAN M J, 2014. Developing democracy: Cooperatives and democratic theory [J]. International Journal of Urban Sustainable Development, 6 (2): 190-205.

KENKEL P, SPENCE B, GILBERT A, 2003. Post Merger Financial Performance Of Oklahoma Cooperatives [C] //2003 Annual Meeting, February 1-5, Mobile, Alabama. Southern Agricultural Economics Association.

KOSEOGLU M A, BEKTAS C, PARNELL J A, et al., 2010. Knowledge management, organisational communication and job satisfaction: An empirical test of a five-star hotel in Turkey [J]. International Journal of Leisure and Tourism Marketing, 1 (4): 323-343.

KUMAR A, SAROJ S, JOSHI P K, et al., 2018. Does cooperative membership improve household welfare? Evidence from a panel data analysis of smallholder dairy farmers in Bihar, India [J]. Food Policy, 75: 24-36.

KUMAR V, CHAUHAN S K, LAL H, et al., 2018. Farm mechanization in Himachal Pradesh: constraints, status and its role in augmenting farm incomes [J]. Indian Journal of Economics and Development, 14 (2): 235-242.

LA PORTA R, LOPEZ-DE-SILANES F, SHLEIFER A, et al., 2000. Agency problems and dividend policies around the world [J]. The Journal of Finance, 55 (1): 1-33.

LANG L H P, LITZENBERGER R H, 1989. Dividend announcements: cash flow signalling vs. free cash flow hypothesis? [J]. Journal of Financial Economics, 24 (1): 181-191.

LAURSEN C, KARANTININIS K, BHUYAN S, 2008. Organizational

Characteristics and member participation Agrucaltural Cooperatives: Evidence From Modern Danish Cooperatives [C] //Paper submitted to the Seminar: The Role of the Cooperatives in the European Agro-food System, Bologna.

LEE Y T, LIN J C, LIU Y J, 1999. Trading patterns of big versus small players in an emerging market: An empirical analysis [J]. Journal of Banking & Finance, 23 (5): 701-725.

LERMAN Z, PARLIAMENT C, 1993. Financing growth in agricultural cooperatives [J]. Applied Economic Perspectives and Policy, 15 (3): 431-441.

LEVENTHAL G S, 1980. What should be done with equity theory? [M]. New York: Plenum Press.

LINTNER J, 1956. Distribution of incomes of corporations among dividends, retained earnings, and taxes [J]. The American Economic Review, 46 (2): 97-113.

MA W, ABDULAI A, 2016. Does cooperative membership improve household welfare? Evidence from apple farmers in China [J]. Food Policy, 58: 94-102.

MA W, RENWICK A, YUAN P, et al., 2018. Agricultural cooperative membership and technical efficiency of apple farmers in China: An analysis accounting for selectivity bias [J]. Food Policy, 81: 122-132.

MACKINNON D P, LOCKWOOD C M, HOFFMAN J M, et al., 2002. A comparison of methods to test mediation and other intervening variable effects [J]. Psychological Methods, 7 (1): 83.

MAJEE W, HOYT A, 2011. Cooperatives and community development: A perspective on the use of cooperatives in development [J]. Journal of Community Practice, 19 (1): 48-61.

MARTÍNEZ-VICTORIA M C, ARCAS LARIO N, MATÉ SÁNCHEZ VAL M, 2018. Financial behavior of cooperatives and investor-owned firms: An empirical analysis of the Spanish fruit and vegetable sector [J]. Agribusiness, 34 (2): 456-471.

MASTERSON S S, LEWIS K, GOLDMAN B M, et al., 2000. Integrating justice and social exchange: The differing effects of fair procedures and treatment on work relationships [J]. Academy of Management Journal, 43 (4): 738-748.

MCKEE G J, 2008. The financial performance of North Dakota grain marketing and farm supply cooperatives [J]. Journal of Cooperatives, 21 (1142-2016-92731): 15-34.

MILLER M H, MODIGLIANI F, 1961. Dividend policy, growth, and the valuation of shares [J]. The Journal of Business, 34 (4): 411-433.

MILLER M H, ROCK K, 1985. Dividend policy under asymmetric information [J]. The Journal of Finance, 40 (4): 1031-1051.

MILLS J A, 1998. Control: A history of behavioral psychology [M]. New York: NYU Press.

MISHRA A K, KUMAR A, JOSHI P K, et al., 2018. Cooperatives, contract farming, and farm size: The case of tomato producers in Nepal [J]. Agribusiness, 34 (4): 865-886.

MITTON T, 2002. A cross-firm analysis of the impact of corporate governance on the East Asian financial crisis [J]. Journal of Financial Economics, 64 (2): 215-241.

MOORMAN R H, 1991. Relationship between organizational justice and organizational citizenship behaviors: Do fairness perceptions influence employee citizenship? [J]. Journal of Applied Psychology, 76 (6): 845.

MORFI C, NILSSON J, HAKELIUS K, et al., 2021. Social networks and member participation in cooperative governance [J]. Agribusiness, 37 (2): 264-285.

MUSTAFA Y, 2010. The effects of teachers perception of organizational justice and culture on organizational commitment [J]. African Journal of Business Management, 4 (5): 695-701.

NIEHOFF B P, MOORMAN R H, 1993. Justice as a mediator of the relationship between methods of monitoring and organizational citizenship behavior [J]. Academy of Management Journal, 36 (3): 527-556.

NILSSON J, 2022. Agricultural Cooperative Development and Institutional Change: Swedish Examples from 1990 to 2020 [J]. International Journal on Food System Dynamics, 13 (2): 115-127.

NILSSON J, 2001. Organisational principles for co-operative firms [J]. Scandinavian Journal of Management, 17 (3): 329-356.

OLSON J C, 1965. Red Cloud and the Sioux problem [M]. Lincdn: University of Nebraska Press.

PESTOFF V, 2009. Towards a paradigm of democratic participation: Citizen participation and co-production of personal social services in Sweden [J]. Annals of Public and Cooperative Economics, 80 (2): 197-224.

PETERSEN J S, HENCKEL P, MARIBO H, et al., 1997. Muscle metabolic traits, post mortem-pH-decline and meat quality in pigs subjected to regular physical training and spontaneous activity [J]. Meat Science, 46 (3): 259-275.

PHILLIPS R, 1953. Economic nature of the cooperative association [J]. Journal of farm economics, 35 (1): 74-87.

REYNOLDS B J, 1997. Decision-making in cooperatives with diverse member interests [R]. Agricultural and Food Soiences, Business Research Reports, 1-22.

RHODES V J, 1983. The large agricultural cooperative as a competitor [J]. American Journal of Agricultural Economics, 65 (5): 1090-1095.

ROZEFF M S, 1982. Growth, beta and agency costs as determinants of dividend payout ratios [J]. Journal of Financial Research, 5 (3): 249-259.

SCHRADER L F, 1989. Equity capital and restructuring of cooperatives as investor-oriented firms [J]. Journal of Agricultural Cooperation, 4: 41-53.

SEXTON R J, 1990. Imperfect Competition in Agricultural Markets and the Role of Cooperatives: A Spatial Analysis [J]. American Journal of Agricultural Economics, 72 (3): 709-720.

SHAPIRO D L, BRETT J M, 2013. What is the role of control in organizational justice? [M] //Handbook of Organizational Justice. Brandon: Psychology Press: 155-177.

SIDHU R S, VATTA K, 2012. Improving economic viability of farming: A study of cooperative agro machinery service centres in Punjab [J]. Agricultural Economics Research Review, 25: 427-434.

SPENGLER J J, 1950. Vertical integration and antitrust policy [J]. Journal of Political Economy, 58 (4): 347-352.

THEUVSEN L, FRANZ A, 2007. The role and success factors of livestock trading cooperatives: lessons from German pork production [J]. International Food and Agribusiness Management Review, 10 (1030-2016-82515): 90-112.

TURNBULL S, 1995. Case study: Innovations in corporate governance: The Mondragón experience [J]. Corporate Governance: An International Review, 3 (3): 167-180.

TYLER T R, 1990. Justice, self-interest, and the legitimacy of legal and political authority [M]. Chicago: University of Chicago Press: 171-179.

TYLER T R, 2000. Social justice: Outcome and procedure [J]. International Journal of Psychology, 35 (2): 117-125.

VAN RIJSBERGEN B, ELBERS W, RUBEN R, et al., 2016. The ambivalent impact of coffee certification on farmers' welfare: a matched panel approach for cooperatives in Central Kenya [J]. World Development, 77: 277-292.

VERHOFSTADT E, MAERTENS M, 2014. Smallholder cooperatives and agricultural performance in Rwanda: do organizational differences matter? [J]. Agricultural Economics, 45 (S1): 39-52.

WADSWORTH J J, 1991. An analysis of major farm characteristics and farmers' use of cooperatives [J]. Journal of Agricultural Cooperation, 6: 45-53.

WALDMAN D E, JENSEN E J, 2016. Industrial organization: theory and practice [M]. London: Routledge.

WANYAMA F O, DEVELTERE P, POLLET I, 2008. Encountering the evidence: cooperatives and poverty reduction in Africa [R]. Working Papers on Social and Co-operative Entrepreneurship WP-SCE: 08-02.

WOLLNI M, ZELLER M, 2007. Do farmers benefit from participating in specialty markets and cooperatives? The case of coffee marketing in Costa Rica1 [J]. Agricultural Economics, 37: 243-248.

WOSSEN T, ABDOULAYE T, ALENE A, et al., 2017. Impacts of extension access and cooperative membership on technology adoption and household welfare [J]. Journal of Rural Studies, 54: 223-233.

XIANG L Y, SUMELIUS J, 2010. Analysis of the Factors of Farmers' Participation in the Management of Cooperatives in Finland [J]. Journal of Rural Cooperation, 38 (886-2016-64639): 134-155.

XU X C, WU B, 2018. Are cooperatives an ideal carrier for the organic connection between the production of small farmers and the development of modern agriculture? [J]. China Rural Economy (11): 80-95.

YU L, NILSSON J, 2018. Social capital and the financing performance of farmer cooperatives in Fujian Province, China [J]. Agribusiness, 34 (4): 847-864.

ZAGORIA D S, DESPARD L E, 1979. The Rational Peasant: The Political Economy of Rural Society in Vietnam [J]. Foreign Affairs, 41 (4).